AF686951

DISCLAIMER

The author and publisher are providing this book and its contents on an "as is" basis and make no representations or warranties of any kind with respect to this book or its contents. The author and publisher disclaim all such representations and warranties, including but not limited to warranties of merchantability. In addition, the author and publisher do not represent or warrant that the information accessible via this book is accurate, complete, or current.

Except as specifically stated in this book, neither the author nor publisher, nor any authors, contributors, or other representatives will be liable for damages arising out of or in connection with the use of this book. This is a comprehensive limitation of liability that applies to all damages of any kind, including (without limitation) compensatory; direct, indirect, or consequential damages; loss of data, income, or profit; loss of or damage to property; and claims of third parties.

BESTACTIVITYBOOKS.COM

FIRST EDITION - Published 2022

Extra Graphic Material From: www.freepik.com
Thanks to: Alekksall, Starline, Pch.vector, Rawpixel.com, Vectorpocket, Dgim-studio, Upklyak, Macrovector, Stockgiu, Pikisuperstar & Freepik.com Designers

This Book Comes With Free Bonus Puzzles

Available Here:

BestActivityBooks.com/WSBONUS20

5 TIPS TO START!

1) HOW TO SOLVE

The Puzzles are in a Classic Format:

- Words are hidden without breaks (no spaces, dashes, ...)
- Orientation: Forward & Backward, Up & Down or in Diagonal (can be in both directions)
- Words can overlap or cross each other

2) ACTIVE LEARNING

To encourage learning actively, a space is provided next to each word to write down the translation. The **DICTIONARY** allows you to verify and expand your knowledge. You can look up and write down each translation, find the words in the Puzzle then add them to your vocabulary!

3) TAG YOUR WORDS

Have you tried using a tag system? For example, you could mark the words which have been difficult to find with a cross, the ones you loved with a star, new words with a triangle, rare words with a diamond and so on...

4) ORGANIZE YOUR LEARNING

We also offer a convenient **NOTEBOOK** at the end of this edition. Whether on vacation, travelling or at home, you can easily organize your new knowledge without needing a second notebook!

5) FINISHED?

Go to the bonus section: **MONSTER CHALLENGE** to find a free game offered at the end of this edition!

Want more fun and learning activities? It's **Fast and Simple!**
An entire Game Book Collection just **one click away!**

Find your next challenge at:

BestActivityBooks.com/MyNextWordSearch

Ready, Set... Go!

Did you know there are around 7,000 different languages in the world? Words are precious.

We love languages and have been working hard to make the highest quality books for you. Our ingredients?

A selection of indispensable learning themes, three big slices of fun, then we add a spoonful of difficult words and a pinch of rare ones. We serve them up with care and a maximum of delight so you can solve the best word games and have fun learning!

Your feedback is essential. You can be an active participant in the success of this book by leaving us a review. Tell us what you liked most in this edition!

Here is a short link which will take you to your order page.

BestBooksActivity.com/Review50

Thanks for your help and enjoy the Game!

Linguas Classics Team

1 - Antiques

ን	ብ	ች	ቆ	ቅ	ጅ	ካ	ሸ	ድ	ሸ	ሥ	ክ	ም	ጌ	ታ	የ
ስ	ጉ	ደ	ች	ቤ	ዎ	ማ	ቶ	ኛ	ተ	ነ	ው	እ	ጣ	ዘ	ድ
ቆ	ሳ	ጥ	ራ	ይ	ቅ	ቆ	ን	ና	ል	ጥ	ን	ል	ጌ	ባ	ሸ
ታ	ጥ	ን	መ	ዘ	ለ	ፍ	ክ	ብ	ኅ	በ	ም	ጨ	ጥ	ማ	ጉ
ሴ	ማ	ፎ	ቲ	ማ	ጥ	ሥ	ዎ	ዝ	ደ	ብ	ደ	የ	ጋ	ሰ	ጥ
ጥ	ዳ	ድ	አ	ሞ	መ	ል	ሶ	ማ	ቋ	ቋ	ም	ዕ	ለ	ብ	ክ
ሚ	ቶ	ጉ	ማ	ሚ	ች	ግ	ት	ች	ግ	ክ	ቆ	ር	ሪ	ሳ	ፕ
ኢ	ን	ቨ	ስ	ት	መ	ን	ት	ቆ	አ	ን	ዋ	ዎ	ት	ቢ	አ
ኛ	ደ	ር	ኅ	እ	ፎ	ዳ	ዎ	ቦ	ል	ካ	ጋ	ዘ	የ	ፎ	ሸ
ክ	ዋ	ለ	ኅ	ፕ	ሥ	ኛ	ቅ	ሁ	ላ	ስ	ፎ	ስ	አ	ች	ያ
ቶ	ዳ	ቅ	ቶ	እ	ን	ል	ር	ፕ	ኔ	ጉ	ታ	ዕ	ጅ	ዘ	ል
ፈ	ዝ	ጨ	የ	ደ	ኅ	የ	ፍ	ን	ን	ታ	አ	ሮ	ጌ	ቦ	ተ
ማ	ር	ማ	ስ	ጌ	ጥ	ክ	ለ	ር	ቆ	ረ	ዘ	ካ	ና	ዕ	ለ
ለ	ፍ	ኒ	ራ	ቃ	ቃ	የ	ዕ	ማ	ር	ጨ	ዎ	ማ	ክ	ች	መ
እ	ዕ	ጅ	ቸ	ዓ	ይ	ነ	ት	ራ	ጥ	ጅ	ና	ሚ	ች	የ	ደ
ጉ	ዕ	ች	ዋ	ር	ም	ያ	ሚ	የ	አ	ብ	ን	ባ	ፍ	አ	ታ

ሥነ ጥበብ
ጨረታ
እውነተኛ
ክፍለ ዘመን
ሳንቲሞች
ሰብሳቢ
ሁኔታ
ማስጌጥ
የሚያምር
ፈርኒቸር

ጋለሪ
ኢንቨስትመንት
ዓይነት
ጌጣጌጥ
አሮጌ
ዋጋ
ጥራት
መልሶ ማቋቋም
ዘይቤ
ያልተለመደ

2 - Food #1

ላ	ፎ	ቆ	ሸ	ቦ	ም	ጉ	ት	ቅ	ሚ	ሹ	እ	ን	ቀ	ረ	ፋ
ጅ	ጨ	ዘ	ማ	ን	መ	ጎ	ል	ቆ	ጭ	ፕ	ድ	መ	ት	ት	ላ
ራ	ው	ሸ	ራ	ሚ	ኩ	ያ	ሪ	ብ	ማ	ቆ	ቆ	ል	ቆ	ሸ	ጥ
ቅ	ክ	ዘ	ሸ	ዳ	ሴ	ር	ማ	ል	ቂ	ቅ	ጅ	ሲ	ዕ	ክ	እ
ደ	ጉ	የ	ቶ	ራ	ክ	ል	ት	አ	ካ	ሾ	ር	ባ	ታ	ፕ	ፕ
ጎ	ጉ	ባ	መ	ጉ	ም	ዎ	ኮ	ነ	ጭ	ሸ	ን	ኩ	ር	ት	ና
ር	ዘ	ን	እ	ድ	ሚ	ራ	ሪ	ጀ	ን	እ	ና	ዝ	ፎ	ማ	ጅ
ወ	ተ	ት	ኦ	ቾ	ሎ	ኒ	ፕ	ደ	ታ	ፕ	ጅ	ል	ዘ	እ	ጎ
ደ	ጥ	ቶ	ሸ	ሹ	ዋ	ብ	አ	ጉ	ዋ	መ	ም	ድ	ሴ	ል	መ
መ	ፍ	ር	የ	ጨ	ለ	ድ	ሹ	ጉ	ሹ	ክ	ታ	ካ	ደ	ቦ	ማ
ሰ	ጥ	ጨ	ር	ድ	ጉ	ድ	ጎ	ቅ	ጅ	ት	ዘ	ቦ	ሮ	ች	ጥ
ላ	ጎ	ዕ	ባ	ም	ካ	ቃ	ብ	ግ	ቱ	ባ	ጎ	ል	ጎ	ት	የ
ጣ	ዘ	የ	ን	ፕ	ት	ዘ	ሴ	ቅ	ና	ሴ	እ	ፍ	ና	ፍ	ቆ
ለ	ደ	ጉ	ች	ቌ	ላ	ና	ድ	ቃ	ማ	ቶ	ና	ስ	ማ	ግ	ና
ዝ	ጨ	ጎ	ቅ	ፍ	ጥ	ዝ	ዋ	ቶ	ጎ	ል	ል	አ	ክ	ማ	ን
ም	ጨ	ክ	ሴ	ስ	ኳ	ር	ቃ	ገ	ብ	ስ	ባ	ር	እ	ሹ	ዎ

አፕሪኮት
ገብስ
ባሲል
ካሮት
ቀረፋ
ነጭ ሽንኩርት
ጭማቂ
ሎሚ
ወተት
ሽንኩርት
ኦቾሎኒ
ዕንቌ
ሰላጣ
ጨው
ሾርባ
ጎመን
እንጀሪ
ስኳር
ቱና
ማብሪያ

3 - Measurements

ብ	ዙ	ህ	ዝ	ብ	ም	የ	ባ	አ	ማ	ች	ን	ዲ	ካ	ኪ	እ
ቶ	ን	ሊ	ቃ	ጨ	ባ	ሹ	ይ	የ	ማ	ል	ና	ግ	ታ	ሸ	ሜ
ቃ	ኛ	ት	ኡ	ር	የ	ሚ	ት	መ	ዝ	ር	ደ	ሪ	ባ	ል	ር
ሹ	ቃ	ር	ች	ን	ኢ	ዐ	ቀ	ኀ	ል	ጨ	ቂ	ለ	ና	ዘ	ዐ
ዐ	ዘ	ቦ	ግ	ን	ሲ	መ	ል	እ	መ	ፕ	ቃ	ፍ	ቅ	ጉ	ግ
ካ	ዴ	ዎ	ጅ	መ	የ	ብ	ጥ	ቆ	ሴ	ን	ቲ	ሜ	ት	ር	ን
ል	ሲ	ቁ	መ	ት	ና	ላ	ጅ	ን	ም	ዳ	ው	ቆ	ፋ	አ	ብ
ጨ	ማ	ኀ	ላ	ባ	ኛ	ማ	ታ	ና	ራ	ክ	ና	ፍ	ስ	ዝ	ድ
ዐ	ል	ቦ	ካ	አ	ኀ	መ	ሥ	ን	ኀ	ቅ	ሹ	ና	ረ	ዎ	ም
ኛ	ዐ	ች	ለ	የ	ዘ	አ	ዘ	ሸ	ር	ቆ	ፎ	ራ	ታ	ት	ጽ
ቶ	ሸ	ድ	ቦ	ደ	ክ	ሹ	ዘ	ም	ግ	ራ	ም	ካ	አ	ድ	ባ
ጉ	ዋ	ን	መ	ዘ	ቆ	ዘ	ለ	ት	ም	ና	ራ	ባ	ግ	ዎ	ም
ሸ	ዘ	ክ	ሜ	ት	ር	ዘ	ል	ቆ	ጥ	ቃ	ግ	ሥ	ዋ	ስ	ቦ
ል	ፎ	ፍ	ራ	ታ	ኛ	ላ	ፎ	ፕ	ቆ	ራ	ሎ	ሸ	ባ	ል	አ
ማ	ዝ	ር	ጉ	ቃ	ሸ	ር	ቅ	ራ	ቆ	ፎ	ኪ	ፎ	ን	የ	ማ
ኀ	ባ	ቆ	ዳ	ቃ	ሴ	ኛ	ባ	ች	ሴ	ቶ	ድ	ዘ	ን	ብ	ዎ

ባይት
ሴንቲሜትር
ዴሲማል
ዲግሪ
ጥልቀት
ግራም
ቁመት
ኢንች
ኪሎ ግራም
ኪ.ሜ
ርዝመት
ሊትር
ብዙ ህዝብ
ሜትር
ደቂቃ
ኡንሲ
ቶን
ድምጽ
ውፍረት
ስፋት

4 - Farm #2

ጥ	ባ	ች	ፎ	ፕ	ገ	ት	መ	ች	አ	ለ	መ	ን	ጅ	ታ	ወ
ዝ	ጬ	ና	ቦ	ግ	በ	ራ	ር	ስ	ሥ	ሹ	ኢ	ስ	ክ	ፕ	ተ
መ	ም	ላ	ቦ	ለ	ሬ	ክ	ጎ	ዎ	ኖ	ሚ	አ	አ	ደ	ታ	ት
ካ	ና	ጉ	ቃ	ቅ	ኛ	ተ	ፍ	ጅ	ለ	ማ	ድ	ሥ	ጉ	ዘ	ች
ቅ	ጉ	ዎ	ጬ	ስ	ራ	ር	በ	ሬ	ዝ	ባ	እ	ድ	ለ	ዝ	ር
ሥ	ራ	ግ	ራ	ዝ	ት	ግ	እ	ቆ	እ	ን	ስ	ሳ	ት	ደ	ጉ
ፕ	ታ	ቦ	ጬ	ታ	ስ	ፎ	ቶ	ዝ	ሎ	ብ	ዳ	ክ	ዬ	ራ	ጥ
ት	ዳ	ድ	ገ	ፎ	ካ	ዎ	ፎ	ይ	ል	ሴ	ማ	ዘ	ሥ	ድ	ል
እ	ረ	ኛ	ብ	ቃ	መ	ራ	አ	ሴ	ማ	ች	ማ	ለ	ካ	ባ	ታ
ጎ	ዎ	ፎ	ስ	ም	ል	ሚ	ር	ክ	ሹ	ኛ	ፕ	ች	ዘ	ክ	ላ
ዋ	ቦ	ጅ	ት	ራ	ም	ቆ	መ	ደ	ደ	ማ	ደ	ና	ቅ	ፕ	ማ
ዴ	አ	ት	ክ	ል	ት	ሥ	ላ	ቆ	ዘ	ቦ	ቦ	ደ	ባ	ና	ድ
ን	ብ	ፍ	ራ	ሚ	ዝ	የ	ማ	ክ	ዐ	ፎ	ቶ	ደ	ፎ	ና	ላ
ስ	ግ	ር	ሹ	ዲ	ዳ	ኛ	ቆ	ሚ	ዋ	ፕ	ት	ና	ባ	ፕ	ግ
ጬ	ም	ቶ	መ	ን	ለ	ዘ	ም	ዝ	ር	ጬ	ሴ	አ	ር	ባ	ሴ
ም	ድ	ኛ	አ	ዊ	ዝ	ካ	ራ	ዳ	ደ	ደ	ም	ዎ	ን	ሹ	ዘ

እንስሳት
ገብስ
ባርን
ንብ
በቆሎ
ዳክዬ
ገበሬ
ምግብ
ፍሬ
ዝይ

መስኖ
ላማ
መኢአድ
ወተት
በግ
እረኛ
ትራክተር
አትክልት
ስንዴ
ዊንዲሚል

5 - Books

ቃ	ጀ	ፕ	መ	ግ	ቃ	ሚ	ቦ	ክ	ፕ	ሴ	ዞ	ፎ	ኛ	ቅ	ላ
ድ	ብ	ተ	ፃ	ፈ	ዝ	ግ	ር	ፎ	ኛ	ዕ	ዕ	ል	ጥ	ጎ	የ
ሸ	ዱ	ስ	ቦ	ገ	ግ	ጥ	ዞ	ግ	ን	ጅ	ካ	ክ	ካ	ላ	ግ
ራ	ን	ች	ብ	ጽ	ት	ም	የ	ና	ፕ	ሴ	ም	ሴ	ጅ	ታ	ሹ
ኛ	ቃ	ጅ	ደ	ስ	ክ	ጉ	ን	ፎ	ኛ	ሥ	ለ	ጉ	ት	አ	ር
ር	ፍ	ኛ	ቦ	ጎ	ሚ	ድ	ኛ	አ	ዋ	ር	ሹ	ክ	ር	ሴ	ኛ
ዋ	ቃ	ቶ	ብ	ባ	ለ	ዋ	ለ	ታ	ፍ	ላ	ዳ	ሹ	ች	ቶ	ጎ
ኝ	ሥ	ል	ፈ	ጠ	ራ	አ	ጨ	ጅ	ላ	ብ	ል	ጥ	የ	ብ	ዳ
ዛ	ጉ	ቶ	ና	ጅ	ጎ	ዋ	ፍ	ል	ጉ	ሹ	ደ	ር	ክ	ዕ	ቃ
ሳ	ቅ	ታ	ስ	ቃ	ፕ	መ	ፎ	ጨ	ደ	ቃ	ዞ	ል	ር	ች	ዳ
አ	ማ	ፍ	ክ	ሴ	ዳ	ግ	ፎ	ጨ	ኪ	ሥ	ት	ፍ	ጉ	ጅ	ዞ
ዳ	ስ	ቃ	ዊ	ል	ቶ	ቆ	ክ	ደ	ራ	ሲ	ነ	ሑ	መ	ር	ላ
ቅ	ች	ፈ	ካ	ም	ር	ባ	ባ	ሹ	ተ	ጨ	ት	ጽ	ም	ፕ	ስ
ቆ	ቀ	ቃ	ሪ	ሚ	ሥ	ማ	ህ	ዘ	ጥ	ሴ	ለ	ደ	ሑ	አ	አ
ፕ	ል	ይ	ታ	ታ	ከ	ተ	ሪ	ታ	ሪ	ክ	ሁ	ው	ን	ፍ	ድ
ና	ድ	ለ	ወ	ብ	ል	አ	ን	ባ	ቢ	አ	ስ	ዐ	ዝ	ቆ	ብ

አስፈሪ
ደራሲ
ባህሪ
ስብስብ
ዐውደ-ጽሑፍ
ሁለትነት
ጀብዱ
ታሪካዊ
ቀልድ
ፈጠራ

ሥነ ጽሑፍ
ተራኪ
ልብ ወለድ
ገጽ
ግጥም
አንባቢ
ተከታታይ
ታሪክ
አሳዛኝ
ተፃፈ

6 - Meditation

ሚ	ራ	ድ	የ	ዝ	ፕ	ዋ	ራ	እ	ይ	ታ	ር	ዝ	ራ	ግ	ዘ
መ	ና	ማ	ግ	ቃ	ማ	ሥ	ፕ	ዋ	ና	ም	ም	ን	ሥ	ል	አ
ፕ	ቀ	ታ	ት	ሴ	ሹ	ራ	ን	እ	ድ	ዝ	ላ	አ	ቁ	ጽ	ማ
ና	ሚ	በ	ስ	ል	ማ	ዶ	ች	ር	ማ	መ	ለ	የ	ራ	ቦ	ኅ
ራ	ም	ፕ	ል	ሸ	ቦ	ቅ	ጥ	ኅ	ካ	ዋ	ድ	አ	ት	ዋ	ቅ
ቶ	ሸ	ቃ	ሥ	ዘ	ማ	ድ	መ	ራ	ሹ	ራ	ሚ	እ	ሴ	ዕ	ክ
ሥ	ም	ክ	ደ	ሸ	ሥ	የ	መ	ኄ	ና	ጋ	ስ	ም	ላ	ሰ	ቃ
ዳ	ለ	ቦ	ግ	ባ	ቅ	ማ	ቅ	ቦ	ቦ	ተ	ፈ	ሮ	ቶ	ክ	ጨ
ዋ	ቶ	ሴ	ነ	ብ	ግ	ና	ም	ች	ጨ	ፈ	ን	ባ	ባ	ና	ላ
ኛ	እ	ቃ	ት	ረ	ኩ	ት	ዘ	የ	አ	ጥ	ተ	ስ	ሜ	ቶ	ች
የ	ክ	ን	ዘ	ዝ	ቦ	ቃ	ኅ	ፍ	ዎ	ሮ	መ	ቅ	ዳ	ራ	ጉ
ዎ	ፎ	መ	ቅ	ሹ	መ	ቅ	ጨ	ች	ዋ	ሴ	ቃ	ዘ	መ	ን	ሹ
ሀ	ሳ	ቦ	ች	ስ	የ	ክ	ጅ	ስ	ች	ተ	ረ	ጋ	ጋ	ቅ	ዘ
እ	ና	ደ	ች	እ	ቃ	ን	ቶ	ታ	ቃ	ዘ	ጅ	ች	ዘ	ባ	ዎ
ስ	ፍ	ሸ	ዝ	ራ	ዚ	ሴ	ብ	ሴ	ል	ካ	ም	ቅ	ለ	ጨ	ቃ
ዝ	ጅ	ዕ	ቦ	ደ	ሙ	ፎ	ር	ስ	ቃ	ን	ድ	ድ	ዘ	ን	ካ

መቀበል
ትኩረት
ንቁ
መተንፈስ
ተረጋጋ
ግልጽ
ርኅራኄ
ስሜቶች
ምስጋና
ልማዶች
ደግነት
አእምሮ
እንቅስቃሴ
ሙዚቃ
ተፈጥሮ
ሰላም
እይታ
ዝምታ
ሀሳቦች
ለመማር

7 - Days and Months

ቦ	ሚ	ን	ኛ	ማ	ሹ	ግ	ታ	ላ	ት	ሐ	ዕ	ብ	ባ	ቶ	ጅ
ች	ዎ	ባ	መ	መ	ጉ	ማ	ግ	የ	መ	ም	ቅ	ዳ	ሜ	ዳ	ባ
ጅ	ስ	መ	ዕ	ዘ	ሚ	ስ	ግ	ማ	አ	ሌ	ቅ	ዕ	ካ	የ	ት
ክ	ጎ	ቦ	ቡ	ና	ል	ሹ	ማ	ና	ሴ	ህ	ች	ጥ	ዎ	ዳ	ቃ
መ	ስ	ከ	ረ	ም	አ	ጉ	ጨ	ካ	ዋ	ለ	ዳ	ብ	ዘ	ፍ	ሳ
ቶ	ቃ	ፍ	ራ	ዕ	ታ	ብ	ራ	ቦ	ን	ካ	ስ	ር	ዝ	ጎ	ም
ፍ	ኛ	ኛ	ና	ኛ	ፎ	ት	ኛ	ሸ	ሹ	ቅ	ል	አ	ወ	ፍ	ን
መ	ጋ	ቢ	ት	ሰ	ኞ	ጨ	ካ	ክ	ማ	ም	ሥ	ዕ	ዳ	ጉ	ት
ቶ	ር	ሐ	ላ	የ	ር	ጉ	ል	ሥ	ፕ	ግ	ን	ቦ	ት	ሥ	ዎ
ዝ	ባ	ሙ	ጉ	ዎ	ደ	ም	ቃ	ም	ቅ	ም	ሸ	ም	ዎ	ና	ች
ስ	ዳ	ስ	ደ	ለ	ዝ	ባ	ጥ	ማ	ስ	ባ	ሚ	ሴ	ቦ	ጅ	ቆ
ሥ	ዘ	ግ	ሹ	የ	ቶ	ታ	ር	የ	ታ	ቆ	እ	ሁ	ድ	ላ	ለ
ራ	ፍ	ማ	ክ	ሰ	ኞ	ሥ	ዋ	ካ	ባ	ዋ	መ	ጨ	ሥ	ቦ	ራ
የ	ቀ	ን	መ	ቁ	ጠ	ሪ	ያ	ቲ	ነ	ጉ	ራ	አ	ዳ	መ	ፎ
ፍ	ቃ	ል	ግ	ኛ	ክ	ብ	አ	ት	ሐ	ዳ	ጥ	ቅ	ቆ	ኛ	ቦ
ድ	ባ	ለ	ግ	የ	ቃ	ር	ለ	ጎ	ሴ	ላ	ካ	ለ	ዳ	ቃ	እ

ነሐሴ
የቀን መቁጠሪያ
የካቲት
አርብ
ጥር
ሐምሌ
መጋቢት
ግንቦት
ሰኞ
ወር
ህዳር
ጥቅምት
ቅዳሜ
መስከረም
እሁድ
ሐሙስ
ማክሰኞ
ረቡዕ
ሳምንት
አመት

8 - Energy

አ	ስ	ገ	ባ	ቅ	ዎ	ና	ሸ	አ	ሥ	ዝ	ቆ	ሃ	ም	ኑ	ዐ
ሥ	ት	ች	እ	ቃ	ፍ	ፕ	መ	ቤ	ዘ	ዘ	ድ	ይ	ዘ	ክ	ኢ
ነ	ሸ	ጨ	ፕ	የ	ጅ	ቶ	ድ	ካ	ን	ስ	ጨ	ድ	መ	ሌ	ን
ዘ	ዳ	ር	ግ	ግ	ኅ	ባ	ሹ	ሚ	ቦ	ዚ	ሥ	ሮ	ቦ	ር	ዱ
ሚ	ታ	ጅ	ቆ	ነ	ፋ	ስ	ዎ	ዝ	ር	አ	ን	ጅ	ካ	ጉ	ስ
ራ	ዝ	ቶ	ች	ር	ባ	መ	ቢ	ባ	ካ	አ	ይ	ን	ዕ	ጉ	ት
ፍ	ክ	ጥ	ማ	ዝ	ቃ	ጥ	ፎ	ፎ	ላ	መ	ባ	ታ	ሙ	ዘ	ሪ
ሚ	ደ	ብ	ማ	ዕ	ድ	ል	ፎ	ዋ	ብ	ብ	ር	ዝ	ቀ	ሸ	ጅ
ል	ቃ	ን	ዘ	ፕ	ሹ	ቃ	ጅ	ት	እ	ና	ተ	ሪ	ት	ባ	ቆ
ብ	ሴ	አ	ድ	ቆ	ና	ላ	ካ	ክ	ን	ቦ	ክ	ቦ	ለ	የ	ሴ
ሞ	ተ	ር	ዘ	ዎ	ብ	ሚ	ክ	ዋ	ፋ	ፎ	ጉ	ቦ	ክ	ፎ	ና
ዕ	ዝ	ኛ	ቅ	የ	ሹ	ፎ	ባ	ሪ	ሎ	ቶ	ም	ዘ	ብ	ዲ	ጨ
ቃ	ዎ	ን	ድ	ል	ባ	ስ	ደ	ሮ	ት	ክ	ሌ	ኤ	ፍ	ዝ	ፍ
ዎ	አ	ዝ	ል	ራ	ጨ	ች	ቅ	ቅ	ራ	ክ	ች	ቆ	ዎ	ል	ደ
ዘ	ስ	ሹ	ጨ	ጥ	ማ	ጉ	ቃ	ር	ና	ን	ሌ	ደ	ጅ	ች	ዘ
አ	ል	ቆ	ፕ	ሴ	ት	ጅ	ቅ	ታ	ቅ	ዎ	ል	ኤ	ቶ	ቃ	ብ

ባትሪ
ካርቦን
ዲዝል
ኤሌክትሪክ
ኤሌክትሮ
አስገባ
አካባቢ
ነዳጅ
ቤንዚን
ሙቀት
ሃይድሮጅን
ኢንዱስትሪ
ሞተር
ኑክሌር
ፎቶ
ብክለት
ታዳሽ
እንፋሎት
ተርባይን
ነፋስ

9 - Archeology

ም	ጥ	ን	ት	ቆ	ቆ	ፎ	ና	ባ	ጥ	ፕ	ቤ	ግ	አ	ተ	ባ
ጥ	ራ	ባ	ፎ	ቶ	ሴ	ሲ	ብ	ር	ግ	ሮ	ተ	ደ	ጉ	ረ	ሸ
ቃ	ን	ኔ	ለ	ሴ	ስ	ል	ዝ	ል	ረ	ፌ	መ	ዕ	ፎ	ሳ	ቃ
ጥ	መ	ታ	ኛ	ሙ	ት	ቦ	ዳ	ስ	ሐ	ሰ	ቅ	ላ	ሹ	ባ	ስ
ቅ	ዘ	ን	ዊ	ቆ	ያ	ም	ስ	ጢ	ር	ር	ደ	መ	ቅ	ጉ	ቡ
የ	ዳ	ት	ብ	ጉ	ች	ም	ጥ	መ	ዘ	ጅ	ስ	ዘ	ስ	ግ	ድ
ሚ	ቀ	ታ	ሸ	ዳ	ዳ	ቅ	ባ	ዕ	የ	መ	ለ	ሹ	ለ	ጥ	ን
ኛ	ወ	መ	ዝ	ፕ	ዳ	ኛ	ት	ጉ	ጎ	አ	ቃ	ቅ	ዋ	ኛ	ድ
ብ	ታ	ዓ	ክ	ት	ሸ	ለ	ድ	ጅ	ር	ጅ	ታ	ብ	አ	ና	ግ
ሥ	ል	ጣ	ኔ	ላ	እ	ዘ	ል	ቅ	ፎ	ጅ	ቅ	ዘ	ር	ባ	ኛ
ም	ያ	ተ	መ	ራ	ማ	ሪ	ዝ	ቦ	ቶ	ዞ	ር	የ	ል	ት	ጎ
ሴ	ሸ	ቦ	ና	መ	ገ	ቆ	እ	ች	ላ	ብ	ስ	ሸ	ክ	ላ	ል
ዋ	ደ	ል	ክ	ና	ም	ር	ሹ	ዘ	ለ	ግ	ል	ዋ	ኛ	መ	ጥ
ም	ድ	ል	ር	ማ	ግ	ላ	ባ	ብ	ፍ	ደ	ም	ራ	ቦ	ጉ	ቅ
ል	ል	ራ	ጥ	አ	ዋ	የ	ች	ስ	ን	ታ	ግ	ል	ካ	ቦ	ጬ
ሹ	ጥ	እ	ብ	ቦ	ዝ	ሴ	መ	ኛ	ዳ	ቆ	ዕ	ቦ	ደ	መ	ራ

ትንታኔ
ጥንታዊ
ጥንት
ሥልጣኔ
የዘር ሐረግ
ዘመን
ግምገማ
ባለሙያ
ተረሳ
ፎሲል
ምስጢር
ሸክላ
ፕሮፌሰር
ቅርስ
ተመራማሪ
ቡድን
ቤተ መቅደስ
መቃብር
ያልታወቀ
ዓመታት

10 - Food #2

ዞ	ሥ	ጥ	መ	ኪ	ዊ	ች	ሸ	ጅ	ዘ	ል	ዘ	ቅ	ቃ	ጨ	ሚ
ማ	ጥ	ቅ	ፕ	እ	ሩ	ዝ	ፖ	አ	ይ	ብ	ዞ	ፎ	ር	ሸ	ብ
ዓ	እ	ራ	ኛ	ሸ	ግ	ቦ	ም	ስ	ቦ	ሸ	ች	ዳ	ሸ	ብ	ሴ
አ	ሣ	ን	ዶ	ሮ	ት	ቅ	ማ	ል	ጨ	ጥ	ማ	ቦ	ቼ	ሪ	ቅ
የ	ፕ	መ	ቋ	ጥ	ሴ	ደ	ራ	ች	ለ	የ	ደ	እ	ቅ	ሊ	ማ
ጉ	ክ	ጎ	አ	ላ	ለ	ፍ	ጥ	ዋ	ጥ	ሴ	ሹ	ን	አ	ሴ	ጨ
የ	ቶ	ባ	ት	ሴ	ል	ዞ	ሴ	ድ	ክ	ቦ	ላ	ጉ	ሸ	ዞ	ስ
ል	ዋ	በ	ቆ	ቶ	የ	ቸ	ባ	ቃ	የ	ላ	ሹ	ዳ	ቶ	ሥ	ን
ል	ማ	አ	ፎ	ቅ	ክ	ኮ	ቲ	ር	አ	ቆ	ዘ	ይ	ሸ	ታ	ዴ
ዞ	ባ	ፎ	ዝ	ሙ	ወ	ል	ደ	ሚ	ዳ	ም	የ	ኛ	ዝ	ቆ	ሥ
ዕ	ጨ	ሚ	ታ	ዝ	ግ	ይ	ካ	ፕ	ደ	ጅ	ጎ	ታ	እ	ክ	ቦ
ጅ	ክ	ማ	ች	ግ	ዝ	ድ	ን	እ	ር	ር	ሴ	ክ	ቅ	ግ	ሸ
እ	ቶ	ዘ	ዘ	ለ	ፍ	ቆ	ደ	ቦ	ዎ	ኛ	ብ	ና	ጥ	ሚ	ጥ
ዝ	ድ	ጉ	ስ	ካ	ም	ቲ	ማ	ቲ	ቆ	ቶ	አ	ሚ	ካ	ፎ	ዕ
እ	ር	ጎ	ዕ	ግ	ማ	ማ	ቃ	ቦ	ሹ	ጅ	ኛ	ት	ን	ክ	ቶ
ዳ	ቦ	ዝ	እ	ሹ	ን	ር	ር	ጥ	ክ	ች	ዝ	መ	ት	ን	ሴ

ፖም
አርቲኮክ
ሙዝ
ዳቦ
አበባ ጎመን
ሴሊሪ
አይብ
ቼሪ
ዶሮ
ቸኮል
እንቁላል
ዓሣ
ወይን
ካም
ኪዊ
እንጉዳይ
ሩዝ
ቲማቲም
ስንዴ
እርጎ

11 - Chemistry

ኛ	ላ	ሸ	ፎ	ዘ	ታ	ፎ	ላ	ሥ	ክ	ዳ	ቆ	ት	ሥ	ጨ	ት
ቃ	ባ	ና	ጎ	ቆ	ኛ	የ	ቶ	ር	ኢ	ጅ	የ	አ	ሥ	ማ	ጉ
ዛ	ክ	ዘ	ፍ	መ	ዋ	ች	ክ	ሸ	ሞ	ን	ቦ	ር	ካ	ት	ላ
ጨ	ደ	ር	መ	ራ	መ	እ	ሎ	ግ	ጨ	ለ	ዛ	ሥ	ዎ	ቦ	ዕ
ታ	ቦ	ሌ	ለ	ጨ	ን	ጅ	ሪ	ላ	ክ	ዳ	ኪ	ይ	ላ	ብ	አ
ኤ	ሌ	ክ	ት	ሮ	መ	ሸ	ን	ሊ	ካ	ል	አ	ው	ም	ር	ፍ
ደ	ቦ	ኑ	ር	ን	ስ	ሙ	ቀ	ት	ረ	ፍ	ው	ሹ	ል	እ	ጅ
ፈ	ሳ	ሸ	እ	ጨ	ፕ	ኛ	ፍ	ራ	የ	ደ	ስ	እ	ቅ	ቅ	ዝ
ሹ	ጥ	ፍ	ክ	ኒ	ጋ	ር	ኦ	ባ	ድ	ቅ	ክ	ዎ	ማ	ቅ	ሹ
የ	ና	ታ	ጎ	ጨ	ዘ	መ	ክ	ሚ	ቶ	አ	ክ	ል	ል	ግ	ታ
ካ	ሙ	ኛ	ር	ጨ	ች	ድ	ሲ	አ	ዮ	ን	ስ	ጨ	ቦ	ሥ	መ
ፎ	ል	ቀ	ቆ	ው	ሸ	ፕ	ጅ	ሸ	ስ	ዛ	ላ	ዝ	ዘ	ዛ	መ
ድ	ን	ሚ	ት	ጨ	ዝ	ፍ	ን	ዛ	ዝ	አ	አ	ራ	የ	ጅ	ዕ
ዳ	ሴ	ለ	ብ	መ	ሹ	ጋ	ዝ	ስ	ጉ	ፎ	የ	ግ	ና	ሥ	ቅ
ች	ቦ	ዕ	ብ	ጉ	ጠ	ዕ	ጎ	መ	ቦ	ካ	ር	ዘ	ቶ	ዛ	ጉ
ማ	ቅ	ላ	ደ	ቆ	ስ	ን	ሃ	ይ	ድ	ሮ	ጅ	ን	ጎ	ት	ጎ

አሲድ
አልካሊን
አቶሚክ
ካርቦን
አብላይ
ክሎሪን
ኤሌክትሮ
ኢንዛይም
ጋዝ
ሙቀት
ሃይድሮጅን
አዮን
ፈሳሽ
ሞለኪውል
ኑክሌር
ኦርጋኒክ
ኦክሲጅን
ጨው
የሙቀት መጠን
ውፍረት

12 - Music

መ	አ	ገ	ጅ	ል	ክ	ቅ	ም	ዲ	አ	ዳ	ስ	ኛ	ድ	ደ	ል
ስ	ሣ	ዝ	ጣ	ክ	ላ	ሲ	ካ	ል	ል	ማ	ይ	ክ	ሮ	ፎ	ን
ም	ቦ	ሪ	ማ	ሚ	ሹ	ደ	ጉ	ባ	በ	ዜ	ጎ	ቲ	ድ	ፍ	ፍ
ም	ር	ት	ያ	ች	ጎ	ማ	ቦ	ክ	ም	ዳ	ጉ	ክ	ም	ጥ	ጉ
ነ	ዎ	ጬ	ቅ	ግ	ር	ጬ	ዞ	ዳ	ታ	ቃ	ፕ	ሌ	ጽ	ነ	ደ
ት	ደ	ል	ሽ	ዎ	ን	ዘ	ና	ሽ	ፍ	ጅ	ሥ	ክ	ን	ት	ፎ
ፕ	የ	ጬ	ቆ	ላ	ዎ	ፎ	መ	ት	ቅ	ጉ	ብ	ኤ	ዕ	ስ	ሴ
ቆ	ጥ	ፕ	ል	ል	ን	ባ	ዘ	ዝ	ስ	ት	ግ	ጅ	ል	ፍ	ሽ
ን	ፕ	ን	ላ	ጬ	ራ	ሚ	ጬ	ዝ	ብ	ሥ	ጥ	የ	ካ	አ	ዎ
ት	ራ	ቆ	ፍ	እ	ዎ	ቃ	ጎ	ዋ	ዕ	ሚ	ም	ጅ	ዞ	ዕ	ፕ
ቅ	ች	ላ	ር	እ	ጬ	ሹ	ካ	ር	ቆ	ላ	ባ	ጥ	ብ	የ	ብ
ዘ	ፋ	ኝ	ና	ዋ	ታ	ሙ	ዚ	ቀ	ኛ	ት	ዳ	ዳ	ዕ	ደ	ር
ሽ	ድ	ል	ፎ	ክ	ኦ	ሽ	ሙ	ቦ	ር	ጉ	ላ	ባ	ል	አ	ታ
ዕ	ዝ	ስ	ሥ	ብ	ፔ	ዎ	ዚ	መ	ቅ	ረ	ዝ	ማ	ላ	ዘ	ክ
ም	ት	ቃ	መ	ና	ራ	ም	ቃ	ዎ	ኛ	ፍ	ታ	ን	ለ	ቃ	ን
ሚ	ጅ	ጥ	ለ	ካ	ች	ሹ	ቅ	ዎ	ክ	ሥ	ዘ	ዞ	ሹ	ጅ	ስ

አልበም
ባልዲ
አዝማች
ክላሲካል
ኤክሌክቲክ
ስምምነት
መሣሪያ
ግጥም
ዜማ
ማይክሮፎን
ሙዚቃ
ሙዚቀኛ
ኦፔራ
ገጣሚ
መቅረዝ
ምት
ዘፋኝ
ፍጥነት
ድምጽ

13 - Family

ል	ን	ሹ	ን	ፍ	ፎ	የ	ሚ	ል	ሹ	ና	ጅ	ቆ	አ	ጎ	ፕ
ባ	ጅ	ል	ት	ህ	እ	የ	ስ	ል	ዳ	ቦ	ላ	ጉ	ክ	ሹ	ጎ
ብ	ል	ነ	ጉ	ች	ብ	ዘ	ት	ት	ክ	ጨ	ዋ	አ	ስ	ዝ	ስ
ክ	ት	ቃ	ት	ያ	አ	ት	ሴ	አ	ዘ	ኛ	ሹ	ባ	ት	ያ	ሴ
ቅ	ሴ	ን	ህ	ጎ	ካ	ያ	እ	ዝ	ክ	ድ	ዕ	ት	ቅ	ጎ	ራ
ጨ	ቦ	ች	እ	ክ	አ	አ	ጨ	ክ	ቦ	መ	ድ	ጅ	ጎ	ት	ዳ
እ	ሴ	ሡ	ን	ሚ	ፍ	ድ	ጉ	ዘ	ግ	ት	ኛ	ግ	ግ	ል	ጎ
ር	ብ	ኛ	ሴ	ዳ	ሴ	ን	ዋ	ን	እ	ቶ	ጨ	ኛ	ዝ	ጅ	ፎ
ባ	ቦ	ጥ	ታ	ጥ	ላ	ወ	እ	ን	ጎ	ብ	እ	ል	ጎ	ክ	መ
ቅ	ድ	መ	አ	ያ	ት	የ	ወ	ን	ድ	ም	ል	ጅ	ጅ	አ	ር
ቆ	ሹ	ጎ	ዘ	ላ	ጉ	ዝ	ቦ	እ	ወ	ን	ድ	ም	ች	ባ	ቆ
ር	ፎ	ለ	ሴ	ጥ	ቦ	ጥ	ቆ	ና	ብ	ፍ	እ	ካ	ዳ	ታ	ሚ
ቶ	ላ	ግ	ቅ	ቅ	ቃ	ር	ቶ	ት	ስ	ድ	ቃ	ካ	ላ	ዊ	ራ
ስ	ክ	ም	ለ	ስ	ቦ	ዝ	የ	ል	ጅ	ል	ጅ	ኛ	ን	ሸ	ች
ሚ	ጉ	ኛ	ጨ	ላ	ግ	ዝ	መ	ት	ሹ	እ	ቅ	ሹ	አ	የ	ዎ
ላ	ል	ጆ	ች	ና	ቦ	እ	የ	ፎ	ሚ	ዕ	ት	ት	እ	ቅ	ብ

ቅድመ አያት
አክስት
ወንድም
ልጅ
ልጅነት
ልጆች
ያጎት ልጅ
ሴት ልጅ
አባት
የልጅ ልጅ
ወንድ አያት
ሴት አያት
ባል
እናት
የወንድም ልጅ
የእህት ልጅ
አባታዊ
እህት
አጎት
ሚስት

14 - Farm #1

ጨ	ፎ	ካ	ት	መ	ና	ዎ	የ	አ	ዘ	ግ	ና	ራ	ቅ	ፕ	ታ
ጅ	ፍ	የ	ል	ን	ታ	ዐ	ራ	ኛ	ማ	ሸ	ላ	ሴ	ዋ	ም	ጨ
ብ	ር	ጥ	አ	ኛ	ስ	ሸ	ዳ	ዝ	ጉ	ዘ	ላ	ም	ሩ	ሹ	ዘ
መ	ቆ	ጃ	ጎ	መ	ዘ	ጎ	ክ	ሹ	ዎ	ዘ	ሮ	ች	ክ	ዝ	ሚ
ጥ	ሴ	ዎ	ዝ	አ	ጥ	ሸ	ር	ታ	ሚ	መ	ሸ	ደ	ቁ	ዐ	ታ
ፍ	ቆ	ደ	ጨ	ው	ሃ	ጥ	ድ	አ	ብ	ት	ጥ	ቃ	ራ	ሸ	ጨ
ው	ድ	ላ	ላ	ማ	ፕ	ቆ	ክ	ማ	ላ	ብ	ካ	ዐ	መ	ን	እ
ሻ	ም	አ	ዳ	ላ	ጎ	ስ	የ	ላ	ሹ	ል	አ	ህ	ያ	ብ	ሥ
ቆ	ዝ	ላ	ጉ	ግ	ቆ	ላ	ቦ	ሸ	ፕ	ዝ	ታ	ን	ሪ	ሃ	ይ
ሹ	ሹ	ር	ሴ	ዘ	ም	ል	ግ	ለ	መ	ዳ	የ	ፕ	በ	ደ	ማ
ፎ	ሚ	ላ	ዘ	ም	ስ	የ	ካ	ት	ሹ	ካ	ዐ	ድ	ዳ	ሥ	ዋ
ት	መ	ድ	ኛ	ማ	ን	ዎ	ዘ	ዘ	ጨ	ካ	ሹ	ግ	ማ	እ	ላ
ቆ	ስ	ጥ	ዳ	ማ	መ	የ	ዳ	ፍ	ጎ	ዋ	ና	ዳ	ዘ	አ	ጉ
ቃ	ክ	ማ	ዐ	ዎ	ሴ	ዶ	ሮ	ዎ	ት	ቦ	ለ	ክ	ፎ	ላ	ጥ
መ	ስ	ዘ	ማ	ማ	ም	ማ	ች	ጎ	ፕ	ማ	ላ	ር	ቃ	ግ	ጎ
ማ	ቦ	ፍ	ች	ር	ጨ	ግ	ብ	ር	ና	ፈ	ረ	ስ	ዳ	ማ	ብ

ግብርና
ንብ
ጎሸ
ጥጃ
ድመት
ዶሮ
ላም
ቁራ
ውሻ
አህያ
አጥር
ማዳበሪያ
መስክ
ፍየል
ሃይ
ማር
ፈረስ
ሩዝ
ዘሮች
ውሃ

15 - Camping

ገ	ድ	ኮ	አ	ዝ	ና	ኝ	ካ	ች	ት	ብ	ነ	አ	ጨ	ም	ታ
መ	ቅ	ም	መ	ታ	ጣ	ኔ	ር	ባ	መ	ቦ	ፍ	ም	ስ	ጎ	የ
ድ	ክ	ፓ	ዘ	ቦ	ር	ቃ	ታ	ዛ	ፎ	ች	ሳ	ና	ፎ	ፈ	ጀ
ሸ	መ	ስ	ቶ	ሐ	ይ	ቅ	ሹ	ቃ	ራ	ድ	ት	ት	ድ	ቃ	ሪ
ድ	ዶ	ቶ	ዎ	የ	ማ	ቅ	ቦ	ም	ል	ር	ቅ	ና	እ	ች	አ
ል	ሻ	ራ	ባ	ር	ጅ	ፍ	ጨ	ረ	ቃ	ማ	ጨ	ብ	ን	ደ	ች
ዎ	እ	ሳ	ት	ብ	አ	ድ	ዝ	ፍ	የ	ጎ	ባ	ር	ስ	ች	ን
ተ	ፈ	ጥ	ሮ	ቅ	አ	ጅ	ቶ	ፎ	ራ	ስ	መ	ስ	ሳ	ታ	ደ
ሹ	ቅ	ግ	ጥ	ሚ	ቆ	የ	ኛ	ጅ	ሹ	ላ	ለ	ቦ	ት	ለ	አ
ታ	ፎ	ር	ዝ	ጨ	ሥ	ፎ	ቃ	ራ	እ	ጨ	ን	ሸ	ቅ	ጎ	ስ
ር	ባ	ማ	ኛ	ቦ	ላ	ሸ	ቅ	ቦ	ዝ	እ	ቆ	ፍ	ፎ	ጉ	ስ
ባ	ጅ	መ	እ	ግ	ሥ	ባ	ብ	ር	ዘ	ፎ	ግ	ሸ	ፕ	ለ	ራ
ቃ	ራ	ካ	ሹ	ር	ጎ	ድ	ብ	ባ	ል	ሚ	ደ	ሥ	ዘ	መ	ድ
ች	ጥ	ተ	ራ	ራ	ጥ	ቃ	ዘ	ዘ	ጎ	ታ	ች	እ	ር	ክ	ን
ቆ	ዕ	ዳ	ካ	መ	ና	ና	ኛ	ታ	ሹ	ፎ	ዋ	ሚ	ዕ	ዘ	ኳ
ስ	ን	ስ	ሥ	ታ	ዘ	የ	ት	ራ	ት	ቃ	ች	ት	ዳ	ላ	ን

አስፈሪ
እንስሳት
ጎጀ
ደንብ
ኮምፓስ
እሳት
ደን
አዝናኝ
መደሻ
ባርኔጣ
አደን
ነፍሳት
ሐይቅ
ካርታ
ጨረቃ
ተራራ
ተፈጥሮ
ገመድ
ድንኳን
ዛፎች

16 - Algebra

ድ	ፎ	ድ	ደ	ጥ	ፕ	ቃ	ዞ	ለ	ቁ	ጥ	ር	ዋ	ድ	ደ	መ
ጨ	ቶ	ዳ	ሹ	መ	ራ	ስ	ች	ዋ	ቶ	ዞ	ል	ጉ	የ	ፕ	ፍ
ቃ	ቅ	ጉ	ደ	ስ	ጅ	ዎ	ለ	ግ	ና	ጅ	ራ	ብ	ስ	ደ	ት
ቅ	ግ	ዞ	ር	ዝ	ቅ	ም	ማ	ሚ	ር	ም	ክ	ን	ያ	ት	ሄ
ን	ራ	ች	ክ	ማ	ት	ካ	ኛ	ራ	የ	ዝ	ዎ	ዝ	ድ	ክ	ቃ
ፍ	ፍ	ን	እ	ች	ስ	ክ	ሪ	ት	ማ	ቀ	መ	ፕ	ማ	ጨ	ቃ
መ	ስ	መ	ር	ስ	ነ	ል	ዞ	ሴ	መ	ኛ	መ	ሥ	ገ	ፎ	አ
ዋ	ፎ	ሐ	ሰ	ት	ቀ	ለ	ል	አ	ድ	ር	ግ	ር	ን	ላ	ዘ
ክ	ብ	ና	የ	ም	መ	ባ	ጨ	ካ	ሹ	እ	ባ	ጥ	ድ	ች	ጬ
ፍ	ዐ	ግ	ር	ተ	ለ	ዋ	ዋ	ጬ	መ	ደ	መ	ር	ፍ	ግ	ጨ
ል	ዞ	ለ	እ	ሹ	ክ	ም	የ	ማ	ይ	ረ	ባ	ብ	ዛ	ት	ዜ
ፋ	ኛ	ቶ	እ	ድ	ዳ	ባ	ሸ	ና	ዎ	ቦ	ጅ	ች	ሚ	ብ	ሮ
ይ	ራ	ጨ	ላ	የ	ላ	ስ	ካ	ም	ዎ	ጅ	ኛ	ሚ	ላ	መ	ፎ
ታ	ፎ	ሚ	ት	ደ	ድ	ጅ	ባ	ን	ብ	ዝ	ቃ	ም	ስ	ሹ	ቦ
የ	ጥ	ኛ	የ	ራ	ሥ	ሹ	ን	ፕ	ን	ደ	ቦ	ሹ	ግ	ም	የ
አ	ሸ	ኛ	ላ	ቅ	ና	ል	ዳ	ሸ	አ	ፍ	ታ	ሸ	ለ	ዘ	ስ

መደመር
ንድፍ
ቀመር
ገላጩ
ምክንያት
ሐሰት
ክፍልፋይ
ግራፍ
የማይረባ
መስመር
ማትሪክስ
ቁጥር
ቅንፍ
ችግር
ብዛት
ቀለል አድርግ
መፍትሄ
መቀነስ
ተለዋዋጬ
ዜሮ

17 - Numbers

አ	አ	ቆ	አ	ስ	ር	ፎ	ት	ን	ም	ስ	ራ	ስ	አ	ደ	ፍ
ን	ለ	ስ	ና	ፕ	ል	ዴ	ስ	ን	ክ	ዎ	ስ	አ	ም	ራ	ዝ
ድ	ሴ	ዋ	ራ	ጎ	ዘ	ሲ	ድ	ባ	ም	ች	ሹ	ስ	ክ	መ	ት
አ	ም	ስ	ት	ሁ	ቅ	ማ	ስ	ላ	ስ	ስ	ካ	ራ	አ	ች	ባ
ት	ካ	ች	ባ	ሴ	ለ	ል	ራ	ማ	ት	ዝ	ን	አ	ስ	ብ	ሰ
ሹ	ሴ	ቆ	ሰ	ዐ	ታ	ት	ስ	ግ	ቶ	ስ	ሥ	ራ	ራ	ቅ	ራ
ታ	ስ	ብ	ን	ስ	ሽ	ላ	አ	አ	ዘ	ጠ	ኝ	ት	አ	ሚ	ስ
ሹ	ድ	ማ	ታ	ኛ	ባ	ጉ	ዕ	ስ	ሁ	ለ	ት	ዋ	ም	ዘ	አ
ድ	ስ	ቶ	ሚ	ላ	ር	እ	ስ	ራ	ፍ	ለ	ዕ	ን	ስ	ታ	የ
ጉ	ት	ት	ዘ	ሃ	መ	ን	ጉ	ዘ	ቦ	ታ	ስ	ጥ	ት	ጥ	ም
ዝ	መ	ል	ባ	ያ	ዝ	ታ	ቅ	ጠ	ማ	ዕ	ፕ	እ	ፎ	ግ	ድ
ዋ	ፍ	ች	ቃ	ስ	ፍ	ጎ	ታ	ኝ	ጎ	ዘ	ዐ	ል	ር	ክ	ቆ
ም	ማ	ታ	ና	ል	ኛ	ግ	ት	ሹ	ሚ	ማ	ዘ	ካ	መ	ጩ	አ
አ	ስ	ራ	ሶ	ስ	ት	ሴ	ኛ	ግ	ም	ፎ	ፕ	ዘ	ች	ላ	ድ
ዎ	ፍ	ቦ	ቃ	ክ	ፎ	ኛ	ጩ	ፍ	ና	አ	ስ	ን	ር	ቶ	ፕ
ቦ	ቶ	ላ	ላ	ግ	ስ	ጅ	ጩ	ሹ	ጎ	እ	ስ	ቅ	ሶ	ስ	ት

ዴሲማል
ስምንት
አስራ ስምንት
አስራ አምስት
አምስት
አራት
አስራ አራት
ዘጠኝ
አስራ ዘጠኝ
አንድ
ሰባት
አስራ ሰባት
ስድስት
አስራ ስድስት
አስር
አስራ ሶስት
ሶስት
አስራ ሁለት
ሃያ
ሁለት

18 - Spices

ፌ	ቆ	ጥ	ማ	ሊ	ፍ	መ	ጨ	የ	ሹ	ዞ	ማ	ቃ	አ	ና	ም
ፕ	ነ	ላ	ሳ	ኮ	ዘ	ራ	ብ	ጨ	ዳ	ሹ	ክ	ብ	ዕ	ጉ	ና
ስ	ዞ	ል	ፍ	ሪ	ካ	ራ	ፍ	ቶ	ላ	ፕ	ራ	ታ	ደ	ጥ	ካ
ድ	ጥ	ፍ	ሮ	ስ	ዘ	ራ	አ	ባ	ባ	ዕ	ጨ	ለ	ካ	ጉ	ማ
የ	ጅ	ን	ን	ና	ካ	ት	ጎ	ፎ	ማ	ግ	ጉ	ባ	ታ	ጣ	ጥ
ዳ	ር	ዞ	አ	ች	ት	ች	ቅ	ደ	ዝ	ን	የ	ቆ	ፍ	ፋ	ዘ
ጉ	ደ	ለ	ስ	ዝ	አ	ዋ	ቶ	ፕ	ጨ	ው	ፍ	ት	ል	ጭ	ዕ
ጥ	ት	ር	ኩ	ን	ሽ	ጭ	ነ	ል	ን	ቃ	ዳ	የ	ላ	ን	ል
ጣ	ር	ክ	ና	ጅ	ዋ	ና	ቃ	ቅ	ሽ	ራ	ር	የ	ስ	በ	ብ
ቶ	ዕ	ር	ካ	ብ	ቅ	ቆ	ጎ	ሽ	ጉ	ን	ድ	ፉ	ን	ር	ቅ
ፎ	ዘ	ም	ሪ	ል	ቆ	ጨ	ድ	ል	ህ	ጨ	ኩ	ባ	እ	በ	ለ
ዋ	ካ	ዝ	ን	ቦ	ጨ	ዝ	ክ	ነ	ት	ሜ	ግ	ር	ዳ	ሬ	ስ
ጎ	ኮ	ኛ	ሚ	ፕ	ለ	ዋ	ሥ	ጅ	ቆ	ቫ	ሽ	ደ	ት	ዞ	ክ
ዳ	ረ	ዞ	ሥ	ፕ	ላ	ማ	ቅ	ዞ	ም	ኒ	ብ	ን	ዕ	ታ	ች
ባ	ሪ	የ	ፕ	ቅ	ቀ	ረ	ፋ	ና	ዘ	ላ	ዞ	ሪ	የ	ዘ	ፕ
ቆ	ማ	ጎ	ዋ	ቶ	ታ	ጉ	ራ	ት	ን	ች	የ	ኮ	ብ	ካ	ጎ

መራራ
ኮረሪማ
ቀረፋ
ቅርንፉድ
ኮሪንደር
እንስላል
ካሪ
ፌነል
ጣዕም
ነጭ ሽንኩርት
ዝንጅብል
ሊኮሪስ
ነትሜግ
ሽንኩርት
ድልህ
በርበሬ
ሳፍሮን
ጨው
ጣፋጭ
ቫኒላ

19 - Universe

ፕ	ዞ	ን	ም	መ	ጥ	ሚ	ደ	ሰ	ት	ጎ	ኛ	ከ	ቴ	ለ	ኮ
ፕ	እ	ቦ	ል	ቆ	ፎ	ኛ	ን	ጅ	ማ	ላ	ግ	ባ	ሌ	ጎ	ስ
ክ	ዘ	የ	ጎ	ለ	ሽ	ዳ	ለ	ላ	ለ	ያ	ላ	ቢ	ስ	ታ	ሚ
ቶ	ሴ	ስ	ማ	ክ	ና	አ	ቃ	ረ	ጨ	ድ	ዊ	አ	ኮ	ቶ	ክ
ዋ	ቃ	ና	ጋ	ላ	ክ	ሲ	ኛ	ዞ	ለ	ድ	ኛ	የ	ፕ	ስ	ያ
ሴ	ላ	ጨ	ስ	ሥ	ለ	ቆ	ጨ	ም	ዋ	ደ	ር	ር	ማ	ኛ	ዲ
ብ	ቸ	ኝ	ነ	ት	ፈ	ሥ	ዋ	ት	ፍ	ድ	ኛ	አ	ግ	ሚ	ዞ
ብ	ጅ	ፍ	ጅ	ካ	ም	ፕ	መ	ቃ	እ	አ	ት	ቆ	ግ	ለ	ን
ኛ	ና	ፕ	ሽ	ቃ	ህ	ዳ	ኛ	ኛ	አ	ጉ	ዝ	ዳ	ዎ	ባ	ል
ግ	ቾ	ታ	ቶ	ባ	ዋ	ራ	ማ	ን	ብ	ሥ	ጎ	ማ	ደ	ሴ	ዐ
ስ	ቆ	ሰ	ማ	ይ	ር	ላ	ዋ	ታ	ፎ	ር	ደ	ግ	አ	የ	ዐ
ን	ፍ	ቀ	ክ	በ	ብ	ሽ	ጨ	ራ	ጉ	ዳ	ና	ሴ	ካ	ሚ	ጨ
ሮ	ዮ	ቆ	ራ	ድ	ፍ	ቅ	ዐ	ጨ	ዝ	ጥ	ጉ	አ	ዳ	ታ	ዘ
ት	ም	ኢ	ን	ዑ	ስ	ፕ	ላ	ኔ	ት	ጎ	ዞ	ጎ	ድ	ይ	ቃ
ኬ	ፎ	ኛ	ቃ	ሽ	ሽ	ሹ	ሥ	ነ	ፈ	ለ	ክ	ዘ	ን	ማ	እ
ሹ	ፕ	ፀ	ሀ	ይ	መ	ድ	ዋ	ጉ	ክ	ሚ	ራ	ደ	ዋ	እ	ስ

ንዑስ ፕላኔት
ፈለክ
ሥነ ፈለክ
ከባቢ አየር
ሰማያዊ
ኮስሚክ
ጨለማ
ኢዮን
ጋላክሲ
ንፍቀ ክበብ
አድማስ
ኬትሮንስ
ጨረቃ
ምህዋር
ሰማይ
ፀሀይ
ብቸኝነት
ቴሌስኮፕ
የሚታይ
ዞዲያክ

20 - Mammals

አ	ቅ	ና	ሬ	ሸ	ጉ	ዎ	ዘ	ጎ	ቆ	የ	ዘ	ር	ዞ	ፈ	ዞ
ዝ	ሆ	ን	በ	ሸ	ሸ	ካ	ደ	ዎ	ዕ	ቃ	ሸ	ጎ	ጨ	ረ	ዞ
ዘ	ዝ	ሹ	ግ	ዘ	ብ	ፕ	ል	ዞ	ና	ጉ	ካ	ቀ	ሪ	ስ	ማ
ል	ቸ	ን	ጥ	ሥ	ቅ	ቅ	ቦ	ን	ማ	ሹ	ች	ግ	ጭ	ላ	ታ
ሚ	ባ	ና	ጀ	ች	ር	ሴ	ክ	ክ	ቅ	ጨ	ግ	ካ	ግ	ኔ	ፕ
ባ	ቶ	ች	ሚ	ሮ	ል	ማ	ር	ድ	ብ	ፕ	ለ	ን	ግ	መ	ል
ት	ጅ	ዞ	ቶ	በ	ቃ	ሴ	ጅ	ታ	ዳ	ግ	ፎ	ጋ	ፕ	ሹ	ዝ
ም	ጨ	ል	ጨ	ቀ	ዌ	መ	ቦ	ቦ	ፍ	ዝ	ፍ	ሮ	ቶ	ቃ	ደ
ፍ	ፕ	ራ	ዘ	ው	ል	ለ	ች	ክ	ድ	ል	ፍ	ጎ	እ	ካ	ባ
ቦ	ቃ	ለ	ላ	ሻ	ለ	ሚ	ቃ	ራ	ሹ	እ	ቆ	ራ	ግ	መ	ዕ
ዋ	ባ	ለ	እ	ድ	ግ	ዎ	ፕ	ጉ	ቶ	ኛ	ት	ማ	አ	ር	ሹ
ና	ድ	ሥ	ጉ	እ	ግ	ና	ዘ	ቶ	ፎ	ግ	አ	መ	ን	ፕ	ቅ
ድ	መ	ት	ዝ	ጎ	ኛ	ግ	ስ	ጎ	ዶ	ል	ፊ	ን	በ	ጎ	እ
ፍ	ማ	የ	ሸ	ማ	ና	ም	ተ	ኩ	ላ	ፍ	ጎ	ቦ	ሳ	እ	ራ
ታ	ቶ	ዘ	ጥ	ጅ	ደ	ለ	ሴ	የ	ሜ	ዳ	አ	ህ	ያ	ካ	ዕ
ስ	ቆ	ለ	ቦ	ቃ	ሴ	ፍ	ብ	ት	ን	ቃ	ቢ	ቨ	ር	መ	ር

ድብ
ቢቨር
በሬ
ግመል
ድመት
ውሻ
ዶልፊን
ዝሆን
ቀበሮ
ቀጭኔ
ጎሪላ
ፈረስ
ካንጋሮ
አንበሳ
ዝንጀሮ
ጥንቸል
በግ
ዌል
ተኩላ
የሜዳ አህያ

21 - Fishing

እ	ካ	ቶ	ሐ	ዝ	መ	ስ	ሥ	ዕ	ጨ	ታ	ለ	ቅ	የ	መ	ች
ሸ	ቆ	ቅ	ይ	ዎ	ን	ነ	ጋ	ማ	ኛ	ች	ጅ	ራ	ፕ	ፎ	ጨ
ስ	ኖ	ያ	ቅ	ው	ጠ	ወ	ዘ	ግ	ና	ቶ	ፎ	ራ	ፍ	ቆ	መ
ጎ	ጥ	ግ	ስ	ላ	ቆ	የ	ባ	ህ	ር	ዳ	ር	ቻ	ዎ	ኛ	ን
ግ	እ	ት	ን	ዝ	ዎ	ዳ	ል	ቃ	ሚ	ላ	ጎ	ዝ	ባ	ደ	ጋ
ሸ	ቦ	ቃ	ዎ	ኛ	የ	ድ	ጀ	መ	ፍ	ን	ቦ	ጉ	ና	ማ	ጋ
ዳ	ደ	ሸ	ዳ	ክ	ኛ	ች	እ	እ	ሹ	ጅ	ደ	ም	ስ	ም	ሥ
ታ	ር	ራ	መ	ን	ካ	መ	ጎ	ክ	ጉ	ስ	ሹ	ና	ሥ	ው	ቶ
ወ	ካ	ቦ	ሣ	ፍ	ጨ	ቶ	ክ	ድ	ባ	ደ	ፕ	ዕ	ፎ	ሃ	መ
ብ	ቅ	ባ	ሪ	ሸ	ኛ	ጉ	ፍ	ፕ	ሥ	ሴ	ሚ	መ	ጥ	ታ	መ
ጉ	ካ	ት	ያ	ን	ፎ	ር	ን	ን	ሴ	ቶ	ራ	ና	ብ	ቆ	ዘ
ራ	ጉ	ጫ	ሥ	ች	ኩ	አ	ብ	ዎ	ጎ	ጉ	ብ	ዎ	ና	ድ	ስ
ጉ	እ	ር	ብ	ግ	ክ	ጥ	ሸ	ም	ው	ቅ	ጥ	ና	ዝ	ኛ	ጉ
ሥ	የ	ቅ	ኛ	ማ	ዕ	ር	ዘ	ስ	ፍ	ሹ	እ	ፎ	ብ	ት	ቃ
ታ	ፎ	ዘ	ስ	ብ	ብ	ት	ዕ	ና	ረ	ክ	ድ	ል	መ	ን	ች
ጊ	ል	ስ	ባ	ን	ሹ	ማ	ቃ	ዕ	ት	ዳ	ለ	ን	አ	ዋ	ዳ

አጥር
ቅርጫት
የባህር ዳርቻ
ጀልባ
ኩክ
መሣሪያ
ማጋነን
ክንፍ
ጊልስ
መንጠቆ
መንጋጋ
ሐይቅ
ውቅያኖስ
ትዕግሥት
ወንዝ
ወቅት
ውሃ
ውፍረት
ሸቦ

22 - Bees

ተ	ቆ	ዳ	ፍ	ሚ	ዋ	ቀ	እ	ጠ	ክ	ፎ	ዋ	ሸ	ሥ	ፍ	ና
ክ	ቆ	ዎ	የ	ዎ	ቶ	ዝ	ፎ	ቃ	ቃ	ቾ	ቾ	ም	ፍ	ሬ	ብ
ሎ	ድ	ቶ	ል	ፍ	ል	ዳ	ሚ	ሚ	የ	አ	በ	ባ	ዱ	ቄ	ት
ቾ	የ	አ	ት	ክ	ል	ት	ቦ	ታ	ፖ	ፕ	በ	ም	ካ	ጨ	ሥ
ቃ	ጉ	ር	ሥ	ጉ	ቃ	ር	ጎ	ፎ	ሊ	ና	አ	አ	ሴ	ፎ	መ
ላ	ጅ	ፕ	ሹ	ቾ	ራ	ብ	ደ	ቆ	ና	ብ	ር	ማ	ግ	ጨ	ኖ
ል	ዎ	ሴ	ላ	ሴ	ዠ	ብ	ፀ	ዐ	ተ	ዘ	ዳ	ክ	የ	አ	ሪ
ራ	ዝ	ፍ	ክ	ል	ባ	ቶ	ጉ	ሐ	ር	ማ	ሀ	ጨ	ኛ	በ	ያ
ዐ	ስ	ቅ	ድ	ኛ	ባ	ፍ	ር	ፕ	ይ	ፎ	ም	ሰ	ን	ባ	ኛ
ቃ	ዝ	ታ	እ	ል	ዩ	ነ	ት	ብ	ም	ጎ	ነ	ጭ	ስ	ጅ	ቶ
ዋ	እ	ለ	ባ	ጉ	ባ	ክ	ላ	እ	ም	ሚ	ሥ	ፍ	እ	ላ	ጨ
ቅ	ደ	ደ	ኛ	ኛ	ም	ዳ	ስ	ጥ	ፕ	ባ	ር	ጨ	ሳ	ቅ	ባ
ም	ግ	ብ	ካ	ዋ	ዠ	ራ	ሸ	ማ	ቅ	ቅ	ታ	ራ	ለ	ት	ዋ
ቆ	ም	ላ	ና	ኛ	ማ	ቾ	ድ	ቾ	ሴ	ዎ	ቆ	ሴ	ል	ሥ	መ
ር	ኛ	ለ	እ	አ	ፕ	ብ	ቶ	ደ	ቦ	ኛ	ብ	ስ	ለ	ግ	ጉ
ፕ	ዠ	ኛ	ፍ	ጨ	ሸ	ፍ	ዳ	ካ	ክ	ካ	ር	ጋ	ጋ	ን	መ

ጠቃሚ
አበበ
ልዩነት
ሥነ ምህዳር
አበባ
ምግብ
ፍሬ
የአትክልት ቦታ
መኖሪያ
ቀፎ
ማር
ነፍሳት
ተክሎች
የአበባ ዱቄት
ፖሊናተር
ንግሥት
ጭስ
ፀሐይ
መንጋጋ
ሰም

23 - Job Skills

አ	መ	ሥ	ፍ	አ	ዋ	ማ	የ	ተ	ደ	ራ	ጀ	ዘ	ቶ	ጥ	ት
ን	መ	ጥ	ጥ	ክ	አ	ራ	ታ	ዳ	ጎ	ድ	ብ	ዳ	ች	ደ	ዝ
ቾ	ደ	ራ	ዳ	ባ	አ	ኪ	ዳ	ቶ	ዎ	ም	ቂ	ጅ	ላ	ፍ	ደ
ዎ	ው	ዋ	ር	ሪ	ፎ	ም	ፍ	ካ	ዳ	ላ	ያ	ሚ	አ	ዘ	አ
ጥ	ጤ	ኛ	ፎ	ደ	ቦ	ጩ	ጉ	ፎ	ሹ	ሴ	ጠ	ካ	ቃ	ጉ	ቾ
ዘ	ታ	ር	እ	ቃ	ዳ	ፈ	ጣ	ሪ	ባ	ባ	ተ	ጥ	ብ	ፍ	ፍ
ኛ	ማ	ራ	ቶ	ዕ	ጅ	ተ	የ	ሚ	ስ	ማ	ማ	ቃ	ሚ	ለ	ዘ
ቦ	ና	ፍ	ኛ	ካ	ት	ን	ስ	ጎ	ፍ	ጉ	ኛ	ባ	ቦ	ፕ	ማ
የ	ና	ጎ	አ	ዳ	ት	ጉ	ኛ	አ	ሹ	ሥ	ኛ	ል	ዘ	ዘ	ጎ
ፕ	ል	ደ	ብ	ም	ባ	ኩ	ቦ	ጅ	ሸ	ታ	ኛ	ቃ	ዘ	ዳ	ፍ
ካ	ዕ	ሹ	ጅ	እ	ባ	አ	ረ	ግ	ዋ	ዳ	ፍ	ዘ	ዳ	ሹ	ስ
የ	መ	እ	ግ	ቶ	ግ	ቅ	እ	ት	እ	ው	ነ	ተ	ኛ	ት	ቃ
ተ	ፕ	ራ	መ	ር	መ	ሴ	ቾ	ዎ	ኛ	ተ	ል	ለ	ገ	ቶ	ድ
ሰ	ማ	ሥ	ም	ር	ጩ	ስ	ጅ	ጉ	ጩ	ካ	ፍ	ራ	ጥ	ዘ	ሴ
ጠ	ዝ	ኛ	ሚ	አ	ታ	የ	ራ	ሸ	ቾ	ም	ጓ	ደ	ኛ	ቅ	ደ
ል	ም	ድ	ያ	ለ	ው	ቦ	ዝ	ግ	ጁ	ፎ	መ	መ	ጅ	ፕ	ዋ

የሚስማማ
ትኩረት
እውነተኛ
ማራኪ
መግባባት
ተባባሪ
ፈጣሪ
የተሰጠ
ጥገኛ
ውጤታማ
ልምድ ያለው
ጓደኛ
ገለልተኛ
አመራር
አስተዳደር
የተደራጀ
ዝግጁ
አክባሪ
ተጠያቂ

24 - Weather

ዳ	ድ	ለ	ፍ	ዳ	ጨ	ደ	ር	ሹ	ሴ	ዛ	ጅ	የ	አ	ድ	ም
ካ	ለ	ታ	ጥ	ሸ	ጨ	መ	ት	ን	ቦ	ፍ	ቆ	አ	ው	ን	ቦ
ል	ቃ	ራ	ች	ዘ	ዐ	ና	እ	ብ	ዝ	መ	ና	የ	ሎ	ጥ	ሥ
በ	ቅ	ካ	ባ	ሥ	ል	ራ	ን	ለ	ሹ	ዳ	ፎ	ር	ን	ጨ	ዐ
ዐ	ረ	መ	ብ	ረ	ቅ	ች	ዋ	ከ	ላ	ቆ	ካ	ን	ፋ	ብ	ሹ
ማ	ደ	ዶ	ስ	ዛ	ብ	ዳ	መ	መ	ባ	ም	ዝ	ብ	ስ	ፋ	ን
ነ	ጎ	ድ	ጓ	ድ	የ	ደ	ማ	ላ	ራ	ቢ	ሴ	ረ	ቃ	ና	ታ
ክ	ዋ	ማ	ዛ	ሸ	ጅ	ክ	ሚ	ሹ	ታ	ጉ	አ	ት	ጥ	ሥ	ዐ
የ	ሙ	ቀ	ት	መ	ጠ	ን	ደ	ተ	ጉ	ስ	ዎ	የ	ጉ	ዳ	ር
ፎ	ም	ቅ	ክ	ሹ	ቃ	ለ	ም	ረ	የ	ጎ	ክ	ደ	ር	ክ	ፍ
ዛ	ቀ	ፖ	ላ	ር	ጥ	ሴ	ግ	ጋ	ጭ	ም	ጥ	ል	ም	ደ	ቆ
አ	መ	ስ	ፋ	ነ	ሎ	ው	አ	ጋ	ባ	ኛ	ፍ	ቃ	ካ	ዝ	ዋ
ሰ	ማ	ይ	ተ	ድ	ር	ቅ	ሞ	ጨ	ቶ	ዳ	ች	ዎ	መ	ፕ	ራ
ክ	ቅ	ታ	ሹ	ደ	ጥ	ላ	ቃ	ስ	ፕ	እ	የ	ባ	ፕ	የ	ዝ
ሞ	ን	ሶ	ን	ዋ	መ	ራ	ታ	ክ	ል	ኛ	ና	ጅ	ሥ	ስ	ካ
ባ	ብ	ሚ	ች	ች	ች	ና	ማ	ስ	ፍ	ዘ	ራ	ዎ	ቃ	ራ	ም

ከባቢ አየር
ተረጋጋ
የአየር ንብረት
ደመና
ድርቅ
ደረቅ
ጭጋግ
አውሎ ነፋስ
በረዶ
መብረቅ
ሞንሶን
ፖላር
ቀስተ ደመና
ሰማይ
ማዕበል
የሙቀት መጠን
ነጎድጓድ
አውሎ ንፋስ
ሞቃታማ
ንፋስ

25 - Adventure

ዘ	ፍ	ካ	ፍ	ን	ሹ	ር	እ	ለ	የ	ቦ	ደ	ን	ለ	ቃ	ስ
ሸ	ጎ	ኛ	ት	ጀ	ግ	ን	ነ	ት	በ	ው	ህ	ሸ	ቃ	ማ	ባ
ር	ቃ	ቾ	ጅ	ላ	ራ	ል	መ	ጉ	ቦ	ላ	ን	ና	ራ	ፍ	ሸ
ሸ	ጨ	ኞ	ግ	ለ	ሥ	ስ	ሥ	ጉ	ሥ	ብ	ነ	ቆ	አ	ር	ል
ር	ዳ	ደ	ዝ	ር	ክ	ሚ	ጣ	ጋ	አ	ቅ	ት	ላ	ሴ	ድ	ጨ
እ	ባ	ጓ	ግ	ላ	አ	ፎ	ለ	ባ	ካ	ደ	መ	ለ	ተ	ል	ያ
ር	ራ	ቶ	ሚ	ዝ	ቦ	ጉ	ቦ	እ	ና	እ	ገ	ጨ	ት	ፕ	ፕ
ፎ	ዳ	ል	ዳ	ባ	ታ	ፍ	ጨ	ጅ	ዳ	ፕ	ጎ	ኛ	ዳ	ሹ	ዋ
መ	ቃ	ች	ፕ	ም	ጎ	ር	ጥ	ሹ	አ	ሰ	ሳ	ዝ	ግ	ታ	ላ
ዎ	ድ	እ	ዋ	ዝ	መ	ደ	አ	ዲ	ስ	ዕ	ፕ	ች	ጉ	ለ	ጉ
ሸ	ተ	ሹ	ር	ሴ	ቃ	ስ	ቅ	ን	እ	ፎ	ጉ	ኛ	ሥ	ኛ	መ
ል	ጥ	ፈ	ቆ	ሴ	ማ	ታ	እ	ጨ	የ	ባ	ና	ቦ	ዳ	እ	ድ
ዕ	ድ	ል	ጥ	ለ	ካ	ዕ	ዳ	ፍ	ባ	ሸ	ቶ	ዎ	ቃ	ጨ	ረ
ች	ት	ክ	ዘ	ሮ	ለ	ት	ሴ	ባ	ዎ	ዘ	ፕ	ሸ	አ	ቶ	ሻ
ሴ	ብ	ባ	ር	ሚ	ት	ስ	ዘ	ጉ	ሸ	ር	ብ	አ	ሸ	ቶ	ዳ
ባ	ክ	ዎ	ጨ	ዝ	ዕ	ዝ	ዋ	የ	ድ	ፍ	ጉ	ቅ	ማ	ና	ሚ

እንቅስቃሴ
ውበት
ጀግንነት
ዕድል
አደገኛ
መድረሻ
ችግር
ጉጉት
ሽርሽር

ጓደኞች
ደስታ
ተፈጥሮ
አሰሳ
አዲስ
አጋጣሚ
ዝግጅት
ደህንነት
ያልተለመደ

26 - Sport

ጉ	ዘ	ዘ	ቦ	ን	ፎ	ሹ	መ	ሸ	ስ	ፖ	ር	ት	ኛ	ላ	ቦ
ዩ	ች	ዎ	ካ	ቅ	ዩ	አ	ሬ	ካ	ን	ጥ	ላ	ች	አ	ፕ	ላ
ታ	መ	ደ	መ	አ	ደ	ጨ	ል	ጨ	ዳ	ቅ	ኩ	ዘ	ካ	እ	ን
ና	ታ	ቃ	ዩ	ራ	ል	ሹ	ሚ	ት	ማ	ን	ስ	ጉ	ች	ን	ፎ
ቶ	ግ	ፍ	ዕ	ጨ	ባ	ም	ም	ዳ	ዋ	ክ	ቫ	ሹ	ዋ	ሥ	ጅ
ብ	ብ	አ	ሥ	ሚ	ዎ	ሴ	ክ	ሹ	መ	ስ	ዮ	ዎ	ጉ	ባ	ሥ
ቶ	ስ	ሥ	ማ	ፎ	ች	ድ	ደ	ል	ማ	ካ	ዲ	ፍ	ቅ	ፎ	ዘ
ም	ጉ	ክ	አ	ት	ሌ	ት	እ	ጨ	ስ	ዋ	ር	ሜ	ሸ	ን	ቃ
ኛ	ች	ሚ	ሌ	ና	ካ	ች	ታ	ር	ት	ና	ካ	ታ	ለ	ፎ	ጅ
ከ	ቅ	ቃ	ማ	ት	መ	ዎ	አ	ሠ	ል	ጣ	ኝ	ቦ	ጽ	ቅ	ር
ላ	ፍ	ም	ፕ	አ	መ	ቻ	ዩ	ክ	ቦ	ካ	ግ	ሊ	ና	ፕ	ዝ
ቅ	ዕ	ተ	ል	ታ	ዳ	ን	ዕ	ች	ሎ	ታ	አ	ክ	ት	ሮ	ሚ
መ	ሮ	ጥ	ኛ	ጤ	ና	ጡ	ዳ	አ	መ	ጋ	ገ	ብ	ል	ግ	ል
ሴ	ር	ት	ስ	ሹ	ግ	ፎ	ስ	ት	ለ	ጥ	ቃ	ት	ዘ	ራ	ን
እ	ዕ	ክ	ፎ	ሸ	ዎ	ቃ	ለ	ክ	ት	ፍ	ል	ደ	ጅ	ም	ታ
ት	መ	ኛ	ት	ኛ	ሥ	ድ	ስ	ዘ	ጥ	ቦ	ዘ	ራ	ክ	ራ	አ

ችሎታ
አትሌት
አካል
ካርዲዮቫስኩላር
አሠልጣኝ
ብስክሌት መንዳት
ዳንስ
አመጋገብ
ጽናት
ግብ
ጤና
መሮጥ
ከፍተኛ
ሜታቦሊክ
ጡንቻዎች
ፕሮግራም
ስፖርት
ጥንካሬ

27 - Restaurant #2

የ	እ	ዝ	ጎ	ማ	የ	ቅ	ብ	ዎ	ፕ	ት	ራ	ል	ሹ	ፎ	ፎ
ማ	ላ	ቅ	የ	ጣ	ካ	ዘ	ደ	ካ	ዝ	ሸ	ኛ	ጎ	ጎ	ጉ	ግ
ን	ጥ	ቃ	ል	ፋ	ጉ	ዓ	ሣ	መ	ጠ	ጥ	ዕ	ም	ሽ	ጨ	ሃ
ኪ	መ	ሹ	ካ	ጭ	ፎ	ማ	ፕ	ሹ	ዞ	ድ	ዎ	ን	ቶ	ጉ	ው
ያ	ስ	ዎ	ጥ	ም	ቃ	ፕ	ዎ	ቦ	ቶ	እ	ና	ል	ት	ች	ካ
ጅ	ላ	ዝ	ድ	ጉ	ቆ	ቆ	ላ	ባ	ሥ	ፕ	ፎ	ባ	ሚ	እ	ፍ
ጋ	ታ	ቶ	ሸ	ቃ	ዞ	ዎ	ሚ	የ	እ	ማ	ዎ	ጅ	ጅ	ሸ	ር
ና	ዎ	ዕ	ፍ	ፊ	ዕ	ጉ	ሸ	ዞ	ፎ	ጥ	ለ	ጎ	ማ	ማ	ቃ
ተ	ዘ	ሚ	ክ	ሴ	ቦ	ራ	ት	ቆ	እ	ጉ	ድ	ደ	ኛ	አ	ል
ስ	ድ	የ	ግ	ዞ	ድ	ን	ፍ	ፎ	ራ	ሾ	ር	ባ	ን	ቃ	ግ
አ	ት	ክ	ል	ቶ	ች	ስ	ቅ	ም	ት	ሰ	ር	አ	ባ	ማ	ጅ
ሸ	ካ	ጅ	ዝ	ም	ሚ	ፍ	ቃ	ጥ	ሳ	ላ	እ	ን	ቁ	ላ	ል
ፍ	ር	በ	ን	ወ	ፍ	ድ	ፕ	ና	መ	ጣ	ሴ	ድ	ካ	መ	ስ
ሸ	ዳ	ጥ	ረ	ቃ	ራ	ም	አ	ታ	ካ	ቆ	መ	ፍ	ቅ	ጥ	ቶ
ጥ	ጅ	ዞ	ሴ	ዶ	ማ	ዘ	ዳ	ጉ	ለ	ራ	ግ	ሸ	ዝ	ደ	ባ
ፕ	ማ	ት	ሥ	ዳ	ግ	ጎ	ራ	ኬ	ክ	ር	እ	ፍ	ሚ	ባ	ታ

መጠጥ
ኬክ
ወንበር
ጣፋጭ
እራት
እንቁላል
ዓሣ
ሹካ
ፍሬ
በረዶ
ምሳ
ሰላጣ
ጨው
ሾርባ
ማንኪያ
አትክልቶች
አስተናጋጅ
ውሃ

28 - Geology

ዋ	ዘ	ለ	ጥ	ዋ	አ	ስ	ም	እ	ክ	ቃ	ለ	ቦ	ጨ	ጥ	ኛ
መ	ሸ	ር	ሸ	ር	ሻ	ን	ቶ	ሳ	ካ	ት	ቆ	ቶ	ል	ጨ	ው
ክ	ፍ	ለ	ሀ	ገ	ር	ድ	የ	ተ	ራ	ጥ	ለ	ሥ	ለ	ኛ	ል
መ	ዐ	ፎ	ግ	ቅ	ዘ	ዐ	ለ	ገ	ና	ካ	ል	እ	ከ	ጨ	ለ
ዐ	ፍ	ቃ	ቆ	ታ	ይ	ማ	ሸ	ሞ	ፍ	ግ	ዋ	ካ	ፍ	ጨ	ጥ
ግ	ሴ	ም	ሸ	ቃ	ጌ	ዘ	ፍ	ራ	መ	ደ	ት	ጎ	ያ	ጥ	ሚ
ጥ	ት	ዋ	ግ	ፍ	አ	ች	ቅ	ካ	ቃ	ቆ	ን	ፎ	ለ	ቃ	ታ
ዛ	አ	ዳ	ሥ	የ	ሲ	ቃ	ል	ዑ	ደ	ቶ	ች	ድ	ጠ	ሥ	መ
ታ	ጎ	ለ	ክ	ሸ	ድ	ኛ	ጥ	ፎ	ቅ	ኳ	ቶ	ን	ፍ	ዎ	ን
ች	ዎ	ል	ቲ	ሪ	ባ	ላ	ፍ	ቃ	ጥ	ር	ክ	ጋ	ጣ	እ	ብ
ዝ	ዎ	ሲ	ክ	ሥ	ስ	ፍ	ስ	ሥ	ኛ	ት	ር	ይ	ፋ	ም	ዳ
ሴ	ድ	ፎ	ላ	ጨ	ጨ	ታ	ዘ	ጎ	መ	ዝ	ግ	ጉ	ቦ	ካ	ላ
ጉ	ጨ	ኛ	ታ	ቅ	ግ	ላ	ል	ቆ	ጥ	ዝ	መ	ባ	ታ	ል	ስ
ክ	ዎ	ታ	ስ	ሴ	ራ	ዎ	ፎ	ል	ን	ጨ	ሹ	ዘ	ቆ	ሲ	ቆ
ፎ	ታ	ጎ	ባ	ፍ	ጥ	ቀ	ጥ	ቀ	ን	መ	ት	ሬ	መ	የ	ና
ግ	ሥ	ካ	ች	ዋ	የ	ቃ	ዳ	ማ	ጨ	ና	ጎ	ጥ	ቅ	ም	ራ

አሲድ
ካልሲየም
ዋሻ
ክፍለ-ሀገር
ዛጎል
ክሪስታል
ዑደቶች
የመሬት መንቀጥቀጥ
መሸርሸር
ፎሲል
ጌይዘር
ቅልጥ
የድር
ማዕድን
ከፍ ያለ ጠፍጣፋ ቦታ
ኳርትዝ
ጨው
ስታላክቲክ
ድንጋይ
እሳተ ገሞራ

29 - House

ቁ	ክ	ፍ	ል	የ	ደ	ቆ	ግ	ጅ	ጉ	መ	ጅ	ፎ	ሥ	ት	ፕ
ል	ደ	ማ	ሽ	አ	ል	ቅ	ሚ	ዕ	ዳ	ስ	ክ	ዋ	ጣ	ራ	መ
ፎ	ዎ	ወ	ሴ	ት	ሴ	ቶ	ቦ	ዕ	ቃ	ታ	ጥ	ል	ጅ	ብ	ስ
ች	ዞ	ጥ	ጥ	ክ	ት	ላ	መ	ን	መ	ወ	ጎ	ቦ	ች	መ	ኮ
ዎ	ቦ	ቤ	ብ	ል	ፍ	ክ	ሽ	ን	ት	ት	ፈ	ሥ	ዳ	ሚ	ት
ጃ	ክ	ት	ል	ት	ብ	ሥ	ና	ፕ	አ	ሴ	ር	ዘ	መ	ብ	እ
ረ	ል	እ	እ	ቦ	መ	ት	ቶ	ዎ	ጥ	በ	ኒ	ን	ት	ሥ	ኛ
ጋ	ክ	ም	ን	ታ	ዝ	ሴ	ዝ	ጋ	ር	ር	ቾ	ቶ	ቆ	ል	ኛ
መ	ብ	ደ	ዳ	ዎ	ዎ	ቃ	ጎ	ቃ	ራ	ግ	ር	ት	መ	ሴ	ባ
ጥ	ዋ	መ	ጎ	ም	ና	ደ	ጨ	ጅ	ና	ጅ	ድ	ሽ	ጥ	ች	ጉ
ጅ	ን	ቅ	ች	ቃ	አ	ሚ	ራ	ዝ	ች	ደ	ሴ	ግ	ክ	ና	ግ
ሽ	እ	ፎ	ላ	ጅ	ሹ	ቤ	ተ	መ	ጸ	ሕ	ፍ	ት	ዳ	ቦ	ማ
ጥ	ጉ	ቃ	ክ	ቃ	ል	ባ	ሹ	ባ	ዘ	ፍ	ና	ላ	ቅ	ሚ	ም
ች	ር	ወ	መ	ጥ	ረ	ጊ	ያ	ገ	ላ	መ	ታ	ጠ	ቢ	ያ	ድ
ጎ	ራ	ደ	ለ	ስ	ቅ	ቅ	ግ	ፎ	ፎ	ች	ና	ቅ	ደ	ቅ	ጃ
ቶ	ፍ	ዞ	ዞ	ል	ፍ	እ	ጅ	ካ	ጉ	ኛ	ግ	ላ	ካ	ል	ለ

ትንሽ ክፍል
መጥረጊያ
መጋረጃዎች
በር
አጥር
ምድጃ
ወለል
ፈርኒቸር
ጋራጅ
የአትክልት ቦታ
ቁልፎች
ወጥ ቤት
መብራት
ቤተ መጻሕፍት
መስታወት
ጣራ
ክፍል
ገላ መታጠቢያ
ግድግዳ
መስኮት

30 - Physics

ቅ	አ	ኬ	ዩ	ኒ	ቨ	ር	ሳ	ል	ማ	ዘ	የ	ዕ	ር	የ	ካ
ግ	ቶ	ሚ	ድ	አ	ድ	አ	ክ	ድ	ግ	ል	ጉ	ጥ	መ	ፕ	እ
ሜ	ም	ካ	ካ	ን	ዕ	ጅ	ሚ	ቃ	ኔ	ዳ	ቆ	ላ	ብ	ቃ	ክ
ል	ካ	ል	ሮ	ቀ	ሞ	ተ	ር	ት	ቲ	ፍ	ደ	ቶ	ጅ	ለ	ጅ
ጋ	ሸ	ኒ	ት	ጽ	ና	ች	ላ	ለ	ዝ	ጥ	ፎ	ጉ	ቶ	ዳ	ች
ኛ	ዝ	ዕ	ክ	ያ	ፊ	ፋ	ስ	ማ	ም	ነ	ች	ታ	ኛ	ና	ድ
ሚ	ቶ	ጎ	ሌ	ስ	ም	ር	ት	ቅ	ብ	ት	ኑ	ክ	ሌ	ር	ብ
ም	አ	ፍ	ኤ	ፈ	ጣ	ን	ፍ	ጥ	ነ	ት	ል	ማ	አ	ራ	ቶ
ኛ	ች	ም	ል	ማ	ዋ	ር	ኛ	ቅ	ዎ	ጅ	ክ	ጥ	ዕ	ል	ብ
አ	ስ	ማ	ጅ	ጅ	ድ	ሴ	ዋ	ጥ	ለ	ል	ክ	አ	ብ	ው	ሥ
ዞ	ፕ	ታ	ሴ	ፍ	ጨ	ታ	አ	ፍ	ዝ	ካ	ዳ	ሚ	ግ	ኪ	ቆ
ጉ	ብ	ታ	ማ	ቆ	ጥ	እ	ጉ	ራ	ቃ	ና	ክ	ብ	ዝ	ለ	ማ
ቀ	ዙ	ች	ር	ች	ዕ	ላ	ዎ	ራ	ካ	ብ	ድ	ግ	ግ	ሞ	ሽ
መ	ህ	ሴ	ፍ	ጥ	ጅ	እ	ማ	ግ	ም	ሸ	ክ	ም	አ	ቦ	ማ
ር	ዝ	ቅ	ዕ	ግ	ማ	ሥ	ን	ዘ	ጥ	ቶ	ሸ	ደ	ዝ	ካ	ፕ
ቃ	ብ	ጨ	ጅ	ጉ	ቶ	መ	ብ	ፎ	ማ	ፍ	አ	ካ	እ	የ	ር

ፈጣን ፍጥነት
አቶም
ትርምስ
ኬሚካል
ጥቅጥቅ ማለት
ኤሌክትሮ
ሞተር
ማስፋፊያ
ቀመር
ድግግሞሽ
ጋዝ
ማግኔቲዝም
ብዙ ህዝብ
ሜካኒክስ
ሞለኪውል
ኑክሌር
አንቀጽ
ዝምድና
ፍጥነት
ዩኒቨርሳል

31 - Coffee

መ	ዋ	ዳ	ጅ	ዋ	ባ	ና	ጥ	ሥ	ቃ	ብ	ቅ	ዝ	ወ	ች	ስ
ዓ	ና	ጋ	ኛ	ቶ	ጎ	ዞ	ጅ	ክ	ሹ	ጥ	የ	የ	ና	ተ	ና
ዛ	ጉ	ካ	ፌ	ይ	ን	ሚ	ክ	ሬ	ም	ቁ	ጥ	ድ	ደ	ባ	ት
መ	ነ	ሻ	ች	ላ	ለ	ቆ	ሸ	ሚ	ለ	ር	ዘ	ደ	ቦ	ፍ	ራ
ቆ	ቅ	ሥ	እ	ጅ	ች	ጅ	ር	ቃ	ዘ	ሰ	በ	ጠ	ተ	የ	ደ
ች	ሴ	ን	ደ	የ	ካ	ራ	ራ	ፈ	ሳ	ሸ	ቶ	ዋ	ደ	ቃ	ሴ
ዋ	ር	ጥ	ጠ	መ	ተ	ስ	ቆ	ቶ	ደ	ሹ	ፍ	ት	ግ	ደ	ስ
ቅ	ች	ሹ	ት	ፍ	ጉ	ለ	ሸ	ቅ	ፕ	ቅ	ዕ	ደ	ቅ	ዘ	ና
ቆ	ል	ዕ	ብ	ጩ	ዋ	ደ	ያ	ን	ቃ	ና	ቦ	ደ	ሸ	ማ	ድ
ስ	ግ	ፎ	ጥ	ት	ቅ	ለ	ጅ	ዩ	ቅ	ፍ	ቆ	ር	አ	ሲ	ድ
ኳ	ቦ	የ	ኛ	ታ	ን	የ	ና	ቦ	መ	ሴ	ለ	ካ	ቶ	ሸ	ሴ
ር	እ	ን	ባ	አ	ራ	ጣ	ፎ	ፍ	ቦ	ጉ	ቦ	ራ	ዋ	ጉ	ጽ
ቅ	ጥ	ሹ	ሚ	ጉ	ክ	ዕ	ሚ	ክ	ኛ	ት	ስ	ቦ	ብ	ቃ	ዋ
አ	ጅ	ድ	ጨ	ዘ	ዋ	ም	ሸ	ለ	የ	ሴ	ራ	ጎ	ሹ	ፎ	ፍ
አ	ጣ	ራ	ራ	መ	ሚ	ሸ	ዕ	ብ	ፕ	ት	ን	ዳ	ዝ	ው	ታ
ደ	ላ	ቶ	ፕ	ታ	ቶ	ሸ	መ	ብ	ፕ	ዎ	ራ	ካ	ሚ	ሃ	እ

አሲድ
መዓዛ
መጠጥ
መራራ
ጥቁር
ካፌይን
ክሬም
ጽዋ
አጣራ
ጣዕም
መፍጨት
ፈሳሽ
ወተት
ጠዋት
መነሻ
ዋጋ
የተጠበሰ
ስኳር
የተለያዩ
ውሃ

32 - Shapes

መ	ስ	መ	ር	ሴ	ሲ	ኮ	ላ	ሃ	ሹ	ድ	ዙ	ሸ	ሴ	ዞ	ቃ
ር	ጅ	ግ	ሸ	ግ	ሊ	ን	ባ	ቅ	ይ	ዝ	ቅ	ር	ዳ	ማ	ን
ጅ	ኤ	ት	ደ	ባ	ን	ች	ዘ	ቦ	ባ	ፐ	ደ	ቅ	ራ	ጉ	ን
ካ	ዝ	ሞ	ላ	ላ	ደ	ሚ	ት	ት	ባ	ዞ	ር	መ	ደ	ባ	ጉ
አ	ጥ	ት	ዕ	ሸ	ር	ሹ	ጎ	ደ	ደ	ቶ	ለ	ቦ	ቶ	ዕ	ለ
ሦ	ስ	ት	ማ	ዕ	ዘ	ን	ኛ	ጨ	አ	ብ	ድ	ዋ	ላ	ማ	ድ
ግ	ቶ	ዘ	ቦ	ና	ዝ	ሹ	አ	ጅ	መ	ባ	ላ	ስ	ዞ	ን	ጅ
መ	ዋ	ቅ	ና	ባ	ጥ	ዎ	ዞ	ካ	ጅ	ዝ	ማ	ቃ	ሹ	ሚ	ባ
ሥ	አ	ን	ጉ	ድ	ዘ	ፖ	ቀ	ቅ	ካ	ለ	ሚ	መ	ዋ	ን	ራ
ሬ	ክ	ታ	ን	ግ	ል	ሊ	ስ	ሉ	ል	ብ	ዳ	ና	ፕ	ዳ	ባ
መ	ል	ታ	ሚ	ጥ	ፕ	ጎ	ት	ቦ	ዎ	ጨ	ት	ለ	ማ	መ	አ
ራ	ክ	እ	መ	ል	ሪ	ን	ር	መ	ኛ	ጨ	ድ	ሸ	ና	ጎ	ዘ
ኛ	ር	ብ	ባ	አ	ዝ	ጨ	ቦ	ሸ	መ	የ	ት	ሹ	ን	ና	ቅ
ሴ	ከ	ር	ቭ	ት	ም	ኩ	ብ	አ	ካ	ጉ	ዝ	ቶ	ጅ	ን	ብ
ሚ	ሹ	መ	ች	ቆ	ት	ታ	ጎ	ሹ	ክ	ሹ	ፍ	አ	ን	ጎ	ል
ና	ታ	ሴ	ባ	ዋ	ደ	ት	ፒ	ራ	ሚ	ድ	ዝ	ማ	ላ	ን	ሸ

ቀስት
ክብ
ኮን
ጥግ
ኩብ
ከርቭ
ሲሊንደር
ኤጅስ
ሞላላ
ሃይፐርቦላ

መስመር
ፖሊጎን
ፕሪዝም
ፒራሚድ
ሬክታንግል
ዙር
ጎን
ሉል
አደባባይ
ሦስት ማዕዘን

33 - Scientific Disciplines

ኛ	መ	ሸ	ዳ	ባ	ኢ	ሹ	ሹ	ን	ቆ	ሥ	ፎ	ም	ላ	ባ	ፍ
ቦ	ሜ	ች	ሪ	ት	ስ	ሚ	ኬ	ዮ	ባ	ነ	ፕ	ዘ	ታ	ዝ	ስ
ሴ	ጥ	ካ	ባ	የ	ሴ	ሚ	ዩ	ቦ	ን	ፈ	ል	ጨ	ሸ	ም	ክ
ካ	ራ	ዞ	ኒ	ቡ	ታ	ን	ይ	ኖ	ን	ለ	ቋ	አ	ና	ቶ	ሚ
ት	ግ	ሶ	የ	ክ	ፎ	ፕ	ጥ	ጉ	ሎ	ክ	ን	የ	ች	ኛ	ና
ስ	ስ	ማ	ሺ	ር	ስ	ፍ	ባ	ች	ና	ጂ	ቋ	ቦ	አ	ጅ	ዲ
ኢ	ኮ	ሎ	ጂ	ዮ	ድ	ዋ	ዮ	ደ	ክ	ሎ	ዎ	ጎ	ር	ፕ	ሞ
ላ	ዋ	ዋ	ሎ	ሸ	ሎ	እ	ሎ	ቦ	ብ	ዮ	ች	ን	ኪ	ል	ር
ና	ቦ	ጎ	ኮ	ር	ጉ	ጂ	ጂ	ላ	ሹ	ዚ	ላ	ሸ	ኦ	ሥ	ቴ
ም	ታ	ዞ	ይ	ባ	ሹ	ሎ	ግ	ች	ቦ	ፊ	ሸ	ሚ	ሎ	ል	ዐ
ማ	አ	ፍ	ሳ	ጨ	ቆ	ሮ	ማ	ዐ	ድ	ን	ፕ	ዎ	ጂ	ች	የ
ዙ	ኦ	ሎ	ጂ	ዎ	ቅ	ው	ና	ና	ጂ	ኦ	ሎ	ጂ	ሎ	ሴ	ር
ኬ	ሚ	ስ	ት	ሪ	ራ	ኒ	ባ	ል	ፍ	ብ	ሹ	ባ	ዮ	ግ	ፍ
ቅ	ት	ላ	ዳ	ደ	እ	ኛ	ኛ	ለ	ባ	ሚ	ሚ	ቆ	ሴ	ፕ	ና
ቦ	ጥ	ር	ን	ኛ	ጨ	ዐ	ካ	ጉ	ለ	ም	ር	ማ	ን	ት	ዝ
ሴ	ድ	ቆ	እ	ጥ	ጥ	ዋ	ባ	ዞ	ክ	ዋ	ክ	ኛ	ኪ	ፎ	ቆ

አናቶሚ
አርኪኦሎጂ
ሥነ ፈለክ
ባዮኬሚስትሪ
ባዮሎጂ
ቡታንይ
ኬሚስትሪ
ኢኮሎጂ
ጂኦሎጂ
ኢሚዩኖሎጂ
ኪንሴዮሎጂ
ቋንቋዎች
ሜካኒክስ
ማዕድን
ኒውሮሎጂ
ፊዚዮሎጂ
ሳይኮሎጂ
ሶሺዮሎጂ
ቴርሞዳይናሚክስ
ዙኦሎጂ

34 - Science

ማ	ዕ	ድ	ን	ተ	ም	ል	ከ	ታ	ዎ	ሙ	ጨ	ባ	ዎ	ስ	ፎ
መ	ዘ	ባ	ላ	ክ	ቶ	ካ	ደ	ቆ	ክ	እ	ከ	ሥ	ል	በ	ሲ
ቃ	ሹ	ት	ጥ	ሎ	አ	ሚ	ች	ቦ	መ	ቶ	ዘ	ራ	ጅ	ት	ል
ብ	እ	ዕ	ባ	ች	ለ	ኬ	ሞ	አ	እ	ዞ	ለ	ም	ዋ	ም	እ
ማ	ቶ	ዕ	ድ	ቶ	ሚ	ዳ	ጨ	ለ	ሴ	ላ	ል	ር	ፍ	ላ	ው
ጨ	ች	ዘ	ታ	ጣ	ታ	ላ	ታ	ሥ	ኪ	መ	ጥ	ም	ድ	መ	ነ
ዋ	ፍ	ት	ጥ	ን	ሴ	ቦ	እ	ላ	ም	ው	ቆ	ቦ	ን	ም	ታ
ቃ	ላ	ፎ	ደ	ቅ	ባ	ራ	ሴ	ሴ	ሥ	ራ	ሎ	ድ	ደ	ቃ	ል
ተ	ፈ	ጥ	ሮ	ት	ለ	ቶ	አ	እ	ላ	የ	ግ	ች	ለ	ን	ቶ
ሚ	ዎ	ቅ	ቃ	ጨ	ጥ	ሪ	ፊ	ል	ዞ	ን	ዞ	ዎ	የ	የ	ጉ
ኛ	ዳ	ሥ	ጅ	ዕ	ክ	ቅ	ዚ	እ	ጨ	ኛ	ግ	እ	ሚ	ካ	ራ
ች	ድ	ዘ	ዴ	ም	ቅ	ኛ	ክ	ዞ	ዳ	ቆ	ን	ደ	ቆ	ጉ	ዝ
ዞ	ድ	የ	ጅ	ሹ	ቶ	ራ	ስ	ማ	ባ	ዎ	ም	ና	ዕ	ሚ	ፎ
ሚ	አ	ድ	የ	አ	የ	ር	ን	ብ	ረ	ት	ስ	ቲ	ን	ይ	ሳ
ፕ	ድ	ጨ	ፍ	ሚ	ም	ሚ	መ	ዘ	ዋ	ድ	ጅ	ር	ባ	ግ	ጅ
ማ	ን	ግ	ዎ	ጅ	ች	ሸ	ኛ	ጥ	ሴ	እ	ክ	ዘ	ድ	ታ	ፍ

አቶም
ኬሚካል
የአየር ንብረት
ዳታ
ሙከራ
እውነታ
ፎሲል
ስበት
መላ ምት
ላቦራቶሪ
ዘዴ
ማዕድን
ሞለኪውሎች
ተፈጥሮ
ምልከታ
ቅንጣቶች
ፊዚክስ
ተክሎች
ሳይንቲስት

35 - Beauty

ራ	ኅ	ው	ድ	ሊ	ዞ	ዓ	መ	ቦ	ሚ	ደ	ቅ	ች	ር	ድ	ዞ
ም	ቃ	በ	ዎ	ፕ	ዝ	ኛ	ቀ	ና	ዘ	ች	ካ	ኅ	ደ	ሹ	ግ
ር	ች	ት	ደ	ስ	ና	ሹ	ሶ	ጸ	ቆ	ላ	ሥ	ባ	ን	መ	ዎ
ቶ	ክ	።	ቆ	ቲ	ራ	ዋ	ች	ጋ	ማ	ደ	ጅ	ስ	አ	ን	ጥ
ች	ዘ	ብ	ዞ	ክ	ፎ	ዎ	ጉ	ዝ	ሥ	ቆ	ዋ	ከ	ኛ	ት	ዘ
ቶ	ጨ	ይ	ካ	ሴ	ቶ	ቶ	መ	ቆ	ካ	ር	ዳ	ዎ	ር	ዋ	ር
ሎ	ፍ	እ	ት	ቦ	ግ	ሽ	ር	ራ	ባ	ጨ	ዋ	ር	ም	ል	ት
ግ	የ	ል	ወ	ሽ	ራ	ካ	ስ	ማ	ቆ	ም	ድ	ሥ	ያ	ሽ	ስ
ል	እ	ዋ	ታ	ሚ	ፍ	ቶ	ሜ	ካ	ፕ	ዳ	ብ	ብ	ሚ	ቃ	ሊ
ገ	ግ	ዘ	ስ	ኮ	ስ	ሜ	ቲ	ክ	ስ	ሹ	ካ	ጨ	የ	ራ	ይ
አ	ል	ዝ	መ	ግ	ር	ማ	ሞ	ገ	ስ	ስ	ዞ	ሹ	ፍ	ፕ	ታ
ሻ	ም	ፑ	ሴ	አ	ማ	ቅ	ዳ	ሚ	ቦ	ፕ	ለ	የ	ዋ	ዕ	ስ
ፍ	ለ	ዎ	ለ	ጥ	ና	ዞ	ዝ	ም	አ	ር	ለ	ፍ	ዳ	ፕ	ቅ
እ	ቀ	ም	ኛ	አ	ፍ	ግ	ሹ	ቶ	ዘ	ኛ	ኛ	ለ	ቦ	ራ	ሽ
ግ	ላ	ጅ	ጅ	ሹ	ቶ	ል	ጥ	የ	ለ	ባ	ል	ዞ	አ	አ	ደ
ላ	ራ	ም	ቦ	ን	ም	ኅ	ብ	የ	ሽ	መ	ን	ቦ	ለ	ደ	ሚ

ውበት።
ቀለም
ኮስሜቲክስ
ከርልስ
ግርማ ሞገስ
የሚያምር
መዓዛ
ጸጋ
ሊፕስቲክ
ሜካፕ
ማስካራ
መስታወት
ዘይት
ፎቶግራፍ
ምርቶች
መቀሶች
አገልግሎቶች
ሻምፑ
ቆዳ
ስታይሊስት

36 - Ethics

ፎ	ጬ	ዘ	ቅ	ብ	ቃ	ጅ	ለ	ት	እ	ና	የ	ጥ	ብ	ጎ	ፍ
ዘ	ጅ	ቶ	ቦ	ሹ	ሩ	ፍ	ፎ	ብ	ባ	ዕ	ዝ	ሰ	ታ	ሚ	ጥ
መ	ቻ	ቻ	ል	የ	ና	ህ	ባ	ብ	ኛ	ት	ሐ	ሚ	ው	ዕ	በ
ሥ	ቦ	ጅ	ት	ም	ድ	ግ	አ	ር	ብ	ክ	ቀ	ሹ	ች	ል	ብ
ም	ክ	ን	ያ	ታ	ዊ	ነ	ት	መ	ሴ	የ	ኝ	ማ	ዘ	ቶ	ጅ
ጬ	ድ	ብ	ካ	ለ	ማ	ዳ	ን	ር	ለ	ኛ	ነ	ር	ላ	የ	ጅ
ን	ዞ	ዋ	ኛ	ዕ	ዋ	ቅ	ራ	ኅ	ሥ	ካ	ት	ፕ	ቆ	ድ	ሴ
ላ	ጎ	ጎ	ፍ	ካ	ም	ባ	ት	ራ	ኛ	ግ	ከ	ድ	አ	ዎ	ዝ
ማ	ፕ	ም	ል	ፍ	ፍ	ር	ም	ኄ	ን	ዎ	የ	ት	ቶ	ፍ	ር
ሹ	ሥ	ቋ	ስ	ሥ	ቆ	ዘ	ራ	ስ	ዋ	ቾ	ጎ	ነ	ቅ	መ	ፍ
ጬ	ብ	አ	ፍ	ጎ	ድ	ድ	ክ	ዘ	አ	ስ	ቃ	ግ	አ	ፎ	አ
ግ	ቦ	ሕ	ና	ት	ሹ	መ	ዝ	ጬ	ዕ	ቅ	ው	ደ	ክ	ት	መ
ዞ	የ	ጹ	ቆ	ጉ	ሥ	የ	ጬ	ዕ	ጬ	ጉ	ታ	ካ	ባ	ሥ	ለ
ም	ክ	ን	ያ	ታ	ዊ	ግ	ለ	ሰ	ባ	ዊ	ነ	ት	ሪ	ፕ	ጥ
ዎ	ቶ	ና	ዞ	ላ	ቃ	ፍ	ዕ	ራ	መ	መ	ው	ማ	ር	ዎ	ስ
ት	ሥ	ራ	ማ	ፕ	ን	ሴ	ዋ	ት	ት	ና	እ	ዘ	ት	ዞ	ር

ለማዳን
ርኅራኄ
ትብብር
ክብር
ሐቀኝነት
የሰው ልጅ
ግለሰባዊነት
ንጹሕ አቋም
ደግነት
ብሩህ አመለካከት
ትዕግሥት
ፍልስፍና
ምክንያታዊነት
እውነታው
ምክንያታዊ
አክባሪ
መቻቻል
ጥበብ

37 - Insects

ድ	ራ	ጎ	ን	ፍ	ሊ	ዎ	ኛ	ታ	ም	ሽ	ዘ	ዋ	ብ	ቁ	ሴ
ል	ራ	ን	ብ	ዎ	ፍ	ቦ	ዛ	ካ	ስ	ቅ	ፕ	ላ	ፉ	ን	ዕ
ጎ	ጎ	ክ	ዳ	ዋ	ካ	ቶ	ደ	ጉ	ጥ	ት	ሴ	አ	ጋ	ጫ	መ
ጨ	ጎ	ጅ	ች	ቅ	ም	ን	ቆ	ብ	ዎ	ና	ዛ	ዚ	ን	ጥ	ች
ግ	ን	ማ	ጥ	ቶ	ሥ	እ	ዳ	ዕ	ማ	ግ	ሴ	ጅ	አ	በ	ቦ
ታ	ዳ	ቶ	ጨ	ቆ	ዛ	ሽ	ዳ	ዕ	ባ	ዎ	ዎ	ቃ	ቆ	ሮ	ጣ
ካ	ሌ	ዲ	ባ	ግ	ዝ	ስ	መ	ቆ	ቆ	ሹ	ድ	ብ	ታ	ቢ	ዝ
ት	ች	አ	ብ	ል	ቃ	ም	ፕ	ስ	የ	እ	ሳ	ት	እ	ራ	ት
ሊ	ን	ሲ	ካ	ዳ	ዋ	ዛ	ደ	ን	ዎ	ጥ	ፕ	መ	ክ	ቢ	ፕ
ላ	መ	ኝ	ቃ	ቦ	ሚ	ሴ	ሚ	ት	ስ	ሥ	ፕ	ሚ	ዳ	ና	ቅ
ሽ	ግ	መ	ና	ጥ	ደ	ቦ	ካ	ል	ም	ና	በ	ረ	ሮ	ብ	ና
ን	ካ	የ	ር	የ	ጨ	ብ	ሹ	ን	ጎ	ታ	ት	ጅ	ዳ	መ	ሚ
እ	ካ	መ	ል	ታ	ዝ	ዘ	ባ	ላ	ዛ	ጉ	ን	ዳ	ን	ር	ቃ
ዛ	ዛ	ና	ን	የ	ድ	ጥ	ግ	ግ	ባ	ች	ግ	ፎ	ሹ	ዎ	ት
ማ	ን	ቲ	ስ	ም	ዋ	ዕ	ሥ	ዝ	ዕ	ተ	ር	ብ	ክ	ለ	ጨ
ጨ	ጎ	ር	ዎ	ለ	ኛ	ራ	ት	ዘ	ዛ	ዝ	ማ	ን	ሴ	ሴ	ሚ

ጉንዳን
መና
ንብ
ጥንዚዛ
ቢራቢሮ
ሲካዳ
በረሮ
ድራጎንፍሊ
ቁንጫ
ግዕዝ
አንጋፋ
ሌዲባግ
እንሽላሊት
አንበጣ
ማንቲስ
ትንኝ
የእሳት እራት
ምስጥ
ተርብ
ትል

38 - Astronomy

ኛ	ሸ	ክ	ኛ	ራ	ክ	ዳ	ና	ሴ	ጅ	ለ	ዳ	የ	ዳ	የ	ሳ
ር	ኛ	ግ	ር	ዶ	ሸ	ፎ	ክ	ፕ	ለ	ጨ	ቃ	ሥ	ን	ጠ	ተ
ጥ	ጥ	ቃ	ጅ	ዋ	ፕ	ሸ	ላ	አ	ጅ	ረ	ሚ	ኛ	ዑ	ፈ	ላ
ዞ	ዲ	ያ	ክ	ዞ	ር	ዞ	ጨ	ቫ	ኖ	ር	ፐ	ሱ	ስ	ር	ይ
ብ	ብ	ሥ	አ	ፕ	ዋ	ሥ	ጥ	ዕ	ፕ	ጅ	ት	ጎ	ፕ	ተ	ት
ከ	ቅ	የ	ሲ	ጎ	የ	ጥ	ል	ት	ኛ	ተ	ጎ	ሸ	ላ	መ	ኬ
ኮ	ሹ	ራ	ፎ	ክ	ፕ	ጥ	ብ	ጎ	ም	መ	መ	ፍ	ኔ	ራ	ሮ
ሪ	ን	ለ	ፕ	መ	ላ	ም	ድ	ር	ዋ	ቶ	ታ	ል	ት	ማ	ሸ
ዋ	ና	ስ	ላ	ቡ	ኔ	ጋ	ቃ	እ	ክ	ቃ	ራ	ዞ	ካ	ሪ	ራ
ር	ደ	ክ	ቴ	የ	ት	ት	ባ	ጨ	ቃ	ቃ	ና	ላ	ኛ	ች	ት
ወ	ች	ኖ	ሥ	ሌ	ስ	ት	ደ	ላ	ብ	ግ	ት	ል	ጉ	ብ	ዕ
ተ	ብ	ኩ	ሰ	ዋ	ሸ	ጎ	ጨ	ኛ	አ	ኛ	ቦ	ት	ደ	ጎ	አ
ራ	ራ	ኢ	ማ	ዘ	ግ	ን	ኮ	ስ	ሞ	ስ	ቆ	ማ	ላ	ጉ	ዳ
ም	ዞ	ሹ	ይ	ል	ዳ	ት	ች	ር	ሴ	ጉ	ን	ታ	ደ	ራ	ለ
ማ	ጉ	ለ	ሚ	እ	ዘ	ና	ር	ዳ	ን	ፈ	ለ	ክ	ጨ	ረ	ቃ
ዋ	ት	ዝ	ለ	ጉ	ራ	ሸ	ካ	ታ	ር	ኛ	ለ	ቶ	ታ	ዘ	አ

ንዑስ ፕላኔት
የጠፈር ተመራማሪ
ፈለክ
ኮንስቴሌሽን
ኮስሞስ
ምድር
ግርዶሽ
ኢኩኖክስ
ጋላክሲ
ተወርዋሪ ኮከብ
ጨረቃ
ኔቡላ
ተመልካች
ፕላኔት
ጨረር
ሮኬት
ሳተላይት
ሰማይ
ሱፐርኖቫ
ዞዲያክ

39 - Health and Wellness #2

ክ	ል	ማ	ዋ	አ	ባ	ሸ	ቅ	ስ	ቅ	ት	ጅ	ዳ	ሚ	ታ	ድ
ፕ	ቪ	ዞ	ሚ	ዕ	ግ	ለ	መ	ሰ	ቃ	ዳ	ሹ	ቦ	ዎ	ሥ	ዳ
ል	ታ	ቅ	ል	የ	ም	ግ	ብ	ፍ	ላ	ጎ	ት	ው	ጥ	ረ	ት
ላ	ሚ	ላ	ካ	ሥ	ደ	ሥ	ገ	መ	ሴ	ክ	ዞ	ዕ	ፕ	ዝ	ረ
በ	ን	ላ	ሸ	ሚ	ች	ጥ	ጋ	ዕ	ጥ	ት	ት	ሴ	ራ	ቃ	ፍ
ሸ	ች	ና	ዋ	ን	ላ	ሸ	መ	ዞ	ዞ	ላ	ሜ	አ	ታ	ጎ	ው
ታ	ዞ	አ	ማ	ም	ፎ	ት	አ	ጄ	ኔ	ቲ	ክ	ስ	ካ	ሎ	ሪ
አ	ዘ	ራ	ሹ	ጤ	ኛ	ር	ማ	መ	ል	የ	ሸ	ጨ	ባ	እ	ሸ
ማ	ለ	ር	ማ	ና	ዎ	ና	ጅ	መ	ዎ	እ	ማ	ገ	ገ	ም	ራ
ጨ	ሥ	ር	ክ	ማ	ሚ	ቦ	ና	እ	ኃ	ፍ	ት	እ	ካ	ለ	ዳ
አ	ራ	ቃ	ጂ	ር	ፕ	ደ	ላ	ራ	ሹ	ይ	ታ	ል	ማ	ን	ካ
ቅ	ች	ር	ካ	ደ	ፕ	ል	ማ	ች	ም	ሚ	ል	ታ	ፒ	ስ	ሆ
ዘ	ጨ	ቆ	ሹ	ድ	እ	ና	ማ	ጅ	ሚ	ፎ	ጅ	ሴ	ጎ	ደ	ክ
ዞ	ሥ	እ	ፍ	ዝ	ፍ	ዕ	ል	ፍ	ቶ	ዘ	ሳ	ዳ	ቆ	ፎ	ዋ
ና	ና	ካ	ፎ	ሸ	ጥ	ን	ጽ	ህ	ና	ራ	ማ	መ	ር	ቀ	ዝ
ክ	ዝ	ጨ	ች	ታ	ሹ	እ	ሹ	የ	አ	ሸ	ር	ባ	ቶ	እ	ፎ

አለርጂ
አናቶሚ
የምግብ ፍላጎት
ደም
ካሎሪ
መፍሰስ
አመጋገብ
በሽታ
ኃይል
ጄኔቲክስ
ጤናማ
ሆስፒታል
ንጽህና
ማመርቀዝ
ማሰጅ
ስሜት
ማገገም
ውጥረት
ቪታሚን
ውፍረት

40 - Disease

አ	ፍ	ሴ	ሥ	ክ	ዘ	አ	ዘ	ዕ	ሕ	ክ	ም	ና	ዳ	ሥ	የ
ፍ	ካ	ብ	ካ	ቶ	ብ	ብ	ቆ	ሴ	ዋ	ል	ሮ	ቦ	ዎ	እ	ፕ
ዳ	ሻ	ል	ባ	ክ	ቴ	ሪ	ያ	ዘ	አ	ደ	ድ	ን	ካ	ት	ብ
ሸ	ፈ	ጤ	ቦ	ዘ	ሴ	ታ	ሥ	ቆ	ኛ	ጥ	ን	ጅ	እ	ስ	ሚ
ታ	ን	ና	ዝ	አ	ራ	ኛ	ድ	ር	ማ	ል	ሲ	ማ	ማ	ቅ	ሹ
ጥ	ተ	ላ	ላ	ፊ	ለ	ሴ	ካ	ፎ	የ	ደ	ለ	ለ	ኛ	ሚ	ብ
ታ	መ	ሹ	ል	ዳ	ሸ	ር	ደ	ሥ	እ	ሰ	ሥ	ቃ	ሥ	ል	ክ
ዝ	ደ	ቦ	ዝ	ጣ	ደ	ክ	ጂ	ዘ	ግ	ፕ	ደ	ጥ	ፎ	ኛ	ግ
እ	ማ	ቅ	ም	አ	መ	ሥ	ቲ	ፓ	ሮ	ው	ኒ	ደ	ፕ	ዕ	ጨ
የ	እ	ን	ጉ	ቆ	ብ	ቃ	ል	ስ	ሥ	ር	ባ	ም	ሉ	ብ	ደ
ዘ	ራ	ም	ዎ	ጨ	ዎ	ቁ	ቶ	ዎ	ሹ	ስ	ፕ	ጉ	ር	ፈ	ካ
ር	ቃ	ቶ	ጎ	ች	ደ	ስ	ቆ	ዘ	ም	ፍ	ለ	ማ	ጥ	ው	ማ
ሆ	ድ	ዳ	ደ	ት	ም	ል	ብ	ዋ	ቦ	ን	ቃ	ሴ	ሴ	ስ	ዘ
ጨ	ፍ	ቆ	ሹ	የ	ቃ	ት	ለ	ሚ	ኛ	ቆ	ም	ቆ	ግ	ሴ	ፕ
ግ	ሸ	ር	ብ	ና	ሹ	ባ	ያ	ለ	መ	ከ	ሰ	ስ	ዝ	ብ	ሹ
ል	ጅ	ር	ግ	አ	ለ	ብ	ስ	ፎ	ዘ	ለ	ሚ	ቶ	ግ	ዋ	ማ

ሆድ
አጣዳፊ
አለርጂ
ባክቴሪያ
አካል
ሥር የሰደደ
ተላላፊ
የዘር
ፈውስ
ጤና
ልብ
ውርስ
ያለመከሰስ
ቁስል
ሉምባር
ኒውሮፓቲ
መተንፈሻ
ሲንድሮም
ሕክምና
ደካማ

41 - Time

ሽ	ቆ	ዘ	ቆ	ጨ	ቃ	ቆ	አ	ዝ	ሽ	መ	ቃ	ግ	ደ	ከ	ች
ል	ሰ	ጥ	ደ	ጠ	ሹ	ዞ	ስ	ዝ	ዞ	ዋ	ፎ	አ	ና	ዚ	ል
ል	አ	አ	መ	ት	ዋ	ራ	ር	ፕ	በ	ጉ	ቃ	መ	ባ	ህ	ማ
ዎ	ት	ን	ም	ሳ	ዎ	ት	ት	ግ	ቅ	ክ	ል	ቅ	ኛ	በ	ፎ
ራ	ሊ	ሁ	ቀ	ን	ጎ	ታ	ፊ	ር	ር	ድ	ና	ቆ	መ	ፊ	ት
ሴ	ለ	አ	ጥ	ዘ	ጨ	ቃ	ቂ	ደ	ቡ	ቅ	ጨ	ሴ	ቆ	ት	ል
ቀ	ደ	ም	ላ	ር	ዎ	ች	ደ	ጉ	ወ	ሥ	ን	ክ	ና	ዓ	ጨ
ሚ	ግ	ዘ	ዝ	ሥ	ኛ	ብ	ክ	ፍ	ለ	ዘ	መ	ን	ዎ	ሰ	ሽ
ካ	ጥ	ጅ	ሚ	ል	ዛ	ሬ	ዎ	ቦ	መ	ዕ	ጅ	ቀ	ካ	ሴ	ጉ
አ	ሴ	የ	ቶ	ላ	ቅ	ፎ	ዎ	ጥ	ቦ	ቃ	ዘ	ለ	ዎ	አ	መ
ፕ	ፕ	ክ	ፍ	ና	ዘ	ድ	ች	ች	ቃ	ብ	ማ	ኩ	ቅ	ቶ	ራ
ዘ	ፍ	ዳ	ግ	ቃ	ፎ	ት	ጥ	ካ	ጎ	ጨ	ጉ	እ	ጎ	ና	ራ
የ	ቀ	ን	መ	ቁ	ጠ	ሪ	ያ	የ	የ	ና	ፕ	የ	ደ	ቅ	ጨ
ሥ	ዞ	ቃ	ብ	ሽ	ና	ሽ	ፍ	ና	ድ	ሚ	ር	መ	ጉ	ጎ	መ
ል	ጉ	ዝ	ቃ	ባ	ማ	ወ	ዳ	ፍ	አ	ም	ዕ	አ	ቦ	ቶ	ጉ
አ	ሽ	የ	ቅ	ሽ	እ	ር	ቃ	ር	ቦ	ራ	ቅ	ዓ	መ	ታ	ዊ

ዓመታዊ
ከዚህ በፊት
የቀን መቁጠሪያ
ክፍለ ዘመን
ሰዓት
ቀን
አስርት
ቀደም
ወደፊት
ሰአት

ደቂቃ
ወር
ጠዋት
ለሊት
እኩለ ቀን
አሁን
በቅርቡ
ዛሬ
ሳምንት
አመት

42 - Buildings

ዝ	ሴ	ጉ	ር	ት	አ	ል	የ	ሸ	ካ	ለ	ች	ጬ	ፎ	ግ	ደ
ለ	ሸ	ች	እ	ል	ዝ	ፓ	አ	ዕ	ደ	ቲ	ሲ	ር	ሸ	ኒ	ዩ
ት	ቆ	ቦ	ማ	ቅ	ታ	ቆ	ር	ዋ	ድ	ያ	ደ	ጥ	ግ	ፍ	ን
ባ	ፍ	ድ	ሴ	መ	ኛ	ታ	አ	ታ	ል	ት	ስ	ካ	ዎ	ተ	ስ
ጎ	አ	ጎ	ፍ	ደ	ን	ና	ባ	ላ	ማ	ር	ል	ር	ዝ	መ	ጅ
ሴ	ቦ	ጎ	ጀ	ብ	ን	ሆ	ፕ	ብ	እ	ደ	ሲ	ኒ	ማ	ል	ቦ
ዞ	ቤ	ስ	ጅ	ር	ቶ	ጉ	ቴ	ቅ	የ	ቶ	ቆ	ዘ	ን	ካ	ዳ
ማ	ተ	ዋ	ራ	ስ	ፍ	ጨ	ሴ	ል	ታ	ፒ	ስ	ሆ	ት	ች	ላ
ሴ	መ	ብ	ና	ድ	ሸ	ማ	ባ	መ	ሸ	ቅ	ዋ	ዕ	ሹ	መ	ደ
ክ	ዘ	ዝ	መ	ብ	ድ	ን	ኳ	ን	ፍ	ና	ዞ	ዞ	ሹ	ሸ	ሹ
ሴ	ክ	ል	ባ	ታ	ች	ስ	ት	ም	ህ	ር	ት	ቤ	ት	ቆ	ካ
ዕ	ር	ል	ሥ	ዋ	ዋ	ታ	ፍ	ደ	ሥ	ታ	ዘ	ቆ	ቦ	ታ	ር
ቅ	አ	ፋ	ብ	ሪ	ካ	ዲ	ኛ	ቶ	ቅ	ች	ኛ	ቆ	ዋ	ካ	ቅ
አ	ፕ	ጅ	ን	ር	ባ	የ	መ	ጨ	ጨ	ጎ	ቦ	ላ	ቶ	ፎ	ማ
ብ	ች	ላ	ግ	ሲ	ባ	ም	ኤ	ሴ	መ	ዎ	ደ	ጎ	ራ	ድ	ካ
ማ	ረ	ፊ	ያ	ቤ	ት	ላ	ቦ	ራ	ቶ	ሪ	ስ	ን	ሴ	ር	ጅ

አፓርታማ
ባርን
ጎጆ
ካስትል
ሲኒማ
ኤምባሲ
ፋብሪካ
ሆስፒታል
ማረፊያ ቤት
ሆቴል
ላቦራቶሪ
ቤተ መዘክር
ተመልካች
ትምህርት ቤት
ስታዲየም
ትልቅ መደብር
ድንኳን
ቲያትር
ግንብ
ዩኒቨርሲቲ

43 - Philanthropy

ች	ተ	ች	ፎ	ሴ	ፕ	ብ	ኛ	ች	መ	ደ	ላ	ቶ	ፎ	ዋ	ች
ና	ል	ቦ	ለ	ፍ	ወ	ጣ	ቶ	ች	ፎ	ጎ	ታ	ዎ	ዕ	ፍ	ሹ
ት	ዕ	ማ	ባ	መ	ቃ	መ	ዝ	ቃ	ም	ኛ	ግ	ህ	ታ	ጥ	ች
ች	ኮ	ዘ	ሚ	ገ	ፕ	ሮ	ግ	ራ	ሞ	ች	ቦ	ዝ	ቆ	ላ	ብ
ጨ	ት	ነ	ኙ	ን	ግ	ግ	ጎ	ዳ	ሹ	ዋ	ች	ባ	ዋ	ፍ	ክ
ጉ	ዕ	ን	እ	ዘ	ድ	መ	የ	ዋ	ሰ	ዎ	ች	ዊ	ጥ	እ	ታ
ቦ	ሥ	ሴ	ብ	ብ	ሰ	ረ	በ	ህ	ማ	ዎ	ታ	ጆ	ዎ	ፕ	ሪ
ዘ	ማ	ክ	አ	ግ	ር	ቃ	ክ	ፕ	ና	እ	ራ	ባ	ል	ር	ክ
ሐ	ቀ	ኝ	ነ	ት	ጎ	ቦ	ዋ	ዎ	ና	ዋ	ዘ	ፍ	ቆ	ስ	ራ
ኛ	ቆ	የ	ካ	ታ	ዳ	ኛ	መ	ፎ	ድ	ሥ	ኛ	ላ	ዎ	እ	ሴ
ዓ	ጅ	መ	ሰ	ሸ	ራ	የ	ጨ	ጨ	ራ	ቅ	ዘ	ጎ	ል	ል	ዎ
እ	ለ	ፍ	ዕ	ው	ሚ	ጎ	ሥ	ን	ፍ	ደ	ዋ	ት	ር	ቶ	ች
ጥ	ም	ም	ሹ	ዘ	ል	ዝ	ፋ	ይ	ና	ን	ስ	።	ድ	ል	ዳ
ን	ጥ	ጥ	አ	ል	ብ	ጅ	ዘ	ጉ	ጎ	ዘ	ዕ	ም	ሸ	ዝ	አ
ጥ	ፕ	ግ	ግ	ቀ	ስ	ቃ	ን	ዘ	ድ	ግ	ባ	ል	ግ	ስ	ና
ች	ሥ	ቆ	ቅ	ዎ	ፍ	ድ	መ	ራ	ካ	ለ	ዘ	ለ	ዎ	ዎ	ጨ

ልጆች
ማህበረሰብ
ግንኙነት
ፋይናንስ
ገንዘብ
ልግስና
ዓለም አቀፍ
ግቦች
ግጥም
ታሪክ
ሐቀኝነት
የሰው ልጅ
ተልዕኮ
ፍላጎት።
ሰዎች
ፕሮግራሞች
ህዝባዊ
ወጣቶች

44 - Herbalism

የ	ፕ	ዝ	ጉ	ጥ	ክ	ደ	ዞ	አ	ዳ	ደ	ዳ	ሽ	ዞ	ላ	ቃ
ጨ	ድ	የ	ካ	ማ	ባ	ደ	ቦ	ድ	አ	አ	ል	ዋ	ቾ	ላ	ጅ
ብ	ጎ	ዳ	ሴ	ዞ	ቅ	የ	ዘ	ጅ	ሽ	ረ	ቃ	ም	ደ	ቬ	ል
ዋ	ባ	ፍ	ዳ	ቶ	ቾ	አ	ጥ	ቾ	ሚ	ላ	ን	ግ	ቆ	ን	ሡ
ታ	ክ	ሚ	ፎ	ደ	ሚ	ት	ጠ	ብ	ቅ	የ	ዎ	ጓ	የ	ደ	ግ
ሽ	እ	ና	እ	ዞ	ካ	ክ	ራ	ታ	ፕ	ለ	ላ	ጥ	ዴ	ር	ሚ
ተ	ጉ	ጎ	ም	ደ	ካ	ል	ነ	ፌ	ጠ	ቃ	ሚ	ባ	ሽ	ል	ን
ክ	አ	በ	ባ	ሹ	ሚ	ት	ር	ኩ	ን	ሽ	ጭ	ነ	ዳ	ቦ	ሹ
ሉ	ቅ	ስ	መ	ሽ	ዳ	ቦ	ዎ	ጥ	ሩ	መ	ዓ	ዛ	ያ	ለ	ው
ፎ	እ	ፍ	ል	ኦ	ፎ	ታ	ደ	ጅ	ም	ላ	ተ	ክ	ል	ት	ር
ራ	ቶ	ጅ	ግ	ታ	ሬ	ላ	እ	ቃ	ማ	ዎ	ን	ቆ	የ	ግ	ዞ
ቃ	ማ	ካ	ን	ድ	ሹ	ጋ	ስ	ም	ራ	ጆ	ር	ማ	ማ	ቃ	ታ
ዳ	ር	ቅ	ሮ	ዝ	ሜ	ሪ	ኖ	ግ	ዕ	ር	ዝ	ጨ	ፍ	ዝ	ራ
ዕ	ታ	ም	ፍ	ን	ዋ	ሡ	ም	ብ	ቦ	ጣ	ዳ	መ	ዕ	ለ	ጎ
ለ	ዕ	ሴ	ሳ	ድ	ባ	ክ	ግ	ቶ	እ	ጅ	ብ	ል	ኛ	ና	ን
ሽ	ዘ	ባ	ሲ	ል	ድ	ቃ	ሚ	ጉ	ደ	አ	ራ	ፓ	ር	ስ	ሊ

ጥሩ መዓዛ ያለው
ባሲል
ጠቃሚ
ምግብ
ፌነል
ጣዕም
አበባ
የአትክልት ቦታ
ነጭ ሽንኩርት
አረንጓዴ
የቅብጠት
ላቬንደር
ማርጆራም
ተክል
ኦሬጋኖ
ፓርስሊ
ተክሉ
ሮዝሜሪ
ሳፍሮን
ታራጎን

45 - Vehicles

የ	ግ	ብ	ስ	ክ	ሌ	ት	ባ	ቡ	ር	አ	አ	ብ	ር	መ	ደ
ቅ	ባ	ፍ	ብ	ዳ	የ	ኬ	ሴ	ች	ዳ	ው	ም	ጉ	ፎ	ን	ፍ
አ	ል	ቡ	ታ	ዞ	ዳ	ሮ	ፍ	ፍ	ቶ	ቶ	ቡ	ፎ	ጎ	ሳ	የ
ስ	ጀ	እ	ር	ት	ራ	ክ	ተ	ር	ቅ	ቡ	ላ	ን	ም	ፈ	ጬ
ኩ	ቃ	ል	ተ	ጣ	ግ	ጅ	ሴ	ፍ	ን	ስ	ን	ፎ	ደ	ፊ	ነ
ተ	ዝ	ጎ	ሞ	አ	ቢ	ራ	ና	ሥ	ች	ኛ	ስ	ር	ማ	ያ	ት
ር	ሚ	ዝ	ኛ	ሴ	ዳ	ያ	ባ	ጨ	ድ	ን	ሾ	ሲ	ክ	ታ	መ
ተ	አ	ው	ሮ	ፕ	ላ	ን	ፍ	መ	ቆ	ሪ	ቶ	ተ	ደ	ን	ኪ
ፕ	እ	ደ	ጉ	ጅ	ላ	አ	ቅ	ኪ	ጎ	ማ	ዎ	ች	ል	ኳ	ና
ኮ	ክ	ሸ	ዕ	ኛ	ኛ	ፍ	ሸ	ና	ኛ	ብ	አ	ፎ	ር	ል	ቆ
ሊ	መ	ፍ	ኛ	ማ	የ	ድ	የ	ች	ደ	ሱ	የ	ች	ዘ	ዝ	ካ
ሄ	ላ	ዕ	ቦ	ል	ግ	ና	ብ	ማ	ድ	ዳ	ዘ	ለ	ድ	መ	ሴ
ባ	ል	ቃ	ማ	ለ	የ	ች	ኛ	የ	እ	ጅ	ጅ	ካ	ጎ	ቦ	ፍ
አ	ፎ	ቅ	ል	ሚ	ለ	ሸ	ች	ን	ጎ	ም	ን	የ	ራ	ዋ	መ
ጅ	እ	ኛ	ሚ	ላ	ፍ	የ	ግ	ና	ቶ	ጥ	እ	ዎ	ል	ቫ	ች
ት	ን	ዝ	ሹ	ዕ	ቃ	ባ	ቶ	ሚ	ካ	ን	ክ	ስ	ጉ	ዕ	ን

አውሮፕላን
አምቡላንስ
ብስክሌት
አውቶቡስ
መኪና
ካራቫን
ጀልባ
ሄሊኮፕተር
ሞተር
መንሳፈፊያ ታንኳ

ሮኬት
ስኩተር
ሾተል
ሱብማሪን
የባቡር ጣቢያ
ታክሲ
ጎማዎች
ትራክተር
ባቡር
የጭነት መኪና

46 - Flowers

ዘ	ት	ሥ	ማ	ሥ	የ	ት	ጅ	ዘ	ም	ሸ	ዐ	እ	አ	ዞ	ቅ
ቆ	ብ	ጥ	ሚ	ደ	ስ	ቃ	ሚ	ጨ	ሥ	ስ	ሴ	ስ	በ	ክ	ዳ
ን	ዋ	ፕ	ቃ	ሥ	ስ	ጨ	ደ	እ	ር	ል	ጠ	ቅ	ባ	በ	ያ
ቃ	ፎ	ም	ፍ	አ	ጅ	ች	ጎ	ሚ	ት	ጥ	ች	ድ	በ	ሊ	ዲ
ጽ	ጌ	ረ	ዳ	ለ	ድ	ፒ	ኦ	ኒ	ፎ	ዎ	ዕ	ስ	አ	ላ	ር
ክ	ም	ጨ	ን	ጉ	ካ	ዋ	ፍ	ድ	ቆ	ዳ	ዘ	ጨ	ይ	ክ	ጓ
ሴ	ጥ	ግ	ቦ	ራ	ባ	ት	ባ	ኪ	እ	ጎ	ማ	ፎ	ቀ	ላ	ዘ
ማ	ፍ	ቅ	ራ	ላ	ቬ	ን	ደ	ር	ቨ	ሎ	ክ	ዞ	መ	ሹ	ር
ግ	ጋ	ብ	ዋ	ዞ	ኛ	አ	የ	ኦ	ል	ቅ	ግ	ድ	ጥ	ክ	ቃ
ሥ	ባ	ኖ	ኛ	መ	የ	ሸ	ዝ	ላ	ቶ	ቅ	ታ	ብ	ቦ	ች	ደ
ድ	መ	ፕ	ሊ	ቱ	አ	የ	ሸ	ሚ	ዲ	ኛ	አ	ር	ካ	ሸ	ዳ
ድ	ጃ	ዘ	ቆ	ያ	ድ	ዎ	ለ	ዞ	ር	ን	ፍ	ሹ	ክ	ብ	ሂ
መ	ታ	ስ	ዘ	ጎ	ት	ጅ	ፍ	ስ	አ	ዕ	ዳ	ካ	ጉ	ቃ	ቢ
ፕ	ጨ	እ	ሚ	እ	ቅ	ፍ	አ	በ	ባ	።	የ	ብ	ች	ፍ	ስ
ዋ	ቶ	ታ	ኛ	ን	የ	ሱ	ፍ	አ	በ	ባ	ለ	ዴ	ጉ	ራ	ከ
ዝ	ሸ	ላ	ለ	ደ	ራ	ጎ	ኛ	ጨ	የ	ሴ	ዘ	ዚ	ች	ጨ	ስ

እቅፍ አበባ።
ክሎቨር
ዴዚ
ዳንዲላየን
ጓርዲያ
ሂቢስከስ
ጃስሚን
ላቬንደር
ሊላክ
አበባ
ማጋኖሊያ
ኦርኪድ
ፒኦኒ
ያበባ ቅጠል
ቀይ አበባ
ጽጌረዳ
የሱፍ አበባ
ቱሊፕ

47 - Health and Wellness #1

ል	ሲ	ማ	ር	ፋ	ጡ	ካ	ል	ጩ	ካ	አ	ን	ሐ	መ	ብ	ሸ
ቅ	ም	ነ	ፍ	ፎ	ዋ	ን	ዝ	መ	ኅ	ቀ	ፎ	ኪ	ድ	ር	ዎ
ና	ጥ	ቃ	ን	ዎ	ጥ	ግ	ቻ	ኛ	መ	ማ	ራ	ም	ሃ	ጩ	ል
ም	የ	ቂ	ዞ	ስ	ራ	ሹ	ል	ዎ	ፕ	መ	ቆ	ፍ	ኒ	ግ	ዳ
ክ	ፎ	ያ	ዳ	ማ	ጥ	ል	ማ	መ	ች	ጥ	ዳ	ቃ	ት	ዳ	ጉ
ሕ	ሊ	ባ	ክ	ቴ	ሪ	ያ	ድ	ሆ	ጉ	ር	ሹ	ጉ	መ	ቃ	ክ
ኛ	ለ	ኒ	እ	ዕ	ክ	ሹ	ዘ	ር	ር	ላ	ኛ	ዎ	ቁ	ን	ጥ
ና	ታ	ጉ	ክ	ደ	ላ	ር	ኅ	ሞ	ም	ት	ኅ	ዘ	እ	ዞ	ብ
ለ	ታ	ራ	ዝ	ድ	ኛ	ጩ	እ	ኖ	ኛ	ቃ	ፕ	ቆ	ባ	ሸ	ጉ
ሹ	ፕ	አ	ቅ	ለ	ሹ	ቆ	ዋ	ች	ባ	ቆ	ካ	ቶ	ባ	ላ	ቃ
ን	ለ	ሚ	ዋ	ብ	ዋ	ረ	መ	ት	ቆ	መ	ዋ	ባ	ዝ	ዞ	ት
ታ	ዝ	ደ	ዝ	አ	ብ	ቦ	ሃ	ራ	ጩ	ዘ	ዞ	ን	ስ	ን	የ
ቶ	ሥ	ባ	ታ	ዎ	ሹ	ቅ	ራ	ብ	ላ	ታ	ፕ	ም	ች	የ	ሴ
ቦ	ቅ	ባ	የ	ሸ	ጩ	ሴ	ዋ	ስ	ረ	ይ	ቫ	ቃ	ድ	ሸ	አ
ቦ	ን	ል	ድ	ፍ	ድ	ፕ	ን	ሴ	ት	ጩ	ዋ	ቆ	ታ	ዎ	ቃ
ራ	ጉ	ማ	ጩ	ች	ዳ	ጥ	ግ	ስ	ና	ቃ	ዝ	ብ	ኛ	ዕ	ስ

ንቁ
ባክቴሪያ
ክሊኒክ
ሐኪም
ስብራት
ልማድ
ቁመት
ሆርሞኖች
ረሃብ
ጉዳት
መድሃኒት
ጡንቻዎች
ፋርማሲ
አቀማመጥ
ማነቃቂያ
ቆዳ
ሕክምና
ቫይረስ

48 - Town

ቤ	ሲ	ጅ	ዳ	ክ	ሚ	ት	ች	ካ	ቅ	ሹ	ት	የ	አ	ባ	ለ
አ	ተ	ኒ	ፎ	ሊ	ኛ	ል	የ	መ	ጽ	ሐ	ፍ	መ	ደ	ብ	ር
በ	ብ	መ	ማ	ኒ	ት	ቅ	ዞ	ጎ	ታ	የ	ለ	ሴ	ች	ም	ጉ
ባ	ዎ	ደ	ዘ	ክ	ቤ	መ	ት	ች	ሸ	ስ	ሥ	ዋ	እ	መ	ጥ
ሻ	ዘ	መ	ጥ	ክ	ት	ደ	ዩ	ኒ	ቨ	ር	ሲ	ቲ	ዋ	ቆ	የ
ጭ	ስ	ን	ቆ	ሚ	ር	ብ	ደ	መ	ሹ	ቲ	ር	ፕ	ጉ	አ	ም
ፋ	ታ	ዕ	ድ	ክ	ህ	ር	ቦ	ታ	ባ	ያ	ሪ	ገ	ጋ	መ	ሚ
ር	ዲ	ግ	እ	ዋ	ም	ባ	ን	ክ	አ	ት	ድ	ር	ፕ	ሚ	ዋ
ማ	የ	ዘ	ገ	ዋ	ት	ድ	ሆ	ና	የ	ር	ች	ን	ች	ሹ	ስ
ሲ	ም	ድ	በ	ሸ	ቶ	ፍ	ዙ	ቴ	ቤ	ተ	መ	ጻ	ሕ	ፍ	ት
አ	ቆ	ና	ያ	ብ	ሚ	ፎ	የ	ድ	ል	ቆ	ጨ	ብ	ኛ	ጥ	ለ
መ	ና	ድ	ጎ	እ	ጅ	ዞ	ፍ	ራ	ላ	ቆ	ት	ጥ	ቶ	ኛ	ድ
አ	ሥ	ላ	ዎ	አ	የ	ር	ማ	ረ	ፊ	ያ	ዘ	ግ	ጉ	ኛ	ዘ
ዳ	ክ	ት	ል	ለ	ን	መ	ባ	ን	ቆ	ሸ	ዞ	ላ	ሸ	ጉ	ቅ
ና	ጎ	ቃ	ፎ	ፍ	ዋ	ማ	ር	ታ	ሸ	ዋ	ጋ	ለ	ሪ	ካ	ስ
ን	ኛ	ራ	ር	ሹ	ዘ	ቅ	ሴ	ም	ራ	ፍ	ታ	ቦ	ዳ	ዘ	ቆ

አየር ማረፊያ
መጋገሪያ
ባንክ
የመጽሐፍ መደብር
ሲኒማ
ክሊኒክ
አበባ ሻጭ
ጋለሪ
ሆቴል
ቤተ መጻሕፍት
ገበያ
ቤተ መዘክር
ፋርማሲ
ትምህርት ቤት
ስታዲየም
መደብር
ትልቅ መደብር
ቲያትር
ዩኒቨርሲቲ

49 - Antarctica

የ	ሙ	ቀ	ት	መ	ጠ	ን	ወ	ጅ	ስ	ል	ጨ	የ	እ	ን	ቦ
ካ	ክ	ባ	ራ	ሸ	መ	ኅ	ሸ	ግ	ደ	ፍ	ድ	ጥ	ወ	ፎ	ች
ኘ	ደ	ፍ	ጥ	ች	ዎ	ና	መ	ደ	ት	ዕ	ዞ	ቃ	ፎ	ዘ	ል
የ	ዳ	ራ	ለ	ሚ	ጉ	ክ	ጥ	ት	ሚ	ጅ	ጉ	መ	ዕ	መ	ሹ
ም	ጉ	ዘ	ዳ	ሀ	ሥ	ል	ዝ	ጉ	ሚ	መ	ካ	ድ	ኮ	ቭ	ታ
እ	ክ	ጨ	ር	ጨ	ገ	ግ	ጅ	ዞ	ጨ	ብ	ክ	ባ	ኅ	ቦ	ላ
ቶ	ት	ዎ	ቅ	ን	አ	ር	ል	ሹ	ሸ	የ	ሚ	ፍ	ሹ	ቦ	ድ
ሹ	ን	ደ	ሸ	ስ	ካ	ብ	ካ	ሚ	ሥ	ሹ	ደ	ራ	ና	ቦ	ባ
ዘ	ቆ	ፍ	ሴ	ክ	ባ	ብ	ግ	ደ	ጅ	ቆ	ማ	ሴ	ቶ	ሹ	ስ
ለ	የ	ሸ	ላ	ቶ	ቢ	ን	ዕ	ፍ	ኅ	ሥ	ቶ	ው	ፎ	ባ	ድ
ታ	ግ	ብ	ዞ	ዕ	ች	ሳ	ይ	ን	ሳ	ዊ	ፖ	ሃ	ክ	ዘ	ዝ
ዘ	ች	አ	ጨ	ጂ	ዘ	ዘ	ሹ	ታ	ካ	ጥ	ግ	ቦ	ባ	ቶ	ጥ
ካ	ዎ	አ	ሹ	ታ	ኦ	ብ	ላ	የ	የ	በ	ራ	ጉ	ና	ጅ	ዳ
ግ	ግ	ር	በ	ረ	ዶ	ግ	ሮ	ኪ	ሴ	ቃ	ፊ	ስ	ታ	በ	ጅ
አ	ቶ	ቆ	ባ	ሴ	ሪ	ማ	ራ	መ	ተ	ደ	ኅ	ዋ	ኅ	ረ	ስ
ቃ	ሚ	ግ	ባ	ሕ	ረ	ገ	ብ	ፊ	ላ	ሸ	ስ	ቅ	ዳ	ዶ	ሥ

ወሽመጥ
ወፎች
ደመናዎች
ጥበቃ
ክፍለ-ሀገር
ኮቭ
አካባቢ
ጉዞ
ጂኦግራፊ
ግግር በረዶ
በረዶ
ደሴቶች
ስደት
ባሕረ ገብ
ተመራማሪ
ሮኪ
ሳይንሳዊ
የሙቀት መጠን
ቶፖግራፊ
ውሃ

50 - Ballet

ካ ር ደ ም ለ ን ል ጭ ዳ ደ ሥ ፎ ሴ ሴ ር ት
ፎ ጥ ፀ ጋ ፕ አ ም ብ ቆ ን ካ ዴ ዘ ይ ቤ ም
ሸ ሴ ን እ ጥ ጉ ም ጬ ዘ ጉ ሰ ዝ ታ ዳ ጎ ሀ
ካ ባ ቦ ት ባ በ ድ ባ ማ መ ፍ ኞ ሎ ራ ና ር
ላ ቃ ብ ና ሪ ሌ ባ ም ል ክ ት ች ች እ ስ ቶ
ሚ ጉ ጅ ል ባ ግ ጅ ዊ ራ ች ደ ግ ት ፕ ሹ ች
ብ ታ ለ ፎ ና ና ጅ ቆ ጎ ላ ሸ ጎ ላ ሸ ደ ዳ
ና ኛ ማ ግ ቀ ኦ ር ኬ ስ ት ራ ሴ ገ ባ ድ ን
ዳ የ ሹ ጬ አ ባ ም ት ር ቆ ዳ ዕ ላ ክ ሸ ድ
ዋ ላ ክ ባ ስ ሴ ች ታ ፍ ት ዕ ዘ ጭ ር ኛ ት
ኬ ኛ ሚ ሸ ስ ና ች ዋ ጉ ጉ ቅ ና ባ ሴ ና ግ
ሪ ቶ ዋ ለ የ ሙ ዚ ቃ ቅ ቃ ር ድ ት እ ር ባ
ዮ ች ና ጥ ቃ ዕ ሴ ቃ ስ ካ ሸ ፕ ካ ቃ ዕ ቃ
ግ ግ ቶ የ ም ክ ፍ ሴ ዘ ማ ደ ዳ ዝ ጬ ክ ዝ
ራ ጥ ስ ራ ጥ ካ ኛ ክ ዘ ዘ ኛ ን ጎ ጬ ባ ዋ
ፊ ፎ ም ራ ለ እ ል ታ ዳ ሚ ዋ ች ዋ ቻ ን ጡ

ጭብጨባ
ጥበባዊ
ታዳሚዎች
ባሌሪና
ኬሪዮግራፊ
አቀናባሪ
ዳንሰኞች
ገላጭ
ምልክት
ፀጋ

ጥንት
ትምህርቶች
ጡንቻዎች
ሙዚቃ
ኦርኬስትራ
ልምምድ
ምት
ችሎታ
ዘይቤ
ዘዴ

51 - Fashion

ማ	ግ	ዐ	ሸ	ል	ሴ	ቤ	ቡ	ር	ቀ	ር	አ	ጉ	ት	ዎ	ግ
ግ	ና	ፎ	ሸ	ቆ	ች	ይ	ቲ	ታ	ላ	ዳ	ዎ	ነ	አ	ድ	ር
የ	ሚ	ያ	ም	ር	ሸ	ዘ	ክ	ጨ	ል	ራ	ስ	ዘ	ስ	ጨ	ቶ
ጨ	ር	ቅ	ጅ	ዐ	ል	ስ	መ	ዐ	ራ	ቃ	ብ	ጥ	ብ	ተ	ን
ች	ት	ታ	ዋ	ሴ	ጥ	ዎ	ባ	ና	ዘ	ኛ	ሚ	ፎ	ል	ሹ	ኛ
ሹ	ፎ	ም	የ	ለ	ቃ	ሸ	ል	ዘ	ዊ	ፕ	ጉ	ቅ	ጎ	ን	ሹ
ጥ	እ	ም	ሹ	ና	ቦ	ሴ	ች	ለ	ራ	ለ	ሸ	ካ	ኛ	ስ	ቶ
ል	ሴ	ቹ	ለ	ር	ደ	ጥ	ሴ	ና	ባ	በ	ጣ	ም	ቀ	ላ	ል
ፍ	ራ	ፍ	ን	ሸ	ሴ	ፍ	ዋ	ዋ	ግ	ደ	ዳ	ዐ	ድ	ማ	ዳ
ቦ	ሸ	ሚ	እ	ድ	ው	ዘ	ብ	መ	ተ	ብ	ቶ	ክ	ሴ	ፕ	እ
ን	ድ	ዘ	ል	ዘ	ፍ	ሑ	ጽ	የ	መ	ጀ	መ	ሪ	ያ	ዘ	ጉ
ክ	ቦ	ች	ና	ላ	ፎ	ጉ	ፎ	ዎ	ጉ	ቃ	ላ	ጨ	ሚ	ጎ	ዎ
ራ	ብ	ር	እ	ር	ፍ	ቅ	ሥ	ዋ	ና	ባ	ደ	ድ	ማ	ን	ን
ና	ቶ	ብ	ሹ	ካ	እ	ር	መ	ዎ	ብ	ም	ል	ዋ	ዝ	ጅ	ም
መ	ላ	ሥ	ጎ	የ	ፎ	ባ	ባ	ቅ	ሸ	ራ	ጅ	ፎ	አ	ለ	ብ
ላ	ሴ	ሚ	ራ	ኛ	ጅ	ኛ	ራ	ሸ	ላ	ር	ዎ	ቦ	ማ	ሥ	ክ

ቡቲክ
ልብስ
ምቹ
የሚያምር
ጥልፍ
ውድ
ጨርቅ
ላሴ
አነስተኛ
ዘመናዊ
በጣም ቀላል
የመጀመሪያ
ንድፍ
ተግባራዊ
ቀላል
ዘይቤ
ጽሑፍ
አዝማሚያ

52 - Human Body

ፎ	ት	ን	ም	ስ	ቃ	ን	ሚ	ም	ላ	ቶ	ዘ	ፍ	ፍ	ዞ	እ
ለ	ጨ	ን	ዘ	ሥ	ሽ	ኅ	ል	ዝ	ት	ሹ	ስ	ፍ	ለ	ግ	ሽ
ና	ዘ	ጉ	ራ	ዘ	ባ	ዕ	ዝ	ድ	አ	ቆ	ድ	ሽ	ም	ን	ሚ
ት	ፎ	ዋ	ጥ	ዘ	ደ	ዝ	ባ	ዝ	ዋ	ዳ	ት	ጫ	ች	ዘ	ት
ፕ	ካ	ዘ	ም	ላ	ስ	ጨ	ን	ን	ር	የ	ል	ን	ዝ	እ	ዎ
ጉ	ዞ	አ	ል	ት	ና	ት	ራ	ባ	ም	ራ	ደ	ፍ	ጥ	ታ	ር
ዎ	ጨ	ጨ	ዘ	ሹ	ሥ	ባ	እ	ዎ	ካ	ስ	ኛ	አ	ጨ	ብ	ላ
እ	ሴ	ለ	ሽ	ታ	ዕ	ላ	ን	ዝ	ጨ	ላ	ዞ	ፍ	እ	ሽ	እ
ጅ	ት	ከ	ሻ	ለ	ት	ጥ	ስ	ል	ድ	ዎ	ዝ	ሴ	ኛ	ግ	ጅ
ን	ላ	በ	ደ	ጣ	ት	ፊ	ደ	ል	ብ	ጉ	ራ	መ	ጨ	ዘ	ር
ቆ	ቅ	ቃ	ል	ም	ሚ	መ	የ	ቅ	ራ	ሹ	ቆ	ዞ	ቶ	ጅ	ደ
ዳ	ን	ቺ	ለ	ጉ	ጭ	የ	ቃ	ዳ	ባ	ን	ዝ	ሹ	እ	አ	ሥ
ን	ጭ	ዋ	ቆ	ለ	ም	ፕ	ደ	ዋ	ራ	ስ	ዕ	ማ	እ	ን	ሹ
ክ	ር	ቦ	አ	ብ	ጭ	ሽ	ች	ዞ	ጆ	ሮ	ም	እ	አ	ገ	ም
ቆ	ት	ን	ካ	ሴ	ር	መ	ን	ጋ	ጋ	ከ	ን	ፈ	ር	ት	ቦ
ፕ	ደ	ኅ	ር	መ	ቁ	ደ	ድ	ፍ	ቅ	ባ	ች	ስ	እ	ስ	ጨ

ቁርጭምጭሚት
ደም
አእምሮ
ቺን
ጆሮ
ክር
ፊት
ጣት
እጅ
ጭንቅላት
ልብ
መንጋጋ
ጉልበት
እግር
ከንፈር
አፍ
አንገት
አፍንጫ
ትከሻ
ቆዳ

53 - Musical Instruments

የ	ዋ	ዳ	ቅ	ሴ	ት	ጎ	ባ	ካ	ጎ	ለ	ራ	ራ	ኛ	ም	ግ
ሴ	ግ	ጥ	ሹ	ቅ	ን	ሚ	እ	ድ	ስ	አ	ባ	ጉ	ስ	ሹ	ጬ
ግ	ሹ	ቃ	ጅ	ሚ	ካ	ፍ	ደ	እ	ደ	ቅ	ን	ለ	ኦ	ቦ	ኤ
ሸ	ን	ሴ	ሹ	ዋ	ቦ	ኒ	ር	ዘ	ብ	ባ	ጆ	በ	ኛ	ፎ	ራ
ሚ	ጅ	ች	ጉ	ን	ን	ባ	ሞ	ሴ	ቶ	ማ	ሥ	ጥ	ገ	ድ	ሴ
ል	ባ	ቶ	ድ	ቦ	ታ	ም	ቡ	ር	ጎ	ፍ	ቅ	ሴ	ፕ	ና	ቆ
ሳ	ደ	ግ	ፒ	ያ	ኖ	ሪ	ሸ	ታ	ሃ	እ	ቃ	ለ	ታ	ሹ	።
ክ	ቶ	ቆ	ቅ	ሸ	ማ	ማ	ቅ	ጊ	ዘ	ጉ	ሸ	ሴ	ል	ሹ	ላ
ስ	ች	ማ	እ	ደ	ስ	ች	ማ	ሴ	ፕ	ካ	ሴ	ቃ	ድ	ዋ	ባ
ፎ	ድ	ቃ	ቃ	ዝ	ጥ	ና	ዞ	ል	ሚ	አ	እ	ት	ግ	ሸ	ጥ
ን	ር	ቃ	ሴ	ሎ	ብ	ባ	ል	ድ	ራ	ች	ክ	ሸ	ዳ	ን	እ
ቦ	ዞ	ማ	ን	ዶ	ሊ	ን	ካ	ጉ	ላ	ብ	ባ	ዐ	ሸ	ት	ጎ
ሮ	በ	ከ	ሶ	ቃ	ት	ሊ	ል	ኛ	ች	ፕ	ሸ	ስ	ዝ	ከ	ም
ት	አ	ዞ	ባ	ል	ባ	ኦ	ሹ	ን	መ	ፕ	ል	ዞ	ክ	ለ	ጉ
ሚ	ም	ጎ	ብ	ጎ	ደ	ቪ	እ	ዐ	ድ	ቦ	ም	ግ	ሥ	መ	ስ
ት	ሸ	ጉ	ጥ	ታ	ካ	ል	ቃ	ድ	ላ	ዋ	ላ	ማ	ግ	ሥ	ር

ባንጆ
ባሶን
ሴሎ
ከበሮ
ዋሽንት
ጎንግ
ጊታር
ሃርሞኒካ
በገና።
ማንዶሊን
ማሪምባ
ኦቦኤ
ፒያኖ
ሳክስፎን
ታምቡር
ትሮቦን
መለከት
ቪኦሊን

54 - Fruit

ዝ ቃ ግ ራ ታ ዘ ማ ቆ ር ብ አ ጅ አ ፎ ስ ሴ
ኪ ዊ መ ባ ች ል ስ ላ ፓ ር ና ሜ ጉ ቃ ግ ድ
ስ ባ ክ ቤ ሪ ቶ ሸ ቦ ፓ ቱ ና ጨ ሎ ጎ ለ ም
አ ፕ ሪ ኮ ት ና ኮ ኮ ያ ካ ስ ር ን ን ጨ ማ
ራ ታ ዘ ዋ ኛ ዕ አ ዕ እ ን ደ ጅ ድ ማ ል ሹ
ዕ ፍ ቦ ጎ ሹ ዋ ላ ን ይ ወ አ ቮ ካ ዶ ታ ፕ
ሴ ል ስ ድ ች ፕ ሥ ቁ ማ ጅ ቅ ዘ ቅ ብ ዕ ግ
ር ፎ ዝ ኔ ክ ታ ሪ ን ሙ ቦ ግ ሹ ና አ ች ፍ
ፖ ራ ቼ ጎ ሹ መ ድ ዕ ዝ ል ጎ ፎ እ ማ መ ራ
ም ጥ ሪ ጥ አ ዳ ላ ዎ ለ ጥ ቶ ፍ ቃ ዕ ለ ፍ
ሴ ፎ ደ ም ቆ መ ሥ ቅ ሹ የ ር መ ም ስ ል ሬ
ቶ ባ ድ ታ ሸ ፕ ሹ ዋ ፕ ሚ ዋ ጅ ክ ፎ ጨ ኛ
ካ ድ ታ ሎ ዘ ቆ ድ ዎ ዘ ቶ ግ ዘ ር ቃ ማ ዘ
ም ቆ ሸ ሚ ኛ ማ ቦ ቶ ዘ አ ዳ ማ ና ቆ መ ጥ
ሸ ን ባ ዋ ቆ ዎ ሹ ዘ አ ጨ ዘ ጨ ር ዳ ሚ ካ
ጥ ና ል ች ማ ሥ ቅ ቃ የ የ ጨ ዘ ሥ ል ር ጥ

ፖም
አፕሪኮት
አቮካዶ
ሙዝ
ቤሪ
ቼሪ
ኮኮናት
ምስል
ወይን
ኪዊ
ሎሚ
ማንጎ
ሜሎን
ኔክታሪን
ብርቱካን
ፓፓያ
ኮክ
ዕንቁ
አናናስ
ፍራፍሬ

55 - Engineering

ብ	ጉ	ጥ	ብ	ኃ	ዎ	ዘ	ሞ	ዳ	ካ	መ	ቶ	ዲ	ን	ቦ	ሥ
የ	ቶ	ላ	ፕ	ይ	ፍ	ል	ተ	ጎ	ን	ና	ቃ	ያ	ች	ን	ር
ት	ሹ	አ	የ	ል	ቃ	ል	ር	ሚ	ና	ኛ	ሬ	ሜ	ና	አ	ታ
ክ	ሥ	ዎ	ዘ	ዝ	ክ	የ	ቅ	ሥ	መ	ዋ	ካ	ት	ሌ	ስ	ዞ
ደ	መ	መ	ጅ	ዲ	ደ	ጉ	ዋ	ቦ	ማ	ሸ	ን	ር	ባ	ል	ቅ
ሹ	ላ	ድ	ግ	ጉ	ም	ና	መ	ዋ	ዳ	ዋ	ጥ	መ	ቃ	ራ	ደ
ዋ	ጅ	ድ	ቅ	ግ	ኛ	ን	ር	ካ	ቶ	ስ	ቃ	ዕ	ና	ቶ	ቦ
እ	ን	ቅ	ስ	ቃ	ሴ	ክ	መ	ደ	ብ	ን	ቶ	ጅ	ጨ	ሹ	አ
ዕ	ላ	ዳ	ስ	ር	ጨ	ኛ	ቅ	ለ	የ	ግ	ድ	ሚ	ሹ	ና	ጥ
መ	ለ	ኪ	ያ	ራ	ጊ	አ	ን	ግ	ል	አ	ማ	ፍ	ላ	ን	ካ
ግ	ል	ት	ት	ዎ	ለ	ግ	ብ	ን	የ	ት	መ	ረ	ጋ	ጋ	ት
ና	ሹ	ቆ	ዘ	ድ	ጎ	ላ	አ	ዘ	ማ	ራ	ቦ	ካ	ጉ	ፈ	ቀ
ዋ	ፎ	ቃ	ስ	እ	ታ	ጥ	ላ	አ	ል	መ	ጉ	ሸ	ዎ	ሳ	ል
ፕ	ና	ብ	ጨ	ር	ክ	ጅ	ሹ	ጎ	ዝ	ዋ	ኛ	ዕ	ዘ	ሸ	ጥ
ዋ	ና	ፎ	ች	ዕ	ጭ	ቦ	ጨ	ቆ	ቅ	ዞ	ክ	ለ	ቃ	ጥ	ት
ግ	ን	ባ	ታ	እ	የ	ት	ች	ሥ	ን	ካ	ል	ቆ	ሹ	ሸ	ዘ

አንግል
ዘንግ
ስሌት
ግንባታ
ጥልቀት
ንድፍ
ዲያሜትር
ዲዝል
ስርጭት
ኃይል
ጊርስ
መደብ
ፈሳሽ
ማሽን
መለኪያ
እንቅስቃሴ
ሞተር
መረጋጋት
ጥንካሬ
መዋቅር

56 - Government

ች	የ	ስ	ሥ	ቃ	ፎ	ሕ	ብ	ካ	ፎ	ማ	ሁ	ታ	መ	ድ	ፕ
መ	ሥ	ቅ	ፍ	ደ	ና	ግ	ብ	ወ	ዎ	ራ	ኔ	ላ	ዞ	ዝ	ብ
እ	ድ	ጎ	መ	ቅ	ቦ	ፎ	ዘ	ረ	ድ	ና	ታ	ር	ብ	ዎ	ጥ
ሥ	ር	ጎ	ሥ	ሪ	ለ	ሥ	ሥ	ዳ	ፕ	ዲ	ሞ	ክ	ራ	ሲ	ኛ
እ	ጉ	ቶ	እ	ግ	ፍ	እ	ስ	ዳ	ዞ	ዎ	ሴ	ሹ	ላ	ም	ች
ሸ	ት	ጩ	ሹ	ነ	ር	ደ	ሥ	ማ	ሥ	ት	ፕ	ቦ	ቆ	ጎ	ዳ
ታ	ግ	ፕ	መ	ሴ	ጸ	ም	ቦ	ሥ	ጅ	መ	ሹ	ጅ	ካ	እ	ሥ
ል	ቶ	ግ	ባ	ስ	ብ	ነ	ኛ	ድ	ክ	ች	ዳ	አ	ጎ	ስ	ት
ጩ	ዜ	ፕ	ጉ	ሥ	ና	አ	ት	ነ	ፃ	ነ	ግ	ሥ	ን	ፕ	ብ
ዳ	ክ	ግ	ራ	ዳ	ፎ	መ	ሥ	ም	ማ	ለ	ለ	ጅ	ፖ	ለ	ሔ
ባ	ዞ	ግ	ነ	ዞ	ሰ	ፍ	ግ	ፕ	ባ	ስ	ብ	ጉ	ለ	ኛ	ር
ክ	ሹ	ዘ	ቦ	ት	ላ	ት	ን	ዞ	ኛ	ራ	ብ	ባ	ቲ	ግ	ግ
ል	ዝ	ላ	ት	ነ	ማ	ህ	መ	ው	ሲ	ቪ	ል	ሐ	ካ	ዞ	ግ
ስ	ማ	ሸ	ራ	ል	ዊ	ም	ገ	ይ	ጎ	ስ	የ	ው	ጩ	የ	ን
ሚ	ዘ	ላ	ም	ኩ	ዳ	ጉ	ሕ	ይ	ክ	ጅ	ት	ል	አ	ሕ	ለ
ድ	ጥ	ሥ	ብ	እ	ች	ፕ	ክ	ት	ክ	ል	ም	ት	ን	ግ	ደ

ዜግነት
ሲቪል
ሕገ መንግሥት
ዲሞክራሲ
ውይይት
ወረዳ
እኩልነት
ነጻነት
የሕግ
ፍትህ
ሕግ
መሪ
ነፃነት
ሐውልት
ብሔር
ሰላማዊ
ፖለቲካ
ንግግር
ሁኔታ
ምልክት

57 - Science Fiction

አ	ሮ	ቶ	ላ	ፎ	ቦ	ን	ሸ	ና	ፍ	ስ	ቶ	ሸ	ዳ	ሚ	ዘ
ዎ	ን	ቦ	ቶ	ጋ	ላ	ክ	ሲ	ሲ	ኒ	ማ	ቅ	ፕ	ክ	ግ	ታ
እ	ማ	ሴ	ቶ	ር	ማ	ል	ክ	ራ	ኦ	እ	መ	ዎ	ታ	ቶ	ኛ
ታ	ዳ	ግ	ሴ	ች	ሎ	ካ	ሚ	ኬ	ል	አ	ለ	ሹ	ድ	ሹ	ሸ
ች	ስ	ደ	አ	ፕ	ዝ	ለ	ቶ	ሥ	የ	ማ	ቆ	መ	ላ	አ	ጩ
ድ	ቦ	ና	ሥ	ሹ	ጥ	ቅ	አ	ት	ላ	ዎ	ጎ	ሸ	ዳ	ል	ራ
ዋ	ፕ	ጎ	ቃ	ቅ	ዓ	ለ	ም	ን	ሸ	ዕ	ዕ	ጉ	ች	ራ	ዘ
ም	ዋ	ቦ	ባ	ፎ	ግ	ቃ	ዲ	ቃ	ድ	ባ	ካ	ለ	ት	ጅ	ል
ዘ	ስ	ቴ	ክ	ኖ	ሎ	ጂ	ስ	ሚ	ድ	ዕ	የ	ወ	ደ	ፊ	ት
ጉ	ሹ	ጢ	ም	ና	ባ	ዊ	ቶ	ስ	ቶ	ድ	ታ	ሹ	ደ	ር	ኔ
ጩ	ድ	አ	ራ	ላ	ዘ	ደ	ፒ	እ	ተ	ን	ዳ	ድ	ራ	ጥ	ላ
ስ	ካ	ዳ	ዕ	ዊ	ች	የ	ያ	ጩ	ሳ	ቅ	ን	ሹ	ት	ቅ	ፕ
ጎ	ቦ	ብ	ታ	ባ	ዘ	መ	ብ	ፍ	ሳ	ት	ፍ	ሕ	ጸ	መ	ጩ
ግ	ቦ	ኛ	ጅ	ጅ	ም	ደ	ግ	ላ	ተ	ለ	ን	ዋ	ቦ	ች	ቶ
ዋ	ዕ	ዕ	ግ	ት	ጥ	ሥ	ዎ	ማ	የ	ፍ	ጽ	ባ	ቅ	ፍ	ሸ
ዩ	ቶ	ፒ	ያ	ል	ስ	ል	ቶ	ጎ	ሹ	ና	አ	ሥ	ስ	ግ	ራ

አቶሚክ
መጻሕፍት
ኬሚካሎች
ሲኒማ
ዲስቶፒያ
ፍንዳታ
ጽንፍ
ድንቅ
እሳት
የወደፊት
ጋላክሲ
የተሳሳተ
ምናባዊ
ምስጢራዊ
ኦራክል
ፕላኔት
ሮቦቶች
ቴክኖሎጂ
ዩቶፒያ
ዓለም

58 - Geometry

ቶ	እ	ላ	ዘ	ቅ	ዎ	ት	ኛ	የ	ስ	ቆ	ዩ	ር	ር	ሚ	ሹ
ዐ	ል	ሚ	ሹ	ኛ	ዝ	ዎ	ራ	ካ	ፕ	ሌ	ይ	ለ	ዝ	ዘ	ት
ለ	ዘ	ቆ	ሴ	ት	መ	ማ	ጎ	ና	ዋ	ዝ	ት	ኬ	ል	ና	ም
ቃ	ቅ	ባ	ቃ	መ	ሴ	ማ	ዘ	ኛ	ፕ	ቀ	መ	ር	ለ	ዊ	የ
ሎ	ጂ	ክ	ር	አ	የ	ጉ	የ	ዋ	ብ	ኛ	ላ	ፎ	ወ	ት	ዎ
ቦ	ቆ	ካ	ን	አ	ን	ግ	ል	ጥ	ሚ	ክ	እ	ን	ቃ	ድ	ር
ጎ	ሹ	ቭ	ዘ	ዳ	ቃ	ላ	ስ	ር	ካ	ፍ	ኛ	ጎ	ሥ	ር	ሥ
ቁ	ጥ	ር	ዐ	ዝ	ሴ	ጅ	ቅ	ሚ	ዲ	ያ	ን	ጉ	ስ	ሥ	ል
ጎ	ጥ	ከ	ማ	ክ	ፕ	ሥ	ጎ	ፕ	ድ	ና	ካ	ፕ	ራ	ቆ	አ
ዲ	ያ	ሜ	ት	ር	ብ	ቶ	ቶ	ክ	ማ	ቅ	ብ	ሴ	ጎ	ኛ	ታ
ኛ	አ	ጉ	ስ	ት	ዝ	ቃ	መ	ፍ	ካ	ሹ	ለ	ጬ	ዳ	ዎ	ራ
እ	ግ	ዘ	ሦ	ሸ	ህ	ድ	ች	ል	ጬ	ላ	ቶ	ፍ	ቦ	ሴ	ፍ
ብ	ድ	ቆ	ሚ	ቶ	ዙ	ቲ	ለ	ፎ	ዘ	ቁ	መ	ት	ቦ	ጎ	ክ
ል	ም	ል	ሹ	ጉ	ብ	ብ	ዎ	ዎ	አ	ስ	ካ	ጎ	ዐ	ር	ች
ፎ	ሸ	ጬ	ጉ	ድ	ደ	እ	ባ	ሪ	ሃ	ና	ጅ	አ	ኛ	ች	አ
ቆ	ፎ	እ	ቦ	ማ	ጎ	ጬ	ብ	ድ	ዝ	ማ	ደ	ላ	ፍ	መ	ኛ

አንግል
ስሌት
ክብ
ከርቭ
ዲያሜትር
ልኬት
ቀመር
ቁመት
አግድም
ሎጂክ
ብዙ ህዝብ
ሚዲያን
ቁጥር
ትይዩ
አሃዝ
ክፍል
ወለል
ሚዛናዊ
ቲዎሪ
ሦስት ማዕዘን

59 - Creativity

ት	ለ	ራ	እ	ዮ	ች	ን	ጽ	ም	ጥ	ዕ	ች	ቶ	ሜ	ስ	ሀ
ዳ	ኛ	ዕ	ጉ	ስ	ጎ	ቃ	ቅ	ል	ጥ	ፍ	ና	ደ	ዝ	ሜ	ሳ
ች	የ	ሹ	ጎ	ም	ግ	ች	ዘ	ቆ	ግ	ና	ታ	ክ	ግ	ት	በ
ዝ	ጨ	ፎ	ቆ	ጅ	ም	እ	ር	ቃ	ግ	ካ	ም	ስ	ል	ዝ	ሰ
ዎ	ታ	ዋ	ዎ	ፕ	ት	ቶ	ላ	ጅ	ለ	ሸ	ር	ጎ	ራ	ቅ	ፊ
ብ	ን	ቆ	ፎ	ስ	ክ	ደ	ም	ጅ	ት	ቦ	ማ	ዘ	ጎ	ዝ	ነ
ጎ	ታ	ቦ	ሚ	ሚ	ዋ	ድ	ክ	ደ	ክ	እ	ዋ	ን	ድ	ቃ	ት
ሚ	የ	ደ	ራ	ላ	ፍ	ዕ	አ	ዘ	ክ	ች	ሎ	ታ	ራ	ጠ	ፈ
ፍ	ሚ	ት	ቶ	ሴ	ጥ	ፕ	ክ	ጫ	ለ	ግ	መ	ቆ	ማ	ሸ	ራ
ም	ሸ	ል	ታ	ሬ	ካ	ን	ጥ	ጥ	ኛ	ተ	ገ	ን	ድ	ዳ	መ
አ	ጎ	ር	ት	ዳ	ቆ	ጥ	ት	በ	ነ	ቅ	ም	ዋ	ቶ	ር	ማ
ደ	ሥ	ፎ	ሥ	ሹ	ና	ዳ	ፍ	ባ	ት	ች	ዳ	ጅ	እ	ብ	ቃ
ጅ	ፎ	ፕ	ደ	ብ	ዎ	ዝ	ራ	ዊ	ባ	የ	ዘ	ሻ	ር	ዝ	ና
ዋ	ሹ	ዘ	ጅ	ጉ	ት	ጅ	ቆ	ሥ	ጉ	ዝ	ፍ	ሀ	ሳ	ቦ	ች
ለ	ጎ	ራ	ጥ	ች	ት	ግ	ና	ካ	ፕ	ዘ	ዝ	ካ	ሥ	ነ	ግ
ዋ	ች	ጉ	ች	ም	እ	ት	ሚ	ቦ	ፍ	እ	ጥ	ክ	ኛ	ማ	መ

ጥበባዊ
ትክክለኛነት
ግልጽ
ድራማ
ስሜቶች
መግለጫ
ቅልጥፍና
ሀሳቦች
ምስል
ሀሳብ ሰፊነት
መነሳሻ
ጥንት
ግምት
ፈጠራ
ስሜት
ችሎታ
ድንገተኛ
ራእዮች
ጥንካሬ

60 - Airplanes

ግ	ጥ	ነ	ዝ	ክ	የ	ስ	ክ	ጉ	አ	ል	ጩ	ብ	ፎ	ቃ	ች
ን	ላ	ዳ	ዋ	ና	ሪ	ሰ	ማ	ይ	ቅ	አ	ዝ	ለ	ድ	ቃ	ን
ባ	ላ	ጅ	ባ	ደ	ን	ው	ላ	ሥ	ጣ	ብ	ማ	ስ	ሥ	አ	ዋ
ታ	ማ	ረ	ፊ	ያ	ክ	ዳ	ጨ	ዝ	ጫ	ራ	ታ	ፕ	ማ	ጎ	ቶ
ዛ	ት	ታ	አ	ኛ	ቅ	እ	ለ	ል	ቅ	ሪ	አ	ደ	ጉ	ቆ	ፍ
ቁ	ድ	ሴ	ክ	ዳ	ባ	ጅ	ታ	ቁ	ም	ጅ	መ	ዐ	ለ	የ	ፍ
ዎ	ል	ር	ጉ	ፍ	ራ	ማ	ፕ	መ	ዋ	ፕ	ሚ	ዛ	ተ	ጅ	ጥ
አ	የ	ቁ	እ	ዝ	ግ	ድ	ብ	ት	ማ	ማ	ባ	እ	ሳ	ፊ	ኛ
ዝ	ጉ	ፕ	ለ	ጥ	ክ	ቃ	ዘ	ስ	ሹ	ሥ	የ	ድ	ፋ	ፎ	ዘ
ከ	ፍ	ታ	ድ	ት	ሞ	ተ	ር	ት	አ	የ	ር	አ	ሪ	ባ	ባ
ን	ድ	ፍ	ደ	አ	ቶ	ለ	ቆ	የ	ጉ	ጅ	የ	ል	ዋ	ዎ	ባ
ደ	ን	ር	ቆ	ቦ	ስ	ሚ	ዝ	የ	ቃ	የ	አ	ግ	ት	ቃ	ጅ
ኛ	ካ	ኛ	ም	ቆ	የ	ፈ	መ	ድ	ሸ	ች	ቢ	ካ	ጎ	ራ	ታ
ሃ	ይ	ድ	ሮ	ጅ	ን	ክ	ሪ	ታ	ዘ	ዋ	ባ	ላ	ት	ጅ	ለ
ሥ	ብ	ጅ	ስ	ፎ	ዎ	ጎ	ላ	ፎ	ብ	ሴ	ከ	ብ	ጥ	ብ	ጥ
ም	ና	ላ	ስ	ሴ	ና	ሴ	ዘ	ክ	ቆ	ት	ሹ	ሥ	ዝ	ኛ	ን

አስፈሪ
አየር
ከፍታ
ከባቢ አየር
ፊኛ
ግንባታ
ክሪው
ቁልቁለት
ንድፍ
አቅጣጫ
ሞተር
ነዳጅ
ቁመት
ታሪክ
ሃይድሮጅን
ማረፊያ
ተሳፋሪ
አብራሪ
ሰማይ
ብጥብጥ

61 - Ocean

ና	አ	ኦ	ሚ	ደ	ኛ	ሚ	ሸ	ክ	ሠ	ብ	ፎ	ም	መ	ስ	ኤ
ት	ቶ	ይ	ደ	ኛ	ደ	ፎ	ኛ	ዎ	ኛ	ማ	ግ	ን	ል	ም	ሊ
ዘ	ዳ	ስ	ሹ	ፎ	ኛ	ሴ	ጎ	ዝ	ፎ	ላ	ዳ	ላ	ሻ	ፕ	ጎ
ሹ	ዞ	ተ	ኛ	ዝ	ፎ	ዕ	ፕ	ም	ና	ኛ	ዎ	ር	ር	ራ	አ
ደ	ዕ	ር	ህ	ባ	የ	ስ	ዝ	ዛ	ዞ	ብ	የ	ሸ	ክ	እ	ለ
ዓ	ዎ	ሸ	ዎ	ዳ	ሹ	እ	ባ	ጎ	ዋ	ባ	ላ	ሴ	ቦ	ፕ	ት
ሣ	ና	ፊ	ሪ	ም	ፍ	ለ	ኛ	ል	ት	ቆ	ቦ	ሚ	ቆ	ክ	ሴ
ን	ዞ	ሊ	ል	ም	ቅ	ጐ	ዶ	ዌ	ጥ	ዋ	ና	ጉ	ሪ	ዕ	ዋ
ቦ	አ	ጄ	መ	ካ	ፕ	ር	ል	በ	ዕ	ማ	ፎ	ዳ	ዳ	ፍ	ቶ
ቃ	ባ	አ	ዎ	ጅ	ጉ	ም	ፊ	ኢ	አ	ል	ጌ	ስ	ፖ	ን	ጅ
ዘ	ዝ	ድ	ጥ	ሴ	ድ	ጥ	ን	ቱ	ና	ቃ	ጥ	ፖ	ሴ	ጉ	ዘ
ሥ	ሸ	ቆ	ች	ጉ	ሹ	ት	ፍ	ች	ግ	ፕ	ቦ	ቶ	ላ	ደ	ል
ጬ	ው	ሚ	ዎ	ኛ	ሥ	ር	ጎ	ማ	ቆ	ቃ	ር	ክ	ቅ	መ	ት
መ	ማ	ፕ	ጥ	ዝ	ም	ሞ	ቦ	ድ	ጬ	ቦ	ጬ	ኦ	ራ	ዘ	ጉ
ሸ	ቅ	ዝ	ሚ	ላ	ጎ	ገ	ል	ሚ	ብ	ል	ኛ	ን	የ	ሸ	እ
ና	ጎ	ቦ	ች	እ	ጅ	ድ	ዘ	መ	ዝ	ዝ	ቦ	ቃ	ካ	ሹ	ሹ

አልጌ
ዛጎል
ጐርምጥ
ዶልፊን
ኢል
ዓሣ
ጄሊፊሽ
ኦክቶፖስ
ኦይስተር
ሪፍ
ጬው
የባህር
ሻርክ
ሽሪምፕ
ስፖንጅ
ማዕበል
ቱና
ኤሊ
ሞገድ
ዌል

62 - Force and Gravity

ጥ አ ባ ለ አ ዩ ዳ አ ፕ መ እ ቃ ሚ ኅ ሚ ሹ
ጨ ን ደ ፎ ል ዘ ኒ አ ም ጠ ላ ራ ባ ቶ ግ ፕ
ሥ ጥ ዕ ፍ ራ የ ቶ ሸ ቆ ን ፊ ዚ ክ ስ ማ ም
ዎ ቅ ዎ ብ ዕ ክ ጨ ደ ር ት ኛ ል እ ጊ ዜ የ
ዎ ማ መ ዘ የ ና ሹ ን ር ሳ ብ ች ፎ ር ክ አ
ል ባ ዕ ት ዘ ት ቦ አ ም ች ል ሹ ሥ ታ ሹ ማ
ሥ ማ ሹ ጉ ሥ ች ካ ል ህ እ ን ቅ ስ ቃ ሴ ዕ
ማ ግ ኔ ቲ ዝ ም ቶ ች ዋ ብ ያ ር ዘ ሴ ር ከ
ሴ ላ ጅ ዘ ቶ ክ ለ ረ ር ባ ት ፊ ግ ሴ ቦ ል
ለ እ ዳ ጎ ሹ ዕ ስ ቆ ብ ዘ ኝ ዎ ፋ እ ጎ ፕ
ክ እ ላ ግ ታ ታ ታ ሪ ዘ ን ግ ፍ ፕ ስ ብ ላ
ች ሚ ድ ቅ መ ዕ ክ ማ ዕ ቅ ታ ና ራ ክ ማ ኔ
ት ዝ ብ ር ሸ መ ዝ ታ ፍ ላ ደ ዝ ር ኒ ጥ ቶ
ረ ዋ ጅ የ ዎ ሹ ሥ ዝ ዳ ክ ብ ግ ዎ ካ ዎ ች
ፍ ጥ ነ ት ቀ ር ቶ ጉ ላ ስ ቆ ኛ ሚ ሜ ል ጨ
ው ክ ሴ ዘ ስ ቶ ፍ ስ ጉ ት ጉ ጨ ን ጥ ዘ ሴ

ዘንግ
ማዕከል
ግኝት
ርቀት
ታታሪ
ማስፋፊያ
ማግኔቲዝም
መጠን
ሜካኒክስ
እንቅስቃሴ
ምህዋር
ፊዚክስ
ፕላኔቶች
ግፊት
ንብረቶች
ፍጥነት
ጊዜ
ዩኒቨርሳል
ውፍረት

63 - Birds

ሸ	ር	ሸ	ሴ	ለ	ፍ	ራ	ራ	ቦ	የ	ቅ	ፎ	ት	አ	ራ	ቶ
ሹ	ዶ	መ	ፎ	ዘ	ታ	ክ	ቾ	ቶ	ባ	ደ	ጥ	ዘ	ዘ	ድ	ለ
ክ	ሮ	ላ	ሥ	ና	ቦ	ደ	ዘ	ር	እ	ዎ	ፎ	ዋ	ቅ	ድ	መ
ኛ	ጉ	ባ	ሴ	ዝ	ጓ	ቦ	ዝ	ደ	ሹ	ኛ	ት	ቅ	ቅ	ዘ	ጨ
ር	ቅ	ሚ	ብ	ግ	ታ	ል	ዋ	እ	ሹ	ቅ	ዘ	ዐ	ል	ጆ	ሹ
ቦ	ዝ	እ	ፕ	ቶ	ታ	ሴ	ን	ጨ	ል	ራ	ዐ	ራ	ቦ	ት	ለ
ን	ጉ	ር	ባ	ቦ	ፍ	ኛ	ጆ	ሥ	ዐ	ጥ	ቃ	ቦ	ዘ	ጆ	ክ
ሥ	ቅ	ሴ	ፓ	ፍ	ላ	ሚ	ን	ጎ	ዘ	ና	ዳ	ም	ል	ል	ድ
ም	ታ	እ	ን	ሮ	ቆ	ጥ	ሮ	ሰ	ጎ	ን	ጨ	ሚ	ስ	ባ	ሚ
ወ	ባ	ቾ	ን	ራ	ት	ፕ	ሄ	ፎ	ባ	ሹ	ቶ	ቅ	ቃ	እ	ጨ
ፍ	ር	ግ	ብ	ቁ	ዋ	ጆ	ባ	ዬ	ቦ	ም	ዋ	ል	ፕ	ደ	ታ
ቅ	መ	ም	ል	ዳ	ላ	ፒ	ኮ	ክ	ዝ	ን	ብ	ፔ	የ	ጥ	ጨ
ባ	ፎ	ታ	ን	ቅ	ሥ	ል	ዘ	ዳ	ቱ	ካ	ን	ሊ	ፎ	ክ	ን
ድ	ን	ቢ	ጥ	ስ	ዋ	ቃ	ዋ	ን	ት	ሪ	ና	ካ	ዘ	ደ	ሚ
ስ	ዳ	የ	ለ	ዘ	ቆ	ጆ	ጎ	ስ	ቆ	ሸ	ን	ን	ዎ	ር	አ
አ	ር	ም	ም	ባ	ጨ	ክ	ደ	ር	ግ	ሥ	ክ	ት	ቃ	ራ	ጥ

ካናሪ
ዶሮ
ቁራ
ወፍ
ርግብ
ንስር
እንቁላል
ፍላሚንጎ
ዝንብ
ጓል
ሄሮን
ሰጎን
ፓሮት
ፒኮክ
ፔሊካን
ዋልታ
ድንቢጥ
ሸመላ
ዳክዬ
ቱካን

64 - Politics

ሴ	ታ	ሚ	መ	ፎ	ስ	ጉ	ጉ	ታ	እ	የ	ዎ	ሹ	ሥ	እ	አ
ዋ	ኛ	ኛ	ቀ	ት	ን	ና	ክ	ጉ	ሴ	ቅ	ቾ	ል	ዋ	ጅ	አ
ዝ	ብ	ሚ	ከ	ረ	ቅ	ለ	ዋ	ኮ	ሚ	ቴ	መ	ፍ	ቃ	ዝ	ካ
ም	ር	ጫ	ግ	ቲ	ጥ	ፍ	ጎ	ን	ታ	ክ	ን	ካ	ና	ዕ	ዋ
ጨ	ባ	ዕ	ዕ	ቦ	ለ	ዘ	ቶ	ዕ	ቃ	ዳ	ግ	ል	ት	ም	ማ
ለ	ግ	ክ	አ	ታ	ቃ	ፖ	ሊ	ሲ	ፍ	ሥ	ስ	ል	ና	ማ	ን
ጥ	ም	ድ	ክ	ካ	ዘ	አ	ር	ር	ኛ	ራ	ት	አ	ጎ	ር	ና
ቅ	ነ	ሽ	ቲ	ቆ	መ	እ	ኩ	ል	ነ	ት	ነ	ስ	ዘ	መ	ሴ
ር	ሥ	ግ	ቪ	ጎ	ቻ	የ	ር	ድ	ዎ	ጎ	ቂ	ተ	ዝ	እ	ካ
ድ	ት	ዕ	ስ	ዎ	ዘ	ድ	ል	ስ	ና	ጨ	ዋ	ያ	ካ	አ	ጥ
የ	ታ	ጬ	ት	ብ	አ	ዳ	ዝ	ል	ቦ	ባ	ታ	የ	ሥ	ቦ	ጨ
ስ	ጅ	ራ	ሽ	ሔ	ክ	ዘ	ዝ	ዝ	እ	ና	ብ	ት	ና	ር	ላ
ሹ	ል	ሚ	ሥ	ራ	ም	ዘ	ካ	ዋ	አ	ቆ	ጎ	ነ	ዳ	ሴ	ክ
ቶ	ና	ት	ቶ	ዊ	ሹ	ዝ	ም	ክ	ር	ቤ	ት	ፃ	ታ	ጨ	ፍ
ፕ	ዳ	ጥ	ድ	ድ	ን	ደ	ካ	ፍ	ር	ጨ	ፎ	ነ	ና	ግ	ቦ
የ	መ	ዘ	ፕ	ሴ	ሽ	ማ	ጨ	ቦ	ካ	ድ	ቶ	ዘ	ሴ	ስ	ዘ

አክቲቪስት
ዘመቻ
ዕጬ
ምርጫ
ኮሚቴ
ምክር ቤት
እኩልነት
ሥነ ምግባር
ነፃነት
መንግስት
ብሔራዊ
አስተያየት
ፖሊሲ
ፖለቲከኛ
ታዋቂነት
ስልት
ቀረጥ
ድል

65 - Nutrition

መ	ካ	ሎ	ሪ	ን	ግ	ት	ጥ	ፍ	ጉ	ማ	ው	ዋ	ዋ	ለ	ግ
ጣ	ፈ	ሥ	ላ	ሹ	ቶ	ሥ	ራ	ሚ	አ	ቃ	ፍ	ባ	ጥ	ቃ	ግ
ዕ	መ	ጨ	ጥ	ሥ	ደ	ፍ	ጥ	ኛ	ጅ	ቦ	ረ	ን	ዘ	ጥ	ጥ
ም	ሸ	ክ	ት	ላ	ፍ	መ	ፕ	ዕ	ጨ	ዘ	ት	ን	ፎ	ና	ድ
ቅ	ማ	ጉ	ሬ	ቆ	ቶ	ሚ	ዘ	ቅ	ዘ	አ	ሸ	ለ	ዎ	ች	ፍ
ዝ	ስ	ም	ድ	ች	ላ	ደ	ዝ	አ	ቶ	የ	ለ	ዳ	የ	አ	ሹ
ስ	ጎ	ር	ይ	ባ	ክ	ል	ዎ	ቅ	ታ	ባ	ስ	ሸ	ዘ	ች	ቶ
ዋ	ባ	ቆ	ሃ	ኛ	ም	ዘ	ማ	ቦ	ፎ	ል	ሴ	ሹ	ጅ	ፎ	ሹ
ዘ	ቆ	ፎ	ቦ	መ	ል	ቶ	ና	ዶ	ጨ	ሚ	ጥ	ዳ	ሴ	ጥ	ጎ
ሚ	ግ	ሚ	ር	የ	ዝ	ላ	ጤ	አ	ች	ኖ	ቲ	ሮ	ፕ	ጨ	ጉ
መ	ዛ	ዎ	ካ	ስ	አ	ቃ	ዕ	መ	ራ	ቪ	ታ	ሚ	ን	ሚ	ፕ
አ	ራ	ና	ዘ	ድ	ዎ	ኛ	ቅ	ጋ	ወ	ጥ	ሚ	አ	ድ	ድ	መ
ድ	ጅ	ጤ	ዊ	ቦ	ል	ጎ	ር	ገ	ነ	ረ	ጥ	ን	ብ	ቶ	ራ
የ	ም	ግ	ብ	ፍ	ላ	ጎ	ት	ብ	ቆ	ዘ	ጥ	ራ	ት	ክ	ራ
የ	ሚ	በ	ላ	ዘ	ሥ	ዎ	ቅ	ና	የ	ች	ዳ	ኛ	ዳ	ሲ	ዎ
ፍ	ላ	የ	ን	ቶ	ም	ም	ባ	ድ	ብ	ም	ቅ	ጅ	ሥ	ን	እ

የምግብ ፍላጎት
ሚዛናዊ
መራራ
ካሎሪ
ካርቦሃይድሬት
አመጋገብ
መፈጨት
የሚበላ
መፍላት
ጣዕም
ልማዶች
ጤና
ጤናማ
ንጥረ ነገር
ፕሮቲኖች
ጥራት
ወጥ
ቶክሲን
ቪታሚን
ውፍረት

66 - Hiking

ደ ጥ ደ ሸ ና ፎ በ ዳ ባ በ ዋ ላ ፀ ን በ ስ
ተ ፈ ጥ ሮ አ ጅ መ ማ ዋ ድ ስ ዝ ሐ ላ ክ ፍ
ካ ም ፕ ማ ዳ ዘ ፎ ታ ር ዝ ቅ በ ይ ጋ ን ድ
ካ የ ቶ አ መ ና ስ ር ኔ ሥ ር ቅ ቶ ስ ሴ ና
ዎ ዋ ች ጎ ባ ቃ ሹ ካ ር ሁ ግ ዘ ገ ላ ሴ ታ
ክ ላ ስ ዘ ደ ደ ዋ ጨ ኛ ጉ ር ዱ ደ ብ እ ል
ጥ ም ጨ ሹ ና ፕ ግ ል ቅ ራ ት የ ል ፎ ዕ ዘ
ና ከ ት ዘ ቆ ና ሥ ዎ ች ዎ ጋ ደ አ ዕ በ ል
ስ ባ ሰ ብ ስ ክ ጥ ዘ ማ ታ ኛ በ ቅ የ ላ ጥ
ፍ ድ የ አ የ ር ን ብ ረ ት ር ቡ ጣ ም ኛ ፕ
ት አ ባ ፕ ት ት ቃ ና ላ ዘ ቆ ት ጫ ተ ፕ ላ
ባ ዝ ግ ጅ ት ሳ ስ ን እ ላ ክ ስ ት በ ራ ቆ
ፍ በ ብ ባ ፕ መ መ ሪ ያ ዎ ች ል ዳ ዘ ም ራ
ጨ ጅ ሚ ማ ኛ ሹ ጅ ዝ ማ ደ ቅ እ ዘ መ ፍ ለ
ዋ ች ካ ር እ ም ም ን የ ካ ግ ብ ል ብ ው ጉ
ራ በ ሸ ዳ ድ ካ ም ድ ጨ ል ች ባ ፍ ሸ ሃ ፎ

እንስሳት
ቡትስ
ካምፕ
ገደል
የአየር ንብረት
መመሪያዎች
አደጋዎች
ከባድ
ካርታ
ተራራ
ተፈጥሮ
አቅጣጫ
ዝግጅት
ድንጋይ
ስብሰባ
ፀሐይ
ድካም
ውሃ
የአየር ሁኔታ
ዱር

67 - Professions #1

ቅ	ኛ	ብ	ካ	ጂ	ታ	ላ	ቶ	ላ	ል	ጎ	መ	መ	ር	ጎ	ፕ
ዳ	ላ	ግ	ሚ	አ	ኦ	ጌ	ጣ	ጌ	ጥ	ስ	ቃ	ዘ	ዙ	ቶ	ለ
ን	ፍ	ኢ	ጨ	ደ	ዋ	ሎ	አ	ፎ	ዙ	ቃ	ባ	ፎ	ች	ዘ	ም
ሰ	ደ	ታ	ባ	ሴ	ቆ	ዙ	ጂ	ፒ	ያ	ኖ	ተ	ጫ	ዋ	ች	በ
ኛ	ካ	ር	ቶ	ግ	ራ	ፈ	ር	ስ	ዳ	ሚ	ራ	ራ	ሴ	ና	ር
ሐ	ከ	አ	ድ	ባ	ቅ	ቃ	ባ	ር	ት	አ	ም	ባ	ሳ	ደ	ር
ኪ	ፕ	ን	ቃ	ሹ	መ	መ	ፊ	ነ	ባ	ሳ	ቃ	ደ	ና	ክ	ጥ
ም	ዐ	ቆ	ባ	አ	ዳ	ኝ	ሰ	ጉ	ዋ	ይ	ት	ጅ	ሹ	ን	ዙ
ሴ	ግ	መ	ጎ	ሹ	ጨ	ላ	ሰ	ግ	ጉ	ኮ	ክ	ት	ዋ	ብ	ላ
ሸ	ዐ	ካ	ቆ	ቦ	ጎ	ፎ	ብ	ጨ	ሴ	ሎ	ድ	ዘ	ማ	ሥ	ል
ጉ	ሥ	ፕ	ሚ	እ	አ	ሠ	ል	ጣ	ኝ	ጂ	ጨ	ሙ	ኛ	ቦ	ደ
ን	ዙ	ዘ	ክ	ታ	ጠ	ኛ	ን	ቦ	ፍ	ስ	ፈ	ዚ	ቆ	ስ	ሚ
ላ	ር	መ	ዳ	ራ	ዎ	በ	ብ	ደ	ታ	ት	ለ	ቀ	ለ	ሹ	ጥ
ም	ም	ባ	ዳ	ስ	ች	ከ	ቃ	ጨ	ች	ፎ	ክ	ኛ	ዳ	ራ	ቃ
ጅ	ግ	ታ	ማ	መ	ት	ር	የ	እ	ን	ስ	ሳ	ት	ሐ	ኪ	ም
ጎ	ቅ	ሥ	ቃ	ዐ	ን	መ	ፎ	ና	ን	ፍ	ደ	ፕ	ቃ	ፍ	ጅ

አምባሳደር
ፈለክ
ጠበቃ
ባንከኛ
ካርቶግራፈር
አሠልጣኝ
ዳንሰኛ
ሐኪም
አርታኢ
ጂኦሎጂስት

አዳኝ
ጌጣጌጥ
ሙዚቀኛ
ነርስ
ፒያኖ ተጫዋች
ፕለምበር
ሳይኮሎጂስት
መርከበኛ
ልብስ ሰፊ
የእንስሳት ሐኪም

68 - Barbecues

ላ	ቶ	ቃ	ጥ	ብ	ዝ	ር	ሹ	ፍ	ላ	ፕ	የ	ክ	ሴ	ካ	ት
እ	ድ	ዕ	ኛ	ኛ	ሚ	ሴ	ሹ	ጅ	ፎ	ር	ክ	ራ	ዋ	ም	ዎ
የ	ራ	ሽ	ም	ታ	ቆ	ራ	ባ	ግ	ዞ	ን	ለ	ታ	ሽ	ዎ	ዎ
እ	ሹ	ሰ	ላ	ጣ	እ	ጨ	ዞ	ዕ	ራ	ጨ	ካ	ግ	ጎ	ታ	ዝ
ቾ	ሴ	ቦ	ዎ	ጨ	ጨ	ው	ድ	ት	አ	ቃ	ጠ	ለ	ክ	ሴ	ጎ
ራ	ሽ	ቦ	መ	ብ	ና	ዕ	ዳ	ሥ	ዝ	ድ	የ	ጨ	ዋ	ታ	ጨ
አ	ት	ክ	ል	ቶ	ች	ስ	ጎ	ሙ	ና	ል	ብ	ጓ	ድ	መ	ጉ
ዋ	ስ	ጎ	ት	ቅ	ታ	ዝ	ቃ	ቆ	ዚ	እ	ኛ	ደ	ላ	ሥ	ብ
ደ	ች	ጎ	ጥ	ሚ	ለ	ቶ	ፎ	ካ	ዕ	ቃ	ጬ	ኞ	ስ	ዘ	ለ
ማ	ዝ	ድ	ቦ	ዘ	ብ	ት	ባ	ባ	ላ	ቃ	ቤ	ች	ች	ኩ	ሥ
ፍ	ሬ	ዝ	እ	ዳ	ዳ	ድ	ጉ	ዝ	ፕ	ዎ	ስ	ክ	ረ	ም	ት
ታ	ና	ቲ	ማ	ቲ	ም	ጥ	ሚ	መ	ጎ	ር	ባ	ፎ	ቦ	ቅ	ራ
ካ	ለ	ዞ	ች	ቅ	ስ	ራ	ች	ወ	ጥ	ና	ረ	ሃ	ብ	ባ	እ
ክ	መ	ቃ	ድ	ል	ለ	ል	አ	ላ	ሚ	ፕ	ኛ	ቅ	ሰ	ላ	ባ
ሹ	ግ	ል	ሴ	ክ	ጀ	ዳ	ብ	ሚ	ብ	ክ	ዞ	እ	ተ	ፍ	እ
ም	ግ	ብ	ዶ	ሮ	ጥ	ች	ዎ	ታ	ዋ	ጨ	ቦ	ግ	ቤ	ኛ	ታ

ዶሮ
ልጆች
እራት
ቤተሰብ
ምግብ
ፎርክ
ጓደኞች
ፍሬ
ጨዋታዎች
አቃጠለ
ትኩስ
ረሃብ
ጬቤ
ሙዚቃ
ሰላጣ
ጨው
ወጥ
ክረምት
ቲማቲም
አትክልቶች

69 - Chocolate

ፀ	ን	ን	ዎ	ከ	ረ	ሜ	ላ	ድ	ሴ	ን	ካ	ራ	ሜ	ል	የ
ረ	እ	ጨ	ል	ታ	ዝ	ላ	ጉ	ቦ	ደ	ን	ለ	ለ	ሚ	ፍ	ቅ
ባ	ቃ	መ	የ	የ	ባ	ካ	ን	ሴ	ጉ	ባ	ጎ	ግ	ላ	ፕ	ብ
ክ	ቅ	ጉ	ዘ	ኛ	ክ	ሸ	ካ	ጎ	መ	ራ	ራ	ዞ	ሥ	ም	ጠ
ቴ	ጣ	ኛ	ባ	ዞ	ኒ	ሎ	ቾ	ኦ	ዕ	ቾ	ጥ	ሥ	ቾ	ባ	ት
ሪ	ፋ	ካ	ቦ	ሹ	ቅ	ር	ዝ	ስ	ዋ	ቃ	መ	ዓ	ዛ	ሸ	ማ
ያ	ጭ	ሎ	አ	ጣ	ና	ቶ	ቃ	ል	ግ	ባ	ላ	ራ	ብ	ስ	ዋ
ቅ	ና	ሪ	ጅ	ድ	ዕ	ሥ	ዱ	ዎ	ፕ	ብ	የ	ቅ	ዞ	ጥ	ዞ
ካ	ድ	እ	እ	ፕ	ስ	ም	ቄ	ብ	ሹ	ኛ	ና	መ	ሥ	ብ	ቾ
ሸ	ዕ	ሴ	ጅ	ጥ	ኳ	ደ	ት	ሴ	ል	ፎ	ሴ	ሱ	ላ	የ	ዳ
ማ	ብ	ፕ	ጥ	ኮ	ር	ቆ	ም	ሴ	ዕ	መ	የ	ባ	ሴ	ግ	ሸ
ት	ኤ	መ	ራ	ኮ	እ	ክ	ዞ	ሹ	ን	ሸ	ታ	ድ	ራ	ቆ	ጥ
ቦ	ል	ክ	ት	ና	ዕ	ብ	ን	ጎ	ሹ	ደ	ና	እ	ግ	ቆ	ዞ
ፕ	ሸ	ቆ	ሶ	ት	ደ	ቆ	እ	ፍ	ጨ	ካ	ፍ	ል	ዞ	ጨ	ባ
ሚ	መ	ፎ	ቾ	ቲ	ለ	እ	ብ	ል	ዎ	ቦ	ታ	ሸ	ጥ	ኛ	ጅ
ተ	ወ	ዳ	ጅ	ጎ	ክ	መ	ድ	ዎ	ለ	ቦ	ቃ	እ	ኛ	ት	ራ

ፀረ-ባክቴሪያ
መዓዛ
መራራ
ካካኦ
ካሎሪ
ከረሜላ
ካራሜል
ኮኮናት
ጣፋጭ
ኤክሶቲክ
ተወዳጅ
ጣዕም
የቅብጠት
ኦቾሎኒ
ዱቄት
ጥራት
ስኳር
ቅመሱ

70 - Vegetables

ጎ	ጎ	ካ	ቅ	ዕ	ዘ	ደ	ታ	ደ	ዞ	ሚ	ፎ	ሚ	ዎ	ደ	ስ
የ	ካ	ል	ካ	ት	ዘ	ራ	ቆ	ር	ኒ	ጥ	ር	ኛ	ታ	ሸ	ት
ቅ	ሚ	ባ	ቶ	ሻ	ነ	ጭ	ሸ	ን	ኩ	ር	ት	ዝ	ዞ	ጅ	ግ
ማ	ቦ	ቃ	ጅ	ሚ	ሎ	ጅ	ሴ	ጅ	ዝ	ተ	ማ	ዞ	ች	እ	ት
ደ	ሰ	ል	ቅ	ካ	ሹ	ት	ሪ	ሹ	ት	አ	ብ	ክ	ዝ	ድ	ጨ
ማ	ዕ	ላ	ለ	ጎ	ሴ	ፕ	ሊ	ደ	የ	መ	ሪ	ፎ	ን	መ	ለ
ቲ	ል	ቁ	ጣ	ፕ	ል	ጨ	ሴ	ስ	ላ	ዘ	ያ	ዞ	ጅ	አ	ካ
ማ	ዘ	ን	መ	ጎ	ባ	በ	አ	አ	ር	ቲ	ኮ	ክ	ብ	አ	ታ
ቲ	መ	እ	ዕ	ለ	ስ	ራ	ካ	የ	መ	ፓ	ዕ	ካ	ል	ዱ	ባ
ም	እ	ጎ	ቃ	ት	ሴ	ቃ	ጨ	እ	ክ	ጨ	ግ	ል	ካ	ቶ	ግ
ጎ	ሥ	ቅ	ል	ግ	ሸ	ች	ሸ	ን	ኩ	ር	ት	መ	ዳ	አ	ች
መ	የ	ራ	ፕ	ግ	ስ	ጅ	ጉ	ለ	ም	መ	ም	ና	እ	ካ	ዳ
ን	ፕ	ዲ	ፎ	ል	ቅ	ሴ	ጎ	ቅ	ቶ	ዕ	ጎ	ሴ	ን	ሮ	ታ
ቶ	ቃ	ሸ	ፍ	ኛ	ሸ	ና	ር	ጥ	ግ	ራ	ዕ	ቆ	ጉ	ት	ፎ
ባ	ባ	ኛ	ር	ጥ	ላ	ጎ	ብ	ባ	ፎ	ፍ	ቅ	ፎ	ዳ	ሚ	ደ
ሥ	ር	ዋ	ት	ስ	ቃ	ፕ	ወ	ይ	ራ	ራ	ሸ	ፕ	ይ	ክ	ግ

አርቲኮክ
አበባ ጎመን
ካሮት
ሴሊሪ
ዝኩኒ
እንቁላል
ነጭ ሽንኩርት
ዝንጅብል
እንጉዳይ
ወይራ
ሽንኩርት
ፓርስሊ
አተር
ዱባ
ራዲሽ
ሰላጣ
ሻሎት
ጎመን
ቲማቲም
ማብሪያ

71 - The Media

ቶ	ጥ	ኛ	ዞ	ጋ	ራ	ዲ	ዮ	ኀ	ዎ	ኛ	ባ	የ	ባ	በ	ሥ
ቾ	ታ	ጉ	ዳ	ጅ	ዜ	ባ	ደ	ላ	ም	ኛ	ቆ	ላ	ሚ	መ	ዘ
ቆ	ም	ለ	ግ	ሽ	ሚ	ጦ	ጉ	ቾ	ዎ	ያ	ቂ	ወ	ታ	ስ	ማ
ዳ	ኛ	ና	ዳ	ዊ	ጨ	ቦ	ቾ	ቶ	ከ	ካ	ለ	መ	አ	መ	ታ
ዞ	ዋ	ጥ	አ	ባ	ካ	ቾ	ዳ	ሔ	ጉ	ጅ	መ	ጥ	ፕ	ር	ፎ
ዞ	ፎ	እ	ቦ	ዝ	ዘ	ደ	ጉ	ጽ	ደ	ኛ	ፕ	ዕ	ዳ	ላ	ዎ
ሹ	ዞ	ት	ር	ህ	ም	ት	ዲ	መ	ዘ	ደ	ኛ	እ	ኛ	ይ	ጥ
ፕ	ፍ	ም	ስ	ደ	ጨ	መ	ግ	ጂ	ቶ	ር	ሥ	ፎ	ግ	ራ	ብ
ቾ	ጋ	ለ	ዋ	ጅ	ብ	ረ	መ	ረ	ታ	ው	አ	ኛ	ደ	ኛ	ቶ
ደ	ድ	ዋ	ጉ	ን	ራ	ማ	ፍ	ማ	ባ	ል	ድ	ጥ	ቦ	ዝ	ፍ
ግ	ብ	ሚ	ም	ካ	ቦ	ስ	ኀ	ቅ	ል	ግ	ኢ	የ	ሥ	ጅ	ፕ
ል	ዘ	ድ	ደ	ሁ	አ	መ	ለ	ቾ	እ	ለ	ን	አ	ታ	አ	ግ
የ	ን	ግ	ድ	ቅ	ር	ም	ስ	ሎ	ቾ	ሰ	ዱ	ካ	ድ	ክ	ሚ
ራ	ገ	የ	ቾ	ጨ	ራ	ጉ	ዘ	ጉ	ጥ	ብ	ስ	ባ	ጅ	ም	ጅ
ግ	የ	ቃ	ኛ	ካ	ራ	ማ	ዕ	ጉ	ባ	ን	ት	ቢ	ፎ	ል	ጨ
መ	ግ	ባ	ባ	ት	የ	ያ	ተ	ስ	አ	ስ	ሪ	ል	ሥ	ፕ	እ

ማስታወቂያዎች
አመለካከቶች
የንግድ
መግባባት
ዲጂታል
እትም
ትምህርት
የገንዘብ ድጋፍ
ምስሎች
ግለሰብ

ኢንዱስትሪ
ምሁር
የአካባቢ
መጽሔቶች
አውታረ መረብ
ጋዜጦች
በመስመር ላይ
አስተያየት
ህዝባዊ
ራዲዮ

72 - Boats

ዋ	ሸ	ቡ	ድ	ቆ	ቶ	እ	ደ	ታ	እ	ደ	ፎ	ጅ	ዕ	ቦ	እ
ላ	ጉ	ይ	እ	ዎ	ክ	እ	ታ	ፍ	ብ	ቆ	ዳ	ክ	ሚ	ቶ	ደ
ን	ዕ	ሹ	ዳ	ት	ቲ	ሪ	ታ	ዘ	ጨ	መ	ጅ	ዘ	ዎ	ሥ	ዕ
ጅ	ሸ	ላ	ካ	ባ	ና	ር	ው	ክ	ፎ	ለ	ዎ	ታ	ጉ	ብ	ም
ሳ	ይ	ል	ቦ	ት	አ	ል	ዞ	ና	ኳ	ብ	ና	ዘ	ኛ	ካ	ሸ
ዎ	ኛ	በ	ከ	ር	መ	ስ	ቅ	ጅ	ን	ክ	ሹ	ዳ	ላ	ራ	ኛ
አ	ዘ	ዕ	ጉ	ሴ	የ	ሥ	ጨ	ም	ታ	ወ	ፎ	ጨ	ዕ	ቆ	ላ
ኛ	ሸ	ማ	ዕ	ር	ፕ	ል	ዋ	ካ	ያ	ክ	ን	ቶ	ድ	ና	ዝ
ና	ፎ	ል	ባ	ዞ	የ	ባ	ዝ	ድ	ፊ	ገ	ጀ	ዝ	ባ	ጉ	መ
ት	ቆ	ል	ል	ዋ	ማ	ኛ	ዘ	ሞ	ፈ	መ	ል	ፍ	ስ	መ	ል
ማ	ዶ	ክ	ች	ማ	ካ	ራ	ፕ	ገ	ሳ	ድ	ባ	ላ	ባ	ስ	ህ
ው	ክ	ፕ	ደ	ዕ	ሥ	ጥ	ሹ	ድ	ን	ታ	አ	ጉ	ታ	ስ	ቅ
ዋ	ቅ	ብ	ን	ራ	ጥ	ባ	ስ	ር	መ	ስ	ሴ	ስ	ዋ	ካ	ኀ
መ	ይ	ያ	ብ	ታ	ዎ	ር	ጅ	ሴ	ብ	ጉ	ላ	ለ	ቦ	ማ	ስ
የ	ሐ	ም	ኖ	ሞ	ተ	ር	ላ	ቶ	ባ	ሕ	ር	ዎ	ዳ	ራ	እ
ባ	ር	ቅ	ት	ስ	ማ	ባ	ድ	ቅ	ቦ	ቃ	ር	ቶ	ር	ቅ	ሴ

መልህቅ
ቡይ
ደንብ
ክሪው
ዶክ
ሞተር
ካያክ
ሐይቅ
ማስት
ናቲክ
ውቅያኖስ
መንሳፈፊያ ታንኳ
ወንዝ
ገመድ
ሳይልቦት
መርከበኛ
ባሕር
ማዕበል
ሞገድ
ጀልባ

73 - Driving

ጎ	ሞ	ብ	ር	ጉ	ዳ	ጎ	ግ	ሥ	ቶ	ስ	ሹ	ቆ	ፍ	ሹ	ን
ዳ	ተ	ሹ	ሬ	ሴ	ማ	ደ	ቅ	ሞ	ተ	ር	ሳ	ይ	ክ	ል	ፈ
ና	ር	ፌ	ዕ	ክ	ና	ፎ	ፎ	ጎ	ስ	ቃ	የ	ቦ	ብ	ት	ቃ
ቦ	ቃ	ር	ደ	እ	ድ	ፍ	ጥ	ነ	ት	ሴ	ቦ	ሹ	ጅ	ጎ	ድ
ዕ	ጋ	ራ	ጅ	ህ	ገ	ጥ	ክ	ዘ	እ	ግ	ረ	ኛ	ዘ	ጎ	ች
ዕ	እ	ደ	ዎ	የ	ን	ስ	ፊ	ቅ	መ	ለ	ት	ሚ	ደ	ዎ	ዘ
ጉ	ፖ	ቶ	ል	ጭ	መ	ነ	ራ	ጅ	ታ	ኛ	ሹ	ች	ለ	ሹ	ና
ካ	ሊ	እ	ሹ	ነ	ማ	አ	ት	ጅ	ቃ	ቶ	ቃ	ል	ን	ላ	መ
ብ	ስ	ጋ	ዝ	ት	ፕ	ጎ	ካ	ቦ	ል	ዝ	ድ	ጅ	ዝ	ጉ	ዕ
ዎ	ካ	ደ	ዋ	መ	ካ	ዘ	እ	ዕ	ጅ	ፎ	ራ	ስ	ካ	ሥ	ን
ዋ	የ	አ	ካ	ኪ	ብ	ክ	ድ	ር	ራ	ካ	ታ	ዎ	ር	ሴ	ጉ
ሹ	ድ	ባ	ማ	ና	ዕ	ሚ	ሴ	ት	ሚ	ነ	ዳ	ጅ	ታ	ካ	ር
ብ	ሴ	ት	ፕ	ድ	ል	ቦ	ሴ	ድ	ቃ	ሴ	ሥ	ደ	ደ	ን	ማ
መ	ን	ደ	ፕ	ዞ	ፕ	እ	ች	ጅ	ድ	ች	አ	ች	ዕ	ፕ	አ
የ	ኪ	ካ	አ	እ	ካ	ቶ	ጨ	ሹ	ግ	ቆ	ራ	ፍ	ል	ጉ	ካ
ሥ	ላ	ና	ኛ	ዕ	ቃ	ዕ	ቅ	ታ	ጨ	ሹ	ብ	የ	ሹ	ቃ	ን

ብሬክ
መኪና
አደጋ
ሹፌር
ነዳጅ
ጋራጅ
ጋዝ
ፈቃድ
ካርታ
ሞተር
ሞተርሳይክል
እግረኛ
ፖሊስ
መንገድ
ደህንነት
ፍጥነት
ጎዳና
ትራፊክ
የጭነት መኪና
ቦይ

74 - Biology

የ	ፍ	ሴ	ፕ	ጅ	ር	ብ	ሴ	ማ	ዕ	ፎ	ኛ	ክ	ን	ክ	ላ
ዝ	ግ	ደ	ክ	ጉ	ፍ	ባ	ፎ	ታ	ጅ	ሥ	ላ	ዕ	መ	ራ	ቃ
ፍ	ግ	ተ	አ	ና	ቶ	ሚ	ክ	ጎ	ላ	ፍ	አ	ም	ሥ	ባ	ለ
ል	ን	ዝ	ፈ	ሹ	ሸ	ቅ	ጥ	ቴ	ጥ	አ	ሚ	ዋ	ዘ	ክ	ማ
ራ	ል	ና	ር	ጥ	ል	መ	ረ	ዘ	ሪ	ቶ	ዘ	ቶ	ሸ	ላ	ፕ
ብ	ራ	የ	ታ	መ	ሯ	ች	አ	ተ	ል	ያ	ራ	ጉ	ሥ	ላ	የ
ስ	ደ	ስ	ሹ	ለ	ክ	ዊ	ጥ	ሳ	ቆ	ች	ች	ራ	ጎ	ሴ	ጨ
ት	ሚ	ት	ም	ወ	ፎ	ቆ	ቢ	ቢ	ሴ	የ	ዎ	ስ	ስ	ዕ	ዕ
ን	ገ	ቭ	ቦ	ጥ	ን	ና	እ	እ	ል	ቶ	ስ	ዘ	እ	ፓ	ኛ
ሲ	ሆ	ር	ን	ቲ	ሮ	ፕ	ን	ን	ደ	ት	ካ	ሴ	ቶ	ቶ	ሹ
ም	ዕ	ነ	ስ	ዘ	ው	ስ	ስ	ስ	ፕ	ና	ሲ	ል	ግ	ጂ	አ
ቦ	ጨ	ዘ	ጎ	ን	ኒ	ዘ	ሳ	ሳ	ፕ	ደ	ም	ይ	ዛ	ን	ኢ
ሲ	ፎ	ቶ	ሲ	ን	ተ	ሲ	ስ	ት	ሥ	ጥ	ለ	ጉ	ፕ	ጅ	ክ
ስ	ኛ	ቅ	ራ	ድ	እ	ጅ	ዳ	ፕ	ቶ	ጨ	ሸ	ስ	መ	ላ	ጅ
ካ	ቅ	ር	ክ	ት	ዋ	ች	ጥ	ማ	ኛ	ብ	ሸ	ቶ	ዎ	ኮ	ጎ
ጨ	ደ	ቶ	ዘ	ቶ	ቅ	ላ	ደ	ሚ	ስ	ጅ	የ	ች	ል	ሚ	ና

አናቶሚ
ባክቴሪያ
ሴል
ዘረመል
ኮላጅን
ሽል
ኢንዛይም
ሆርን
አጥቢ እንስሳ
መለወጥ
ተፈጥሯዊ
ነርቭ
ኒውሮን
ስርገት
ፓቶጂን
ፎቶሲንተሲስ
ፕሮቲን
ተሳቢ እንስሳት
ሲምቦሲስ
ሲናፕስ

75 - Professions #2

ዞ	ሎ	ጂ	ስ	ት	ድ	ጬ	ዞ	ቤ	ም	ዐ	ዝ	ሚ	ስ	ጅ	ጉ
ቃ	ቆ	አ	ብ	ራ	ሪ	ቦ	ዳ	ጉ	ተ	ታ	አ	አ	ቆ	ፎ	ጬ
መ	ግ	ጅ	ሹ	ጬ	ብ	ፎ	ፍ	ለ	ጉ	መ	ቶ	ድ	ደ	ጅ	ግ
ድ	ስ	ባ	ፎ	ድ	ፎ	ቃ	ፎ	ማ	ሰ	ም	ጸ	ች	ቅ	ዝ	ጋ
ሸ	ድ	ም	ኛ	ዘ	ፕ	ሸ	ን	ዐ	ዓ	ጥ	ጥ	ሕ	መ	እ	ዜ
ዳ	ጥ	ኪ	ኪ	ሥ	ለ	የ	ሚ	ታ	ሊ	ቶ	ስ	ን	ፍ	ስ	ጠ
ጬ	ል	ሐ	ፎ	ሐ	ት	ጠ	ቅ	ጬ	ግ	ች	ላ	ፋ	ፈ	ት	ኛ
መ	ቶ	ር	ቶ	ሴ	ስ	ፈ	ጎ	ስ	ብ	ል	ና	ስ	ቆ	ጣ	ጅ
ም	መ	ጎ	ግ	የ	ጂ	ር	ነ	ጂ	ን	ኢ	ገ	ላ	ጭ	ቀ	ሪ
ህ	ር	ጎ	ራ	ን	ሎ	ተ	ጥ	ደ	ል	ዐ	ቃ	ፈ	ታ	ዶ	ቋ
ር	ማ	ዝ	ፍ	ፎ	ዮ	መ	ፕ	የ	ዞ	ጬ	ዘ	ሹ	ዐ	ጥ	ን
ለ	ሪ	ጅ	አ	ሸ	ባ	ራ	ላ	አ	ት	ክ	ል	ተ	ኛ	ገ	ቋ
ዳ	ላ	ካ	ን	ታ	ብ	ማ	ሥ	ሥ	ጅ	ጉ	ገ	በ	ሬ	ና	ተ
ጎ	ፕ	ሥ	ሺ	ክ	ፕ	ሪ	ኛ	ዎ	ን	ብ	እ	ሚ	ማ	ቃ	ና
ት	ኛ	ጎ	ባ	ደ	ብ	ዎ	ቆ	ቦ	ል	ለ	ል	ማ	ት	ግ	ጋ
ል	ቆ	ጅ	ቦ	ና	ፎ	ቅ	ላ	ፎ	ድ	ጅ	ካ	ጬ	ና	ክ	ሪ

የጠፈር ተመራማሪ
ባዮሎጂስት
የጥርስ ሐኪም
መርማሪ
ኢንጂነር
ገበሬ
አትክልተኛ
ገላጭ
ፈጣሪ
ጋዜጠኛ
ቤተ መጻሕፍት
ቋንቋ ተናጋሪ
ሰዓሊ
ፈላስፋ
ፎቶግራፍ አንሺ
ሐኪም
አብራሪ
ቀዶ ጥገና
መምህር
ዞሎጂስት

76 - Mythology

ካ	ታ	ዎ	አ	ጎ	ት	ዕ	ሴ	ቦ	ሴ	ቆ	ግ	ክ	ፕ	ባ	ል
ደ	ም	ፍ	ዋ	ራ	ጋ	ዕ	ላ	ጉ	ቦ	ላ	መ	መ	ች	ቆ	ብ
ዋ	ክ	ባ	ካ	ታ	ጥ	ደ	ዘ	ላ	ሥ	ስ	አ	ች	ት	ዋ	ፎ
እ	ም	ነ	ት	ክ	ል	ማ	አ	ቢ	ጥ	ብ	ታ	ሪ	ክ	ዞ	ዎ
ዞ	ራ	ጥ	ነ	ጀ	ቀ	ር	ስ	ሪ	ች	ፎ	ጅ	ዝ	ፍ	ባ	ን
ሴ	ጨ	ዝ	ገ	ግ	በ	ጡ	ደ	ን	ዳ	ድ	ማ	ሥ	ቅ	ጨ	ም
ላ	ፎ	ር	ባ	ና	ፎ	ፍ	ሟ	ት	ና	ቅ	ች	ክ	ሹ	ራ	ባ
ብ	ቃ	ፍ	ኢ	ላ	ቅ	ጥ	ች	ማ	መ	ቶ	ስ	ፎ	ላ	ላ	እ
ጅ	ዘ	ስ	ሞ	ት	ፎ	ረ	ሴ	ድ	ን	ዋ	ር	ዕ	ታ	ታ	ት
ጭ	ጨ	ጥ	ራ	እ	ሸ	ት	ብ	ል	ሸ	ብ	ስ	ዳ	ዳ	ሴ	ባ
ባ	ራ	ዘ	ላ	ን	ዋ	ሚ	ፕ	መ	ሹ	ድ	ፍ	ግ	ዞ	ፎ	ህ
ች	ዋ	ቅ	ዊ	ካ	ች	ም	ዋ	ም	የ	ነ	ጎ	ድ	ጓ	ድ	ሪ
ራ	ክ	ዕ	ነ	ባ	አ	ባ	ህ	ል	ቅ	ሸ	ም	ተ	ብ	የ	ጥ
ራ	ር	ጎ	ት	ድ	ሸ	ካ	ጥ	ል	የ	ድ	ሴ	ዋ	ቅ	ና	ን
ሸ	ና	አ	ፍ	ዋ	ድ	ግ	ር	ር	ሚ	ሴ	ቆ	ጊ	ላ	ካ	ካ
ቃ	ዘ	ፕ	የ	ግ	ደ	ድ	መ	ቅ	ም	ቶ	ል	ለ	ሸ	ግ	ሬ

ባህሪ
እምነት
ፍጥረት
ፍጡር
ባህል
አማልክት
አደጋ
ገነት
ጀግና
ኢሞራላዊነት
ቅናት
ላቢሪንት
ታሪክ
መብረቅ
ጭራቅ
ሟች
በቀል
ጥንካሬ
ነጎድጓድ
ተዋጊ

77 - Agronomy

ዝ	ፎ	ዎ	ጉ	ጅ	ቅ	ቶ	ዘ	ድ	ጅ	ጉ	ዋ	ፎ	ደ	ዕ	ሥ
ማ	ና	የ	ዋ	ድ	ፍ	ማ	ር	ታ	ሚ	ቅ	እ	ማ	ዕ	ፍ	ች
ቅ	ዘ	ቦ	ብ	አ	ስ	ዝ	ላ	ዘ	ዝ	ቦ	ቆ	ዎ	ኛ	ዙ	ም
ል	ዋ	ጨ	ግ	ቅ	ቅ	ኛ	ቃ	ታ	ላ	ም	ስ	እ	ቶ	ግ	ቦ
ቦ	ዎ	ድ	ቆ	ሴ	ስ	ዝ	ሥ	እ	ል	ና	ዙ	ካ	ዋ	ሥ	ደ
ቦ	ት	ቆ	ጨ	ዘ	ሮ	ች	ቆ	ጥ	ሴ	ጅ	እ	ም	ዋ	ጅ	ና
ሸ	ለ	ጎ	ላ	ብ	ራ	ለ	ዳ	እ	ጥ	ሹ	ን	ዋ	ፍ	ፕ	ቦ
አ	ክ	ክ	ራ	ባ	ን	መ	ማ	ዋ	ታ	ቃ	ድ	ፍ	ፕ	ዋ	ን
ድ	ብ	ኒ	ሹ	ጉ	ና	ለ	ዳ	ዳ	ጅ	ው	ዕ	ቅ	ጨ	በ	ም
ካ	ሥ	ጅ	ጋ	ቢ	ባ	ካ	አ	ና	በ	ሃ	ፎ	ዘ	ክ	ሸ	ክ
ብ	ት	መ	ሸ	ር	ሸ	ር	ት	ብ	ዝ	ሪ	ዘ	ት	የ	ታ	ጥ
ግ	ዋ	ክ	ሳ	ጠ	ኦ	ር	ክ	ዳ	አ	ና	ያ	ቶ	ዘ	ዎ	ባ
ም	ለ	ጥ	ይ	ገ	ደ	ፍ	ል	ይ	ኃ	ኢ	ኮ	ሎ	ጂ	ች	ና
ሻ	ር	እ	ን	ሥ	ዙ	ፕ	ቶ	ጎ	ና	ቆ	ጥ	ካ	ራ	ፍ	ሚ
ጨ	ዋ	ት	ስ	ባ	ሸ	ጅ	ች	ሎ	ክ	ተ	ና	ር	ብ	ግ	ዙ
ዝ	ሴ	ል	ር	ቶ	ን	ክ	ላ	ባ	ዳ	የ	ት	ገ	ድ	እ	ዎ

ግብርና
በሽታዎች
ኢኮሎጂ
ኃይል
አካባቢ
መሸርሸር
እርሻ
ማዳበሪያ
ምግብ
እድገት
ኦርጋኒክ
ተክሎች
ብክለት
ምርት
ገጠር
ሳይንስ
ዘሮች
ጥናት
አትክልቶች
ውሃ

78 - Hair Types

ን	ር	ስ	ሴ	ብ	ቅ	ዎ	ዕ	ና	የ	ስ	ራ	ላ	ባ	ፎ	ስ
ሥ	ፎ	ዘ	ዘ	ሎ	ዞ	ባ	ኛ	ሚ	ዞ	ሸ	ላ	ፕ	ፕ	ጅ	ለ
ስ	ጅ	ዞ	ዝ	ን	ፍ	ማ	ግ	ጉ	ፍ	ቅ	ዳ	ደ	ጩ	ብ	ቆ
ጥ	ም	ቃ	ር	ድ	ቅ	ዕ	ወ	ፍ	ዘ	ቅ	ፍ	ል	ረ	ሚ	ጥ
መ	ፕ	ዳ	ም	ፍ	ል	የ	ፍ	እ	ጥ	ቆ	ቅ	ፕ	ራ	ቅ	ፍ
ሰ	ል	ፍ	ነ	ጭ	ፍ	የ	ራ	ሥ	ቁ	ቆ	ሥ	ታ	ስ	ዎ	የ
ዝ	ጉ	ል	ሴ	ረ	ጅ	ም	ም	ሊ	ር	ከ	መ	ላ	ጣ	መ	ዎ
ቃ	ሚ	ባ	ክ	ታ	ለ	ፕ	ጩ	ዳ	ጭ	ም	ቶ	ደ	ቆ	አ	ቆ
ታ	ቃ	ሸ	ድ	ማ	ፕ	ጩ	ፍ	ም	አ	ለ	መ	ስ	ካ	ስ	ፕ
ግ	ጥ	ላ	ር	ቦ	ም	ባ	ቆ	ፍ	ሴ	ቀ	ስ	ል	ር	ከ	ሸ
ራ	ቀ	ጭ	ን	ቡ	ላ	ፍ	አ	ና	ሸ	እ	ብ	ላ	ር	ቦ	ል
ጫ	መ	ሹ	ላ	ና	ላ	ሴ	ሹ	ክ	ዕ	ጥ	ር	ስ	ሳ	ል	ፕ
ዳ	ቆ	እ	ቅ	ማ	ጉ	ሥ	ሴ	ብ	ቦ	ለ	ና	ለ	ለ	ኅ	ደ
ዞ	ዞ	ሹ	ብ	ና	ካ	ዝ	ታ	ቦ	ደ	መ	ፍ	እ	አ	ና	ቆ
ቃ	አ	ር	ሩ	ጤ	ል	ብ	ዳ	ብ	አ	ሹ	ዎ	ኅ	አ	ና	ለ
መ	ባ	ቂ	ራ	ባ	ጸ	ን	አ	ኅ	ላ	ማ	ቃ	ግ	ራ	ጉ	ባ

መላጣ
ጥቁር
ብሎንድ
ሹሩባ
ቡናማ
ቀለም
ከርልስ
ከርሊ
ደረቅ
ግራጫ
ጤናማ
ረጅም
አንጸባራቂ
አጭር
ብር
ለስላሳ
ወፍራም
ቀጭን
ሰልፍ
ነጭ

79 - Garden

ና ሣ ር ካ ሥ ጉ ዝ ብ ለ ጥ መ ዶ ሻ ጅ ፕ ባ
ም ር ጥ አ ድ ን ሥ ቶ ሀ ጥ ና ሴ የ ግ ም ጎ
ሴ ቅ ዘ ን ዳ ሚ ዳ ን ረ በ ዝ ሸ ማ ሴ ቆ ሹ
ጥ ብ አ ፈ ር የ ን ላ ግ ቡ ታ ዙ ም ዝ ዳ ጅ
ፕ ቆ ር ግ ክ አ አ ማ ኛ ድ ሸ ላ ኛ ዙ ን ቶ
መ ቧ ጠ ጬ ን እ ክ በ ደ ብ ል ራ ጨ ቶ ይ ቅ
ቅ መ ጉ አ እ ዙ ዳ ቃ ባ ጉ ግ ድ ማ ጥ ላ ዐ
ቶ ቅ መ ር ሥ ቦ ል ፍ ራ ቆ ጎ ቶ የ ና ፖ ቅ
ጎ ቃ ዘ ዳ ጨ ሚ ካ የ ታ ዘ ቃ ፎ እ ጎ ም ና
ሴ መ ሥ ታ ም ዳ ር አ ዳ ባ ቶ ፎ ዳ ጋ ራ ጅ
ማ ዕ አ ቆ ር ጥ ት ት ኩ እ ር ከ ን ቅ ት ቶ
አ ዋ እ ባ ዙ ሹ ቦ ክ ጨ ሬ ት ድ ቦ ና ፎ ቃ
አ ጨ ጥ አ ሴ ጨ ድ ል ጥ ም ስ ታ ቃ ኛ ሥ ዘ
ቅ ታ ታ ካ ዋ ደ ቆ ት ዛ ፍ ግ ሸ ጅ ል አ ር
ቅ ቶ ድ ፋ ዋ ዎ ት ቦ ቱ ታ ሹ እ ዋ ሚ ሥ ቃ
ጉ አ ማ ጥ ት ዕ ና ታ ጨ ግ ጥ ቅ ባ ቃ ም ዘ

ቡሽ
አጥር
አበባ
ጋራጅ
የአትክልት ቦታ
ሣር
መደሻ
ቱቦ
ኩሬ
በረንዳ
መቧጠጫ
አካፋ
አፈር
እርከን
ትራምፖላይን
ዛፍ
ሀረግ
እንክርዳድ

80 - Diplomacy

እ	ደ	ጎ	ቃ	ማ	መ	ች	ራ	ኛ	ብ	ዜ	ስ	ም	ም	ነ	ት
ሹ	ህ	ን	ደ	ጥ	ፎ	ፍ	ጊ	ራ	ድ	አ	ጎ	በ	የ	ዎ	ጎ
ራ	ን	የ	ን	ዘ	ባ	ደ	ት	ይ	ይ	ው	ዕ	ች	ኤ	ቃ	ቦ
ፎ	ነ	ሪ	ካ	ማ	አ	ሥ	ጉ	ሄ	ፕ	ዳ	ሥ	ሥ	ም	የ	ፎ
ላ	ት	ሽ	አ	ህ	ክ	ነ	ባ	ዕ	ድ	ች	ም	ፎ	ባ	አ	ም
ቃ	ጭ	ዝ	ም	በ	ፕ	ም	ቋ	አ	ሕ	ጹ	ን	ሹ	ሲ	ዕ	ካ
ፕ	ግ	ድ	ባ	ረ	ጨ	ግ	ቃ	ሥ	ች	ቅ	ፍ	ች	ፎ	ለ	ዝ
ው	ሳ	ኔ	ሳ	ሰ	ጨ	ባ	ል	ደ	መ	ዋ	ሹ	መ	ት	ም	ች
ስ	መ	ን	ደ	ብ	ማ	ር	ት	ና	ዕ	ፎ	ደ	ዳ	ጎ	ጎ	ዋ
ጎ	ቶ	ራ	ር	እ	ቆ	ና	ን	ግ	ማ	ች	ዳ	ፖ	ለ	ቲ	ካ
ድ	ባ	ታ	ደ	ዎ	ድ	ች	ዎ	ዘ	ኛ	ዳ	ቅ	ቅ	ህ	ት	ፍ
ቆ	ና	መ	ክ	ዕ	ጨ	ራ	ዞ	ስ	ላ	ስ	ሽ	አ	ጅ	ብ	ሹ
ሲ	ቪ	ክ	ን	አ	ላ	ካ	ሹ	ላ	ቃ	ፍ	ባ	ቦ	ች	ብ	ፕ
ቦ	የ	እ	መ	ግ	ብ	ጉ	ማ	ዕ	ም	ቃ	ሴ	ቦ	ፕ	ር	ካ
ራ	ደ	ሥ	ላ	ቶ	ስ	ል	ም	ቅ	ደ	ኛ	ር	ኛ	ቃ	ዞ	ባ
ማ	ባ	ክ	ቆ	ደ	ቶ	ት	ሽ	ዞ	ዞ	ባ	ድ	ል	ደ	ካ	ዞ

አማካሪ
አምባሳደር
ዜጎች
ሲቪክ
ማህበረሰብ
ግጭት
ትብብር
ውይይት
ኤምባሲ
ሥነ ምግባር

ባዕድ
መንግስት
በጎ አድራጊ
ንጹሕ አቋም
ፍትህ
ፖለቲካ
ውሳኔ
ደህንነት
መፍትሄ
ስምምነት

81 - Countries #1

ቆ	ፖ	ጣ	ጅ	ዝ	ቃ	ጨ	ም	ደ	ብ	ባ	ፕ	ዐ	ሥ	ፕ	ፍ
ቅ	ቅ	ላ	ሊ	ዘ	ን	ፕ	ፎ	አ	ማ	ና	የ	ዳ	ዳ	ማ	ደ
ዐ	ፍ	ጥ	ን	ያ	ቪ	ቲ	ላ	ዌ	ቦ	ክ	መ	ዝ	ዝ	ሴ	ዐ
ፕ	ጀ	ቪ	ፔ	ድ	ን	ራ	ጨ	ዙ	ብ	ጥ	ኒ	ካ	ራ	ጓ	ዋ
ቃ	ር	ት	ስ	ሊ	ፊ	ኒ	ላ	ን	ድ	ለ	ና	ታ	ሚ	ጎ	ካ
ታ	መ	ና	ሥ	ቢ	ማ	ዘ	ል	ቬ	ዋ	ት	ሹ	ሴ	ዝ	እ	ሸ
ሴ	ን	ም	ጅ	ያ	ዝ	ሥ	ቅ	ሹ	ቆ	ሮ	የ	ሸ	ግ	ብ	ፀ
ና	ኔ	ዐ	ዘ	መ	ሹ	ዘ	ች	ም	ዳ	ማ	ል	ፎ	ጨ	ሴ	ል
ቶ	ሥ	ጋ	ኖ	ር	ዌ	ይ	ፎ	ብ	የ	ኒ	ች	ግ	ሴ	ስ	መ
ድ	ዐ	ካ	ል	ኤ	ራ	ስ	እ	ፍ	ና	ያ	ሸ	ቅ	ግ	ባ	ና
ች	ዘ	ዎ	ባ	ቆ	ቦ	ካ	ማ	ብ	ጥ	ቦ	ቆ	ል	ና	ላ	ቶ
ለ	ራ	ለ	ደ	ሸ	ች	ላ	ብ	ራ	ል	ዘ	ቆ	ዐ	ዘ	ዳ	ድ
ታ	ሥ	ታ	ዎ	ሚ	የ	ለ	ቆ	ዚ	ዐ	ደ	ራ	ሚ	ፓ	ላ	ታ
አ	ቶ	ን	ካ	ና	ዳ	መ	ና	ል	ኛ	ጎ	ስ	ቆ	ና	ሞ	እ
ዋ	ጉ	ፎ	ብ	ዘ	ለ	ጎ	ታ	ን	ዘ	ቃ	ጉ	ቅ	ማ	ሮ	ታ
ኢ	ራ	ቅ	አ	ጉ	እ	ሥ	ካ	ለ	ጎ	ካ	ለ	ሥ	ቅ	ኮ	ቃ

ብራዚል
ካናዳ
ግብፅ
ፊኒላንድ
ጀርመን
ኢራቅ
እስራኤል
ጣሊያን
ላቲቪያ
ሊቢያ
ሞሮኮ
ኒካራጓ
ኖርዌይ
ፓናማ
ፖላንድ
ሮማኒያ
ሴኔጋል
ስፔን
ቬንዙዌ
ቪትናም

82 - Adjectives #1

ሚ	አ	ጋ	ዥ	ዘ	ድ	ክ	ስ	ጅ	ደ	ና	ጉ	አ	ሹ	ሚ	ራ
ማ	ቃ	አ	ከ	ን	መ	ኛ	ሽ	ክ	ቃ	ለ	ቃ	ል	ጉ	ዝ	ጥ
ራ	መ	ለ	ባ	ማ	ዕ	ና	ን	ባ	ጎ	ዎ	ጨ	ፎ	ጨ	ለ	ፈ
ኪ	ቅ	ጋ	ድ	ቅ	ካ	ዘ	ዊ	ራ	ባ	ካ	ዳ	ባ	መ	ዎ	ላ
ዋ	ና	ስ	ል	ሚ	የ	ሐ	ታ	ቶ	ት	ዘ	ዝ	ድ	ደ	ዕ	ጊ
ቆ	ን	ጀ	ሥ	ዘ	ር	ቀ	ል	ን	ቶ	ሹ	ሚ	ቅ	ን	ብ	ቶ
ሴ	ካ	ጬ	ና	ዝ	ም	ኛ	ድ	ሥ	ዕ	ለ	ጨ	ሴ	ጥ	ቆ	ቅ
ዋ	ጎ	ዋ	ቀ	ግ	ኛ	ቦ	ዳ	ና	ራ	ጉ	ለ	ማ	በ	ጅ	ደ
ሚ	ች	ግ	ዎ	ቅ	ዘ	ቃ	ድ	ብ	ብ	ች	ማ	ም	ባ	ዳ	ስ
ደ	አ	ስ	ፈ	ላ	ጊ	ማ	ክ	አ	ግ	ፍ	ሹ	ማ	ዊ	ሽ	ሙ
ተ	ስ	ካ	ና	ቦ	ስ	ፕ	ጥ	ሩ	መ	ዓ	ዛ	ያ	ለ	ው	ሉ
ለ	ፎ	ተ	የ	ኛ	ም	ት	ኛ	ጨ	ግ	ኛ	ዕ	ዘ	ዝ	ች	በ
ጣ	እ	ታ	ኛ	ጅ	ላ	መ	ዎ	ዋ	ታ	ዘ	ቦ	ፍ	ን	ፍ	ሙ
ጠ	ት	ዎ	ሥ	ሚ	ብ	ሹ	ለ	ታ	ክ	ራ	ሽ	ር	ና	ች	ሉ
ፈ	ቆ	ዋ	ል	ጥ	ል	ዝ	ዳ	ጎ	ዋ	ጋ	ያ	ለ	ው	ቶ	ዘ
ድ	መ	የ	ግ	ፍ	ቶ	ደ	ም	ሴ	ዕ	ኤ	ክ	ሶ	ቲ	ክ	ሥ

ሙሉ በሙሉ
ፈላጊ
ጥሩ መዓዛ ያለው
ጥበባዊ
ማራኪ
ቆንጆ
ጨለማ
ኤክሶቲክ
ለጋስ
ደስተኛ
ከባድ
አጋዥ
ሐቀኛ
ተለጣጠፈ
አስፈላጊ
ዘመናዊ
ዝግ
ቀጬን
ዋጋ ያለው

83 - Global Warming

ቀ	ው	ስ	ጋ	ድ	ሹ	ኛ	ጥ	ት	ረ	ብ	ን	ር	የ	አ	የ
ዘ	ድ	ዞ	ዝ	ማ	ዎ	የ	ቅ	ኩ	ካ	ዋ	ት	ጎ	ላ	ማ	ቃ
እ	ጎ	ቶ	ዋ	መ	ኛ	ለ	ን	ረ	ች	ጥ	እ	ግ	ዋ	ደ	ማ
እ	ን	ቃ	ቦ	ሹ	ለ	ሸ	ቆ	ት	ጅ	ዘ	ጥ	ዝ	ሹ	ጅ	ዳ
ስ	ላ	ካ	ፍ	ጨ	ባ	ት	ባ	ች	እ	ጥ	ባ	ሴ	ጅ	ማ	ላ
ት	ው	ል	ድ	ዝ	ማ	ሹ	ዋ	ታ	ዞ	ካ	ጉ	ሴ	ቃ	ኛ	ጉ
ዓ	ለ	ም	አ	ቀ	ፍ	አ	ካ	ባ	ቢ	ያ	ዊ	አ	እ	ን	የ
ሹ	ለ	ች	ሥ	ዋ	ብ	ክ	ድ	ዋ	ስ	ሹ	ቦ	ዳ	ቅ	ኛ	ዞ
ቶ	የ	ር	መ	ለ	ና	ወ	ዕ	ድ	ቦ	ታ	ግ	ማ	ሴ	ቆ	ጨ
ች	ለ	ም	ራ	ሴ	ባ	ደ	ስ	የ	ን	ካ	ች	ለ	መ	ቶ	ቦ
ጅ	ት	ስ	ግ	ን	መ	ፊ	ቅ	ጅ	ራ	ጎ	ል	የ	መ	ር	የ
ባ	ም	ቆ	ጎ	ዘ	ዘ	ት	ፕ	ፎ	ዎ	ል	ይ	ማ	ር	ድ	ቦ
አ	ር	ክ	ቲ	ክ	ዞ	ሕ	ግ	ራ	ዕ	ላ	ኃ	ፍ	ት	ኛ	እ
ግ	ጅ	ደ	ና	ድ	ች	ት	ሳ	ይ	ን	ቲ	ስ	ት	አ	ለ	ክ
ኢ	ን	ዱ	ስ	ት	ሪ	ት	ቃ	ሸ	ራ	ዳ	ታ	ሚ	ቆ	ሁ	ማ
ቆ	ክ	ዘ	ቅ	ዳ	ሥ	ዕ	ጅ	እ	ጨ	ዝ	ዋ	ለ	ቃ	ራ	ን

አርክቲክ
ትኩረት
የአየር ንብረት
መዞዞች
ቀውስ
ዳታ
ልማት
ኃይል
አካባቢያዊ
ወደፊት
ጋዝ
ትውልድ
መንግስት
ኢንዱስትሪ
ዓለም አቀፍ
ሕግ
አሁን
ሳይንቲስት

84 - Landscapes

ክ	ጌ	ሸ	ደ	እ	ግ	ፕ	ል	ሥ	ላ	አ	ረ	ግ	ረ	ጋ	ማ
ዞ	ይ	ሸ	ለ	ግ	ሳ	ፎ	ደ	ሴ	ት	ባ	ሕ	ረ	ገ	ብ	ን
ግ	ዘ	ሴ	ባ	ቆ	መ	ተ	ገ	ሐ	ይ	ቅ	ጨ	የ	ዎ	ድ	ዳ
ድ	ር	ት	ች	ል	ዶ	ታ	ገ	ደ	ሴ	ዕ	ጎ	ባ	ሚ	ካ	ማ
ና	ሕ	ዘ	ር	ጅ	ረ	ብ	ክ	ሞ	ታ	ኛ	ካ	ህ	ዘ	ክ	ሸ
ዝ	ባ	ቆ	ት	ካ	በ	ረ	ሃ	ድ	ራ	ዞ	ጉ	ር	ሥ	ዳ	ዘ
ስ	የ	ቃ	ላ	ች	ር	ኮ	ን	አ	ራ	ራ	ዕ	ዳ	ብ	ጨ	ና
ሚ	ስ	ስ	ለ	ኛ	ግ	ጎ	ሸ	ር	ፕ	ዋ	ተ	ር	ሴ	ታ	ጎ
ድ	ን	ት	ደ	ሚ	ግ	ሴ	ሸ	ዝ	ጥ	ጎ	ላ	ቻ	አ	ቦ	ቆ
ጨ	ዎ	ሸ	ሴ	ጨ	ታ	ለ	ፍ	ፏ	ፏ	ቴ	ስ	ዋ	ስ	ጨ	ና
ቆ	ዝ	ማ	ጎ	ዋ	ና	ር	ም	ር	ዘ	ቆ	ኖ	እ	ለ	ት	ዞ
ቱ	ን	ድ	ራ	ሻ	ደ	ት	ን	ኛ	ች	ማ	ያ	ዋ	ጅ	ኛ	ዋ
ሥ	ወ	ክ	ዳ	ዞ	ለ	ሹ	ጎ	ል	ጨ	ክ	ቅ	ጥ	ሚ	ል	ስ
ግ	ሴ	የ	በ	ረ	ሃ	ሊ	ሆ	ኑ	ላ	ቸ	ው	ል	ቆ	ግ	ለ
ጨ	ች	መ	ጨ	ዝ	ዘ	ዘ	ፎ	ካ	ላ	ዘ	ል	ስ	ቶ	ድ	ቦ
ጅ	ታ	ር	ክ	ራ	ጨ	ት	ዎ	ጅ	ዋ	ዘ	ባ	ክ	ክ	ና	ቦ

የባህር ዳርቻ
ዋሻ
ገደል
በረሃ
ጌይዘር
ኮረብታ
ግግር በረዶ
ደሴት
ሐይቅ
ተራራ

የበረሃ ሊሆኑላቸው
ውቅያኖስ
ባሕረ ገብ
ወንዝ
ባሕር
ረግረጋማ
ቱንድራ
ሸለቆ
እሳተ ገሞራ
ፏፏቴ

85 - Visual Arts

ሥ ም ሴ ር ች ታ ቫ ግ ራ ፈ ዋ ዳ አ እ ይ ታ
ዕ ም ሚ ስ ካ ቅ ል ር ደ ጠ ና እ ዎ ኅ ለ ቶ
ል ሰ ከ ቴ ሴ ደ ጥ ራ ኒ ራ ቅ ር ፕ ራ ል ፍ
ዞ ዳ ፃ ን ሕ ነ ሥ ሸ ሴ ሸ ጅ ሳ ች ለ ል ዎ
ባ ዕ ዘ ሲ ቆ ላ ደ ክ ዎ ም ን ስ ቦ ዎ ለ ዘ
ል ፕ ም ል ፊ ኅ ሸ ላ ን ካ ለ ላ ቅ ዘ ሸ ድ
ብ ና ቁ ባ ኛ ክ ፕ ሚ ቦ ኅ ር ና ች ኛ ጅ ክ
ዝ አ የ ዳ ጉ ፎ ራ ግ ም ዋ ጉ ራ ዎ ፎ ቦ ር
ፎ ቶ ግ ራ ፍ ቶ ቶ ን ታ ባ ዕ ማ ዎ ዝ ጥ ቃ
መ ክ ሸ ዳ ጥ ሴ ብ ቶ ሚ ራ ፍ ች ስ ክ ፕ ዞ
ዋ ሚ ቅ ፎ አ ዳ እ ካ ላ ሸ ሥ ች ች ጥ መ ሚ
ል የ ብ ዝ ጽ ር ቅ ጻ ር ቅ ማ ሚ ካ የ ቃ ር
ት ዘ ዳ ድ ራ ገ ቲ ል ዘ ኢ ል ቴ ል የ ፔ ብ
ብ ራ ቆ ሴ ኅ ለ አ ስ ሹ መ ሴ ክ ድ ቃ ብ ን
ድ አ ዝ ለ ካ ባ ቃ ሥ ት ጬ ና ጬ ዳ ዘ ዘ ቅ
ች ማ ዞ ፍ ት ። ማ ች ቃ ል ራ አ ቃ ኛ ኅ ን

ሥነ ሕንፃ
አርቲስት
ገለባ።
ከሰል
ሸክላ
ቅንብር
ፈጠራ
ኢልቴል
ፊልም
ዋና ቅጅ

ሥዕል
ፔን
እርሳስ
እይታ
ፎቶግራፍ
የቁም
ቅርጻቅርጽ
ስቴንሲል
ቫርኒሽ
ሰም

86 - Plants

ል ቆ ዞ ሹ የ ያ አ ላ ቆ ሽ ቀ ቦ ራ ሴ ማ ድ
ና ዝ ቪ ይ አ ዞ በ ቄ ጅ ስ ር ጥ ብ ፎ ዳ ቦ
ሽ ሚ ድ ኛ ት ጅ ግ ባ ን ዞ ከ ጉ ዝ ጉ በ ቅ
ል ቡ ሽ ቶ ክ ጬ ኀ ዘ ቅ ፕ ሃ ን ል ጥ ሪ ን
ዳ ብ ካ ፕ ል ቋ ል ቁ መ ጠ ሣ ር ፎ መ ያ ዞ
ዘ ቾ ኀ ማ ት አ ላ ዳ ታ ና ል ዋ ቆ ቶ ጅ ሽ
ጥ ዋ ጥ ጅ ቦ በ ቆ ራ ል ሴ ክ ሹ ቾ ፕ ቶ ዕ
ዞ ላ ሴ ራ ታ ባ ም የ ለ ና ግ ን ድ ዎ ቾ ፕ
ራ ሴ የ ፕ ፍ ሴ ዞ ሴ ሴ ሽ ዘ ሥ ኀ ቶ አ ደ
ዕ ል ኀ ቦ ጥ ራ ኛ አ ኛ ሴ በ ማ ለ ኀ ን ሽ
ቡ ታ ን ይ ቦ ፕ ቅ ሴ ላ ቃ ዎ ት ዋ ፀ እ ሽ
ዛ ፍ ል ደ ጉ ደ ቅ ዝ ፎ ዳ ዘ ዋ ሚ ፍ ቅ ዋ
ጥ ጬ ቃ ኀ ሽ ዘ ማ ግ መ ቅ ዎ ፀ ጥ ሽ ጠ ቃ
ፕ ጥ ካ ፍ ዝ ዝ ግ ል ር ራ ባ ዕ ሥ ኀ ል ም
ን ጉ ዋ ካ ፕ ቤ ሪ ን የ ጉ ታ ታ ር ድ ካ ካ
ዳ ታ ቶ ቶ የ ክ ሹ ዘ ጉ ታ ክ ሥ ድ ቆ ቶ ኛ

ቀርከሃ
ባቄላ
ቤሪ
ቡታንይ
ቡሽ
ቁልቋል
ማዳበሪያ
ዕፀዋት
አበባ
ቅጠል
ደን
የአትክልት ቦታ
ሣር
አይቪ
ሽበት
ያበባ ቅጠል
ሥር
ግንድ
ዛፍ
እፀዋት

87 - Countries #2

ኅ	ብ	ቆ	ት	ላ	ሥ	ላ	ጅ	ቦ	ለ	ቶ	ዳ	ዝ	ቅ	ዐ	ካ
ት	ማ	ግ	ኔ	ና	ዳ	ግ	ዞ	ም	ኛ	ስ	ት	ቶ	ዝ	ስ	ቦ
አ	ሴ	ቆ	ዐ	ፓ	ም	ለ	ዋ	ቅ	አ	ዞ	ፎ	ድ	ዋ	ራ	ኛ
ሥ	ዳ	ሱ	ዳ	ን	ል	ጃ	ማ	ይ	ካ	ል	ጅ	ፍ	ጥ	ቆ	ሸ
ታ	ም	ሴ	ን	ታ	ዴ	ን	ማ	ሪ	ክ	ብ	ፍ	ጉ	ሹ	ና	ዋ
አ	መ	ማ	ጋ	ስ	ኦ	ላ	የ	ፎ	ሚ	ፍ	ካ	ቅ	ች	ቃ	ም
ታ	ፕ	ፕ	ኡ	ኪ	ዘ	እ	ብ	ክ	ራ	ራ	ሸ	ያ	ሊ	ማ	ሶ
ች	አ	ጥ	ሊ	ፓ	ላ	ይ	ቤ	ሪ	ያ	ራ	ር	ሪ	ፕ	መ	ላ
ቅ	ክ	ዝ	ባ	መ	ሹ	ኛ	ጥ	ግ	ሸ	ቅ	ና	ሶ	ግ	መ	ካ
ፎ	ካ	ጉ	ኖ	ቅ	ኛ	ዝ	ሓ	እ	ዘ	ባ	ዝ	ፍ	ዐ	ል	ዋ
ዘ	ካ	ኮ	ስ	ክ	ሜ	ክ	ብ	ይ	ስ	ጨ	አ	ዞ	ቆ	ጅ	ቆ
ች	ች	ቃ	የ	ካ	ም	ና	መ	ማ	ቲ	ቅ	ዋ	ማ	ብ	ካ	ብ
ጃ	ጥ	መ	ኅ	ቃ	ድ	ይ	ቃ	ል	ራ	ዳ	ድ	ዝ	ኛ	ቅ	ት
ባ	ፓ	ጉ	ሚ	ክ	ዳ	ጄ	ኢ	ት	ዮ	ጵ	ያ	ኒ	ባ	ል	አ
ም	ታ	ን	ሬ	ክ	ዩ	ሪ	ጨ	ሸ	ኅ	ኛ	ዞ	ጅ	ታ	አ	እ
ግ	ማ	ሴ	ለ	ደ	ቅ	ያ	ዝ	ል	ታ	ፕ	ማ	ካ	ዘ	ዞ	ጨ

አልባኒያ
ዴንማሪክ
ኢትዮጵያ
ግሪክ
ሓይቲ
ጃማይካ
ጃፓን
ላኦስ
ሊባኖስ
ላይቤሪያ
ሜክስኮ
ኔፓል
ናይጄሪያ
ፓኪስታን
ራሽያ
ሶማሊያ
ሱዳን
ሶሪያ
ኡጋንዳ
ዩክሬን

88 - Ecology

ታ	ብ	ል	ት	ቶ	ባ	ፕ	የ	ማ	ደ	ር	ሚ	ታ	ች	ት	ዕ
ን	ፍ	የ	ዊ	ሯ	ጥ	ፈ	ተ	ም	ህ	ኛ	ቆ	ሹ	ዋ	ጨ	መ
ዳ	ካ	ድ	ክ	ጎ	ሹ	ን	ለ	ቶ	ት	በ	ቆ	ል	ል	ስ	ዳ
መ	ኖ	ሪ	ያ	ብ	ሸ	ል	ያ	ሸ	ቅ	ከ	ረ	ራ	መ	ሚ	ት
ሚ	ና	ዘ	ች	ድ	ፎ	ጥ	ዩ	ተ	ቅ	ር	ድ	ሰ	ዕ	ሚ	ኛ
ፍ	ቃ	ዘ	ካ	ዎ	ም	ሚ	ካ	ብ	ፈ	መ	ስ	ዎ	ቦ	ሸ	ዝ
ጨ	አ	ሸ	ዎ	ግ	ዘ	ፍ	ጅ	ን	ራ	ጥ	ግ	ክ	መ	ች	ብ
ድ	ግ	ዓ	ለ	ም	አ	ቀ	ፍ	ን	ካ	ስ	ሮ	ች	ጎ	ሮ	ማ
የ	ካ	ዝ	ክ	ዝ	ዕ	ቅ	ጉ	ካ	ማ	ክ	ጅ	ን	ት	ራ	ና
አ	ቦ	ፋ	ና	ፎ	አ	ት	ረ	ብ	ን	ር	የ	አ	የ	ተ	ል
ዘ	ቶ	ው	ቅ	ቆ	ቶ	ዋ	ጥ	ዝ	ል	ሹ	ሸ	ሸ	የ	ር	ቅ
ስ	የ	ና	ና	አ	ዳ	ፀ	ተ	ራ	ዕ	ዕ	ክ	ል	መ	ስ	ዳ
ባ	ጥ	ክ	ር	ቃ	ዋ	እ	ክ	ች	ፀ	ራ	ና	ዩ	ፕ	ላ	ማ
ስ	ዘ	ላ	ቂ	ቶ	ዳ	መ	ሎ	ስ	ዋ	አ	ፎ	ነ	ራ	ለ	ደ
ዘ	ጨ	ቦ	ፍ	ቅ	ጨ	ፍ	ች	ደ	ት	ች	የ	ት	ኛ	ላ	ባ
አ	ም	ራ	ጨ	ሥ	ር	ቅ	ዝ	ቶ	ዳ	ቶ	ሹ	ጉ	እ	ብ	ዝ

የአየር ንብረት
ማህበረሰቦች
ልዩነት
ድርቅ
ፋውና
ዕፀዋት
ዓለም አቀፍ
መኖሪያ
መርከበኛ
ማርሽ
ተራሮች
ተፈጥሯዊ
ተፈጥሮ
ተክሎች
መዳን
ዘላቂ
የተለያዩ
እፀዋት

89 - Adjectives #2

ኩ	ሥ	ሀ	ድ	ዎ	ና	ደ	ት	ት	እ	ራ	ሸ	ች	ተ	ጥ	ቆ
ጅ	ሩ	በ	ዝ	ታ	ሚ	ጅ	ች	ዘ	ሹ	ፍ	ጎ	ፕ	ጠ	ፕ	ጥ
የ	ግ	ሻ	ዝ	ዱ	ዋ	ደ	ረ	ቅ	ቅ	ሬ	ጉ	ኛ	ያ	ሥ	ክ
ፈ	ጣ	ሪ	ዘ	ር	ካ	ቂ	ጬ	ዋ	ማ	ያ	ስ	ለ	ቂ	ጎ	ሽ
ድ	ካ	ማ	ለ	ሚ	ዎ	ቅ	ላ	ደ	ና	ማ	ግ	ሴ	ላ	ም	አ
ዘ	ጥ	ጥ	ካ	ጅ	ቆ	ቦ	ቃ	ጎ	ጤ	ታ	ማ	ጠ	ን	ካ	ራ
ማ	የ	ዘ	ቃ	መ	እ	ብ	ሚ	ና	ዋ	ች	ቶ	ት	ጥ	ጎ	ባ
ዕ	ሚ	ች	ት	ቆ	ው	ሚ	ባ	ቆ	ደ	ብ	ቦ	ግ	ጎ	ሸ	ላ
ና	ያ	ማ	እ	ች	ነ	ጥ	ፎ	ር	ዐ	ዘ	ዘ	ዎ	ቶ	ጥ	ሥ
የ	ም	ተ	ን	ኛ	ተ	ር	ካ	እ	ደ	ራ	መ	ግ	ን	ፕ	ት
ት	ር	ፈ	ቅ	ዋ	ኛ	ላ	ቶ	አ	ኛ	ቅ	ጅ	ቃ	ዘ	ዘ	ል
ም	አ	ጥ	ል	ካ	ታ	ገ	ሴ	ሚ	ማ	ክ	ን	ኛ	ዘ	ደ	ዕ
ፕ	ጨ	ሯ	ፍ	ቦ	ጦ	ስ	ላ	ሹ	ዎ	ክ	ች	ፕ	ዕ	ዳ	ም
ካ	ብ	ዊ	ት	ኩ	ስ	ዲ	አ	ጭ	ጨ	ዋ	ዕ	ሴ	ራ	ግ	ዕ
አ	ስ	ደ	ሳ	ች	ቅ	ለ	አ	ት	ስ	ሚ	ሚ	ና	ም	ላ	ቶ
ዝ	ዕ	ጎ	ቅ	የ	ለ	ት	ዝ	ድ	ዘ	ጥ	ሥ	ፕ	ለ	ዘ	ድ

እውነተኛ
ፈጣሪ
ገላጭ
ደረቅ
የሚያምር
ታዋቂ
ስጦታ
ጤናማ
ትኩስ
ሀበሻ
አስደሳች
ተፈጥሯዊ
አዲስ
ፍሬያማ
ኩሩ
ተጠያቂ
ጨዋማ
እንቅልፍ
ጠንካራ
ዱር

90 - Math

ቅ	ለ	ስ	ና	ጎ	ን	ኛ	ጥ	ዞ	ና	ል	ን	ያ	አ	ሚ	አ
ሹ	ዎ	ለ	ዘ	ሹ	ቆ	ን	ድ	ል	ል	ክ	ር	ኛ	ሪ	እ	ና
ራ	ቃ	ጥ	እ	ዎ	ቶ	ሹ	መ	ድ	ን	ዝ	ዩ	ይ	ት	ዙ	ቃ
ሚ	ና	ዕ	ፎ	ዕ	ዝ	የ	ዳ	ቆ	ጨ	ቆ	ጅ	ቦ	ሜ	ለ	ር
ድ	አ	ቦ	ካ	ራ	ና	ግ	ዋ	ላ	ም	ገ	ላ	ጭ	ቲ	እ	ቶ
አ	ደ	ባ	ባ	ይ	ፋ	ል	ፍ	ክ	ጉ	እ	ቆ	ቦ	ክ	ሸ	ዘ
ኛ	ና	ጉ	ፍ	ደ	ጥ	ና	ቦ	ደ	ቶ	ጎ	ራ	ካ	ጨ	ች	ጅ
ሉ	ቀ	መ	ር	ድ	ዎ	ቶ	ጂ	ኦ	ሜ	ት	ሪ	ፎ	ቆ	ግ	ጅ
ር	ል	ዳ	ት	ም	ከ	ም	ላ	ዕ	ቆ	ጉ	ች	እ	ቶ	ዘ	ዎ
ድ	ም	ር	ሜ	ጽ	ባ	ጎ	ፕ	ሦ	ሬ	ክ	ታ	ን	ግ	ል	ለ
ሹ	ኛ	ፕ	ያ	ዎ	ቢ	ጉ	ም	ላ	ስ	ጎ	ት	ጎ	ን	ል	ቦ
ዳ	ፍ	እ	ዲ	ፍ	ን	ማ	ል	ሚ	ሥ	ት	ል	ሊ	ባ	ዴ	ት
ቆ	ሸ	ች	ፎ	ዕ	ክ	ና	ጎ	ም	ሥ	ቦ	ማ	ፖ	ቅ	ሲ	ፍ
ር	ዘ	ሴ	ቆ	ር	ቋ	ሚ	ጉ	ራ	ዲ	የ	ስ	ዕ	ፍ	ማ	ሥ
ሚ	ዛ	ና	ዊ	ች	ሥ	ጉ	ለ	ራ	ሸ	ሸ	ፕ	ዘ	ዘ	ል	ፍ
ሚ	ቶ	ዞ	ጥ	ፍ	ኛ	ዕ	ቶ	ሥ	ሚ	ኛ	መ	ቅ	ካ	ን	ዘ

አሪትሜቲክ
ከባቢ
ዴሲማል
ዲያሜትር
ቀመር
ገላጭ
ክፍልፋይ
ጂኦሜትሪ
ትይዩ
ዙሪያ
ቋሚ
ፖሊጎን
ራዲየስ
ሬክታንግል
ሉል
አደባባይ
ድምር
ሚዛናዊ
ሦስት ማዕዘን
ድምጽ

91 - Water

እ	ር	ደ	ጅ	ጅ	ዝ	ና	ብ	ት	ነ	ት	ም	ቆ	ፍ	ን	እ
በ	ን	ሶ	ን	ሞ	ን	ሴ	ጥ	ዳ	ዳ	ዞ	ስ	መ	ራ	ዞ	ሚ
ጨ	ረ	ፋ	ሚ	ሸ	ወ	ዞ	ር	ፎ	ር	ጨ	ቅ	ም	ሐ	ይ	ቅ
ያ	ሹ	ዶ	ሎ	ደ	ቦ	ግ	እ	ን	ክ	ክ	ባ	ግ	ጎ	ር	ፍ
ቢ	ጉ	ፎ	እ	ት	ነ	ጉ	ል	ፍ	ም	ን	ድ	ዞ	ሚ	ቶ	ሥ
ጠ	ሸ	አ	ር	ረ	ታ	ሸ	ዝ	እ	ቆ	ማ	ሹ	ጎ	ባ	ዝ	ዞ
ታ	ና	ሴ	ጥ	ዥ	ሹ	ሸ	ማ	ጨ	ት	ች	ሴ	መ	ሴ	ኛ	ል
መ	ስ	ኖ	በ	ብ	ስ	ድ	ብ	ጅ	ጨ	ለ	ች	ት	ል	ደ	ኛ
ላ	ፎ	ል	ት	ደ	ደ	ታ	ታ	እ	ና	ዘ	ስ	ቅ	ጅ	ታ	ሥ
ገ	ብ	ዳ	ባ	ና	ቃ	ማ	ቃ	ክ	ክ	ዕ	ሸ	ዘ	ጨ	አ	ዝ
ች	ሥ	ቦ	ስ	ሴ	ታ	ቶ	ዕ	ደ	ጉ	ሸ	ሴ	እ	ቦ	ላ	እ
ም	ጅ	ለ	ደ	ጉ	ጥ	ላ	ጨ	ዎ	ጎ	ዞ	ዎ	ኛ	ጎ	አ	ን
ታ	ተ	እ	ዞ	ብ	ዋ	ራ	ጥ	ና	ቶ	አ	ጅ	ራ	ፕ	የ	ቃ
ስ	ፋ	ነ	ሎ	ው	አ	ዞ	አ	ኛ	ብ	ላ	ዋ	ኛ	ፕ	ባ	ግ
ሴ	ብ	ጥ	ከ	ው	ቅ	ያ	ኖ	ስ	ቦ	ኛ	ቦ	እ	ባ	ካ	ቶ
ሞ	ገ	ዶ	ች	ረ	ጉ	እ	ሸ	ባ	ይ	ል	ባ	ቶ	ፕ	ዝ	ካ

ቦይ
እርጥብ
ትነት
ጎርፍ
ፍል ጉነት
አውሎ ነፋስ
በረዶ
መስኖ
ሐይቅ
እርጥበት

ሞንሶን
ውቅያኖስ
ዝናብ
ወንዝ
ገላ መታጠቢያ
ተነከረ
እንፋሎት
ዥረት
ሞገዶች

92 - Activities

ዳ	ን	ስ	መ	ች	ዎ	ራ	ሥ	ጅ	እ	የ	መ	እ	ግ	ክ	ለ
ቦ	ላ	ሚ	ታ	ክ	ን	ጎ	ፕ	ደ	ን	አ	ዳ	ስ	ግ	ቦ	ዝ
ፎ	ቶ	ግ	ራ	ፍ	ሚ	ሸ	ቶ	ቦ	ቅ	ደ	ድ	ጉ	ፋ	ሸ	ላ
ቶ	ራ	ፕ	ዎ	ር	ል	ድ	ብ	ራ	ስ	ን	ዘ	ዘ	ቆ	ት	ባ
ላ	ክ	ር	ር	ሚ	ች	ች	አ	አ	ቃ	ክ	ራ	ና	ት	ና	ስ
ቦ	ታ	ዕ	ግ	ዘ	ማ	ሥ	ሥ	ፍ	ሴ	ሹ	ሚ	ት	ን	ራ	ር
ታ	ሥ	ጥ	ዋ	ማ	ጥ	ር	ደ	መ	ዕ	ራ	ታ	ራ	ላ	ጅ	ዘ
ሚ	ሥ	ር	ጨ	ሚ	መ	ጥ	ለ	ዝ	ማ	ብ	ዝ	ና	ሴ	ዋ	ፎ
ሥ	ዳ	ማ	ለ	ዋ	ድ	ጉ	ደ	ና	ን	ባ	ች	ሎ	ታ	ላ	ግ
መ	ግ	ዕ	ቅ	ሴ	ታ	ን	ኛ	ኛ	ራ	ን	ዕ	ዘ	ቦ	ሥ	ፎ
ሚ	ፎ	ማ	ደ	ደ	ቃ	ዎ	ሥ	ል	ደ	መ	ና	እ	መ	ነ	ቃ
ሴ	እ	ጉ	አ	ስ	ማ	ት	ች	ን	ፕ	ጨ	ለ	ፍ	ል	ጥ	ጉ
ጨ	ል	ቃ	ዳ	ፕ	ራ	ሸ	ዕ	ቆ	እ	ቃ	ዋ	ለ	ዎ	በ	ባ
ግ	ሹ	ም	ቆ	እ	ዝ	ኛ	ጉ	ን	ሸ	ኛ	ቦ	ና	ዝ	ብ	ካ
ሴ	ፎ	አ	ች	ሹ	ክ	ካ	ለ	ሸ	ጥ	ታ	ታ	ባ	ሴ	መ	ም
እ	ደ	ስ	ታ	ጉ	እ	ዎ	ቃ	ግ	ላ	ኛ	ዝ	ል	ዕ	ር	ፕ

እንቅስቃሴ
ሥነ ጥበብ
ካምፕ
ሴራሚክስ
የእጅ ሥራዎች
ዳንስ
ማጥመድ
ጨዋታዎች
አደን

ሹራብ
መዝናኛ
አስማት
ፎቶግራፍ
ደስታ
ንባብ
መስፋት
ችሎታ

93 - Money

ት	ራ	ሴ	የ	ኛ	ባ	ክ	ራ	ር	ገ	ስ	ክ	ሚ	ኖ	ኮ	ኢ
ሥ	ፕ	ዝ	ኪ	ዝ	መ	ች	ዳ	ዎ	ቢ	ፍ	ቶ	ፎ	ዎ	ን	ኮ
ሸ	ዝ	ባ	ስ	ለ	ች	ፎ	ላ	ዳ	ዎ	ል	ለ	ካ	ዎ	ቦ	ኖ
ል	ሹ	ች	ቦ	ደ	ር	እ	ጅ	ዘ	ች	ግ	ጥ	ር	ዘ	ክ	ሚ
ሥ	ባ	ድ	ር	ጥ	ባ	ሥ	ር	ሴ	ር	ቀ	መ	ም	ዐ	ጉ	ዳ
ታ	ጅ	ጬ	ሳ	ሹ	ራ	ዘ	ታ	ኛ	ብ	ግ	ረ	ዘ	ወ	ጪ	እ
ሥ	ፎ	ያ	ን	ስ	ዳ	ጥ	ዳ	ች	ቃ	ቦ	ብ	ጥ	ሸ	ፕ	ቅ
ቅ	ና	ሸ	ካ	ር	ባ	ን	ክ	ፋ	ይ	ና	ን	ስ	ኛ	ላ	ዋ
ባ	ዳ	ራ	ኛ	ድ	ለ	ዘ	ዝ	ላ	ኛ	ሚ	ባ	ፕ	ጥ	ት	ዳ
ጨ	ማ	ደ	ድ	ብ	ቦ	ቅ	የ	እ	ዝ	አ	ት	ዝ	ላ	እ	ች
ግ	ም	ኛ	ብ	ማ	ና	ክ	ዝ	ፕ	ሥ	ክ	የ	ማ	አ	ራ	ዳ
መ	ም	ላ	ቅ	መ	ዋ	ዝ	ማ	መ	በ	ም	መ	ላ	ች	ጥ	ዎ
ገ	ን	ዘ	ብ	ዘ	ን	ገ	ሬ	ጥ	ጀ	ዋ	ፎ	ስ	ማ	ገ	ቢ
የ	ስ	ካ	ጥ	እ	ኀ	ሴ	ደ	ሚ	ት	ቁ	ማ	ራ	ዎ	ደ	ሹ
ኛ	ጥ	ዳ	ኛ	ኀ	ዎ	ፎ	ና	ብ	መ	ጉ	ጠ	ዘ	ሴ	ቆ	ጥ
ዐ	ኛ	ማ	ራ	እ	የ	ሴ	ጅ	ብ	ፍ	ች	ዎ	ባ	ዝ	ቦ	እ

ባንክ
በጀት
ጥሬ ገንዘብ
ርካሽ
ብድር
ገንዘብ
እዳ
ቅናሽ
ገቢዎች

ኢኮኖሚክስ
ኢኮኖሚ
ወጪ
ፋይናንስ
ገቢ
ሽያጭ
ቁጠባ
ቀረጥ
የኪስ ቦርሳ

94 - Business

ሸ	ያ	ጭ	ስ	ክ	ሚ	ኖ	ኮ	ኢ	ጥ	ር	ቃ	ፎ	ብ	ድ	ቅ
ሹ	ን	ለ	ዎ	ድ	ች	ጎ	ክ	ዘ	ን	ሡ	ና	ዋ	ሚ	ሴ	ባ
ራ	ባ	ቃ	ታ	ቦ	ታ	ሥ	ክ	ን	መ	ሸ	ቶ	ራ	ት	ር	ፍ
ክ	ኩ	ሹ	ብ	ሚ	አ	ክ	ግ	ጎ	ሴ	ግ	ስ	ዳ	ጀ	ሸ	የ
ዎ	ሚ	የ	ፕ	ዕ	ና	ካ	ጅ	ዕ	ተ	መ	ን	ት	በ	ራ	ት
ሱ	ገ	ግ	ሥ	ጅ	ቅ	ም	ች	ጦ	ቀ	ሸ	ና	አ	መ	ገ	ኛ
ቅ	ን	ጎ	ግ	ድ	ና	ክ	ሴ	ለ	ጣ	ጩ	ይ	ስ	ሹ	ን	ቢ
ብ	ዘ	ቦ	ቶ	ታ	ሸ	ለ	ማ	ዕ	ሪ	ፕ	ፋ	ተ	የ	ጅ	ት
ሥ	ብ	ን	ስ	ፕ	ግ	ብ	ሸ	ማ	ች	ግ	ፍ	ዳ	ሸ	ባ	ዎ
ግ	ሥ	ዕ	ብ	ታ	ን	ሚ	ክ	ዝ	መ	ቃ	ክ	ዳ	ክ	ዝ	ፎ
ን	ዳ	ዳ	አ	ዳ	እ	ለ	ሴ	ሹ	ቦ	ለ	ዞ	ሪ	ሥ	ጎ	ዞ
ፎ	ስ	ኛ	ሰ	ጉ	ቦ	ሙ	ቆ	ሏ	አ	ስ	ደ	ሚ	ስ	ስ	የ
ደ	ስ	ካ	ሪ	ብ	ፋ	ማ	ያ	ት	ም	አ	ዎ	ክ	ች	ቦ	ሸ
ች	ዋ	ት	ሥ	ዝ	ዕ	ጎ	ዋ	ቦ	ቆ	ች	የ	ር	ዞ	ፎ	ም
አ	ጅ	ደ	ካ	ሸ	ቆ	ፎ	ቃ	ወ	ጪ	ቢ	ሮ	ታ	ር	ሴ	ካ
ሚ	ዳ	ጉ	ጎ	ጅ	ፍ	የ	ቀ	ረ	ጥ	ድ	ፕ	ክ	ሥ	ኛ	ዋ

በጀት
ሙያ
ኩባንያ
ወጪ
ቅናሽ
ኢኮኖሚክስ
ተቀጣሪ
አሰሪ
ፋብሪካ
ፋይናንስ
ገቢ
ኢንቨስትመንት
አስተዳዳሪ
ሸቀጦች
ገንዘብ
ቢሮ
ትርፍ
ሽያጭ
ሱቅ
ቀረጥ

95 - Literature

ግ ሎ ና አ ሴ ዘ ቆ አ ት ም ገ ቃ ም ጭ መ ደ
ግ ሸ ጉ ለ ስ ሹ ታ ግ ጥ ም ሸ ጣ ያ ብ ግ ራ
እ ሚ ዞ ት ላ ተ ዋ ክ ክ ሴ ለ ድ ሚ ጥ ለ ሲ
ን የ ሚ ጥ ኛ ዎ ያ ቦ ሪ ሴ ጅ ጨ ደ ማ ጫ ዎ
ፈ ራ ና ጨ ፕ ቃ ደ የ ታ ሚ አ ካ ም ቅ ባ ቆ
ጥ ጠ ን ዝ አ ኔ ታ ን ት ደ ዞ ል ደ ፎ ዐ ሸ
ስ ኪ ራ ተ ሳ ታ ል ቶ ወ ፎ ሹ ሹ መ ር ስ ቶ
ታ ቅ ል ላ ዛ ን ብ ቤ ይ ዘ ዐ ስ ል ዜ ጥ ል
ቆ ዋ ዎ ዘ ኝ ሥ ወ ዎ ህ እ ና አ ቶ ማ ም ት
ጨ ላ ቦ ት ማ ሴ ለ ች የ ቦ ሥ ዳ ቆ ግ ጨ ክ
ት ቦ ቆ ዳ ደ ለ ድ ባ ር ሴ ፕ ች ባ ዋ ሹ ት
ች ግ ቦ ሹ ባ ሴ ፕ ጨ ዝ ዋ ን ች ሸ አ አ የ
ት ን ቅ ጉ ዎ ን ቃ መ ጥ ባ ች ና ቦ ሥ ዳ ት
የ ጵ ቦ ቆ ዳ ዝ ዘ ጎ ግ ዘ ታ ጅ ዝ ብ ድ ች
ች ጵ ስ ድ ሴ ዐ ካ ፍ ጉ ድ ደ ሴ ሚ ጉ ድ ካ
ት ር ግ ግ ን ፎ ቃ የ ክ ጨ ድ ቦ ላ ት ት ጨ

አናሎግ
ትንታኔ
ደራሲ
የህይወት ታሪክ
ንጽጽር
መደምደሚያ
ትችት
መግለጫ
ንግግር
ፈጠራ

ዘይቤ
ተራኪ
ልብ ወለድ
አስተያየት
ግጥም
ገጣሚ
ዜማ
ምት
ጭብጥ
አሳዛኝ

96 - Geography

ማ	ተ	ከ	ደ	ባ	ዘ	ራ	ቃ	ጎ	ራ	ቦ	ሚ	ዞ	ጥ	ዳ	ከ
ቅ	ራ	ት	ቡ	ላ	ፕ	ጥ	ዐ	ጅ	ጎ	ስ	ቅ	ካ	ካ	ዞ	ፍ
ታ	ራ	ጉ	ብ	ራ	ዐ	ም	ለ	ዓ	ሜ	ቶ	ማ	ድ	ዐ	ና	ታ
ም	ስ	ፍ	ዝ	በ	ሸ	ደ	ሚ	ካ	ዐ	ሪ	ዞ	ክ	ሹ	ቦ	ር
ጎ	ቶ	ጨ	ራ	ፕ	ክ	ል	ሚ	ሸ	ለ	ሥ	ዲ	ል	ኛ	ዐ	ካ
ት	ግ	ቃ	ደ	ሴ	ት	ቀ	ሥ	ሚ	ብ	ና	ግ	ያ	ራ	ለ	አ
ክ	ኛ	ቆ	ክ	ጎ	ጉ	ም	ፍ	ቶ	መ	ና	ጥ	ዝ	ን	ወ	ት
ል	ሰ	ል	ሸ	ር	ራ	ር	ላ	ን	ራ	ቶ	ጉ	ፎ	ፕ	ብ	ላ
ል	ሜ	ም	ዘ	ስ	ም	ገ	ር	ን	ል	ጨ	ጨ	ሸ	ዘ	ት	ስ
ቆ	ን	ር	ጅ	ሸ	ኛ	ሀ	ቦ	ዝ	ሴ	ፎ	ጎ	ድ	ሥ	ግ	ኖ
ለ	ቆ	ግ	እ	ቶ	ከ	ለ	ፕ	ላ	እ	ሚ	ደ	ሸ	ፕ	ቦ	ያ
እ	ሴ	ቾ	ዘ	ማ	ባ	ፍ	ጨ	ግ	ጥ	ፍ	ቦ	ድ	ጅ	ቅ	ቅ
ስ	ቃ	ስ	ቆ	ድ	ሕ	ክ	ታ	ል	ብ	ል	ጉ	ሴ	ባ	ድ	ው
ቦ	ሹ	የ	ት	ፍ	ር	ባ	ዳ	።	ብ	የ	ል	ደ	ብ	ቆ	ማ
ዘ	ላ	ሚ	ሥ	ዳ	ገ	ፕ	ሹ	ኛ	ሴ	ጉ	ባ	ዎ	የ	ጥ	ጥ
ን	ጥ	ለ	ማ	ል	አ	ዝ	ላ	ኬ	ት	ሮ	ን	ስ	ቾ	ፎ	እ

ከፍታ
አትላስ
ከተማ
ክፍለ-ሀገር
አገር
ከፍታ።
ንፍቀ ክበብ
ደሴት
ኬትሮንስ
ካርታ
ሜሪዲያን
ተራራ
ሰሜን
ውቅያኖስ
ወንዝ
ባሕር
ደቡብ
ክልል
ምዕራብ
ዓለም

97 - Jazz

አ	ፎ	ዋ	ት	መ	ል	ሥ	ቅ	ሹ	ቃ	ኛ	ስ	ብ	ና	ስ	ሚ
ዎ	ል	ዳ	ፕ	ዘ	ክ	እ	ቃ	ን	ፈ	ዘ	ዲ	ግ	ድ	ታ	ፕ
ብ	ድ	በ	ፕ	ሸ	ኛ	ሚ	ባ	ጬ	ብ	ጭ	አ	ር	ቲ	ስ	ት
ብ	ጥ	ፕ	ም	ች	ቦ	ታ	ታ	ዋ	ቂ	ር	ና	ች	ች	ድ	ራ
ዘ	ት	ጥ	ዕ	ር	ደ	ጬ	ማ	ዕ	ለ	ካ	ዘ	ን	ጀ	ሎ	ም
ዴ	ና	ፕ	ጬ	ድ	ዘ	ዳ	ሻ	ዘ	ካ	ካ	ና	የ	ዳ	ር	ታ
ለ	መ	ቶ	ፎ	ጎ	ፎ	ዳ	ሻ	ች	ዝ	ና	ል	ሚ	ወ	ቦ	ቶ
ታ	ች	ቦ	አ	ራ	ና	ራ	ል	ራ	ሙ	ዚ	ቃ	ጉ	ተ	ቦ	ለ
አ	ቶ	ም	ሮ	የ	ሙ	ዚ	ቃ	ት	ዕ	ይ	ን	ት	አ	ጬ	ኦ
ቀ	ደ	ሥ	ጌ	ተ	ጽ	ዕ	ኖ	ዎ	ች	ቅ	ላ	ካ	የ	ር	ር
ና	ጅ	ል	ዘ	የ	የ	ሥ	ላ	ዳ	ለ	ጉ	የ	ግ	ፎ	ቃ	ኬ
ባ	ፎ	ዎ	ቦ	ባ	እ	ስ	ድ	ዳ	ኛ	ቆ	ለ	ው	ግ	ዳ	ስ
ሪ	ቆ	ዘ	አ	ብ	ኛ	ስ	ም	ት	ች	ሥ	ክ	ዘ	ይ	ቤ	ት
ብ	ግ	ሸ	ል	ቶ	ታ	ሥ	ግ	ማ	ዘ	ጅ	ድ	ቦ	ማ	ጎ	ራ
ቃ	ላ	ቅ	ና	የ	ድ	ዘ	ለ	ዘ	ቆ	ማ	ቅ	ዕ	ሚ	ዝ	ፕ
ል	ና	ዘ	ል	ዘ	እ	ጬ	ፕ	ሸ	ስ	የ	ት	ች	ች	ቆ	ች

አልበም
ጭብጨባ
አርቲስት
አቀናባሪ
ቅንብር
የሙዚቃ ትዕይንት
ታዋቂ
ተወዳጆች
ዘውግ
ማሻሻል
ተጽዕኖዎች
ሙዚቃ
አዲስ
አሮጌ
ኦርኬስትራ
ምት
ዘፈን
ዘይቤ
ችሎታ
ዘዴ

98 - Nature

መ	አ	ር	ክ	ቲ	ክ	መ	ኛ	ጉ	ሴ	ቃ	ጥ	ክ	የ	ሹ	ዝ
ዞ	ቅ	ል	ን	ማ	ለ	እ	ሹ	ዋ	ጉ	ጨ	ራ	ፕ	ሴ	ም	ኛ
ጨ	ሹ	ደ	ብ	ግ	ዳ	ዘ	የ	የ	ዎ	ፎ	ት	ፍ	ክ	ቃ	ዘ
ሴ	እ	ገ	ስ	አ	ላ	ግ	ጎ	ሹ	ዕ	ደ	ዋ	ን	ካ	ባ	ድ
ሴ	ዝ	ዳ	ቶ	ጅ	እ	ራ	ዳ	አ	ን	የ	እ	ታ	ዋ	ብ	ቅ
ኛ	ሥ	ዝ	ደ	አ	አ	ጨ	ደ	ጨ	ት	መ	ስ	ግ	ስ	ካ	ጠ
ች	ዕ	ዎ	ኛ	ሚ	ቃ	ራ	ና	ባ	ቃ	ዝ	ሹ	ታ	ታ	ዋ	ል
ግ	ክ	ሥ	ቃ	ዕ	ፕ	የ	ዋ	ጨ	ቆ	ዞ	ካ	ቶ	ዳ	ፎ	ባ
ግ	ሥ	ጥ	ላ	መ	ላ	ደ	የ	መ	ፍ	ዞ	ታ	ው	ደ	ኛ	ቦ
ጎ	ሹ	ባ	ራ	ለ	ሸ	ፕ	ብ	ሸ	አ	ሃ	ረ	በ	መ	ጮ	ክ
ብ	ሩ	ህ	ባ	ስ	ሞ	ደ	ን	ር	ዱ	ማ	ዕ	ት	ና	ጋ	ቆ
ል	ዘ	ሥ	ሰ	ጨ	ቃ	ቃ	ሪ	ሸ	ካ	ራ	ዋ	ሳ	ዎ	ግ	ሴ
ብ	ቅ	ቶ	ላ	ቦ	ን	ጥ	ታ	ር	ሚ	ደ	ዝ	ስ	ች	መ	ቶ
ጎ	ም	ላ	ማ	ሸ	ቆ	መ	ታ	ማ	ፍ	ፕ	ቃ	ን	ቅ	ድ	ጉ
ቅ	ዕ	ሹ	ዊ	ግ	ግ	ር	በ	ረ	ዶ	ላ	ጎ	እ	ወ	ዳ	ን
ተ	ራ	ሮ	ች	ሹ	ጨ	ት	ጅ	ኛ	መ	ባ	ቅ	ር	ሹ	ሴ	ን

እንስሳት
አርክቲክ
ውበት
ንብ
ገደል
ደመናዎች
በረሃ
ታታሪ
መሸርሸር
ጮጋግ
ቅጠል
ደን
ግግር በረዶ
ተራሮች
ሰላማዊ
ወንዝ
መቅደስ
ብሩህ
ሞቃታማ
ዱር

99 - Vacation #2

ብ ፍ ሴ ታ ለ ፍ ኛ ራ ታ ዋ ሸ ካ ም ን መ ኛ
ዳ ቃ ግ ም ጨ ፎ ቃ ድ ባ በ ዓ ል ር ቡ ባ መ
ር ች ዕ መ ሹ ዘ ዝ እ ቪ ፍ ብ ቴ ሕ ታ ጨ ግ
ፎ ታ ዳ የ ጎ ዎ ፕ ግ ዛ ታ ዝ ሆ ባ ቃ ጉ አ
ዝ መ ፕ ማ ፍ መ ፍ የ ም ቃ ጥ ማ ዘ ዝ ጎ ዞ
ታ ም ካ ዳ ዞ ጥ ብ ክ ቃ ዝ ራ ም ብ ካ የ ማ
ፓ ስ ፖ ር ት ቆ ና የ ች ት ቤ ብ ግ ም ር ዳ
ና መ ች ጅ ስ ራ ድ ዝ ሴ ለ ጅ ባ ግ ፕ ፍ ጨ
ማ ጨ ጨ ካ ን ራ ስ ሻ ግ ታ ታ ክ ሲ ጅ አ ሸ
መ ጓ ጓ ዣ እ ዝ ፕ ረ ቻ ር ዳ ር ህ ባ የ ቦ
ሴ ዞ ፕ ጥ ደ ጎ ዝ ድ ዕ ባ ስ ቦ ራ ች ር ድ
ዘ ና ሸ ራ ኛ ና ዝ መ ን ፕ ል ሸ ል ማ ማ ዝ
ራ ግ ም ጎ ተ ራ ሮ ች ኛ ኳ ኛ ለ ም ራ ረ ዞ
ጉ ት ፎ ጉ ብ ሚ ን ላ ቦ ማ ን ፎ ባ ፍ ፊ ብ
ሴ ብ ቦ ቃ ሹ ጨ ፎ ር ራ ዎ ጨ ግ ክ ሸ ያ ቆ
ባ ቃ ደ ሴ ት ድ እ ፍ ና ድ ሸ ሥ መ ዘ ት ሚ

አየር ማረፊያ
የባህር ዳርቻ
ካምፕ
መድረሻ
ባዕድ
በዓል
ሆቴል
ደሴት
ጉዞ
መዝናኛ
ካርታ
ተራሮች
ፓስፖርት
ምግብ ቤት
ባሕር
ታክሲ
ድንኳን
ባቡር
መጓጓዣ
ቪዛ

100 - Electricity

ጫ	ክ	ደ	ለ	ና	ድ	ድ	ላ	ለ	ጥ	ቴ	ዘ	ታ	የ	ለ	ሥ
መ	ሣ	ሪ	ያ	ኪ	ሰ	መ	ሴ	ሹ	ግ	ሌ	ን	ሸ	እ	ሸ	ኛ
ቀ	ዘ	ት	ት	ካ	ክ	ገ	ብ	ል	መ	ቪ	ና	ና	ድ	ሸ	ር
ስ	ስ	ባ	ዛ	ክ	ፕ	ት	መ	ቅ	ማ	ዥ	ቦ	ም	ጥ	ቶ	ጩ
ማ	ጥ	ል	ብ	ል	ሌ	አ	ሉ	ታ	ዊ	ን	ቦ	ሹ	ግ	የ	ራ
ጩ	ፎ	ፖ	ክ	ሚ	ት	ኤ	ክ	ኅ	ቦ	ት	ብ	ን	ቶ	ዎ	ራ
ቦ	ሚ	ም	ል	ዘ	ኛ	ጀ	ነ	ሬ	ተ	ር	ሹ	ፍ	ላ	ክ	ጩ
ዝ	ር	አ	ቅ	ጥ	የ	ግ	ደ	እ	ባ	ፕ	ጉ	ዳ	ቦ	ኅ	ቃ
ብ	ሸ	ሸ	ና	ኛ	አ	ር	ት	የ	ቃ	ላ	ፎ	ራ	ለ	ቆ	ሸ
ረ	ኛ	ቦ	ል	ዋ	ክ	መ	ድ	ሸ	ራ	ቾ	ዎ	ሸ	ቃ	ን	ባ
መ	ካ	ዎ	ሌ	ል	ክ	ዘ	ኛ	ቦ	ቶ	ባ	ፎ	ራ	ር	ሸ	ት
ረ	አ	ቾ	ቾ	ዘ	አ	ስ	ር	ሹ	ቃ	ካ	ጉ	ም	ሴ	ም	ሥ
ታ	ም	ሹ	ዋ	አ	ር	ቦ	አ	አ	ዎ	ባ	ም	ጉ	ት	ም	ዳ
ው	ቅ	ቶ	ፍ	ሥ	ጉ	ታ	ቶ	መ	ዕ	ኛ	የ	ቾ	ዳ	ሸ	ና
አ	ዎ	ን	ታ	ዊ	አ	መ	ብ	ራ	ት	ማ	ግ	ኔ	ት	መ	ካ
ታ	ት	መ	ም	ዋ	ዳ	ር	ቃ	መ	ክ	ል	ፕ	ፎ	ት	ጩ	ጥ

ባትሪ
አምፖል
ገመድ
ኤሌክትሪክ
መሣሪያ
ጀነሬተር
መብራት
ሌዘር
ማግኔት
አሉታዊ
አውታረ መረብ
አዎንታዊ
ብዛት
መሰኪያ
ማስቀመጫ
ስልክ
ቴሌቪዥን
ሸቦዎች

1 - Antiques

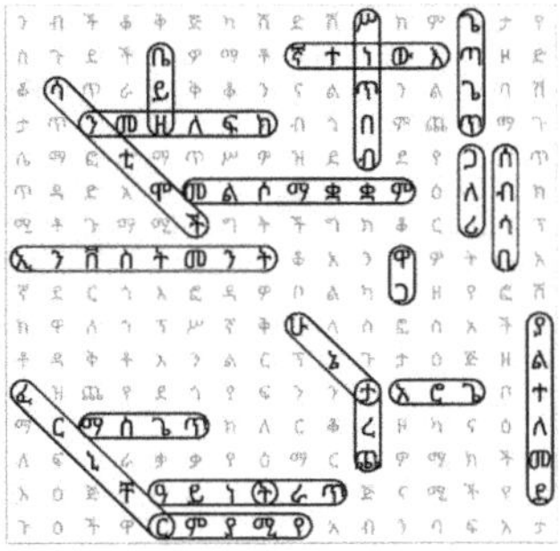

2 - Food #1

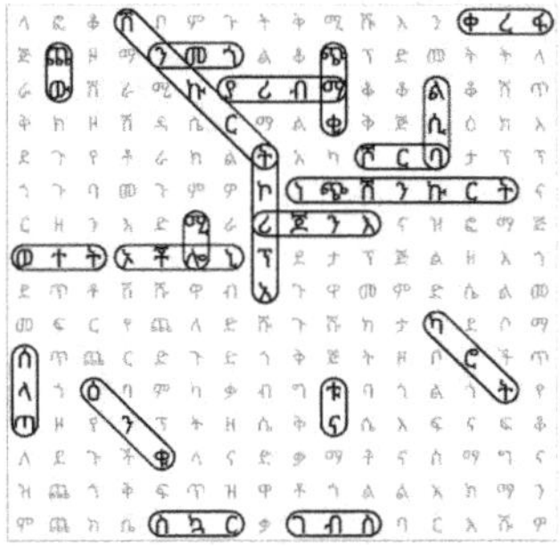

3 - Measurements

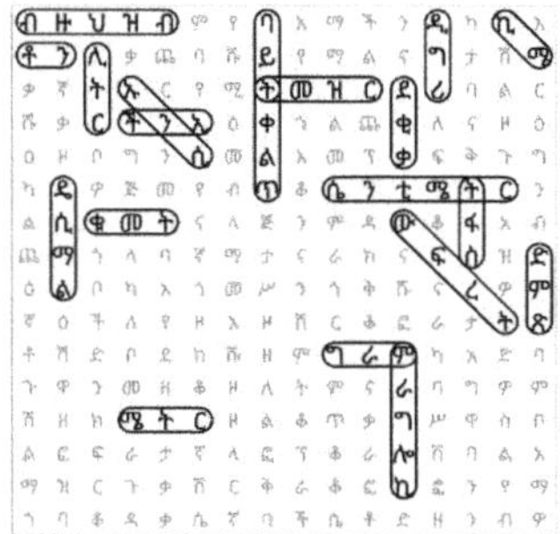

4 - Farm #2

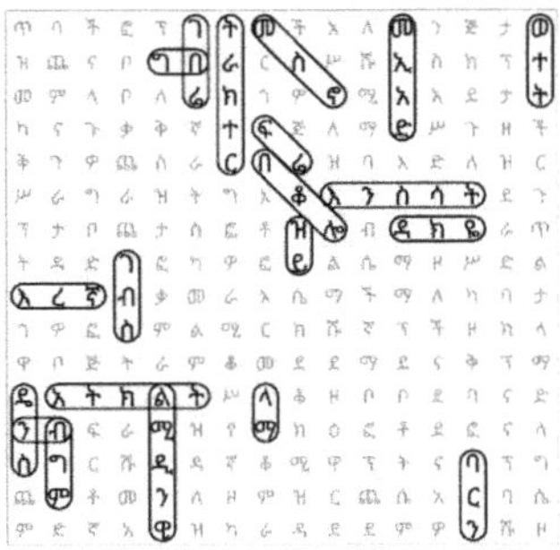

5 - Books

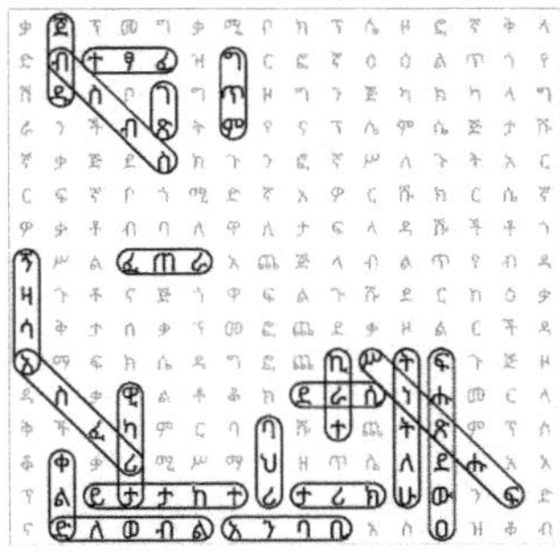

6 - Meditation

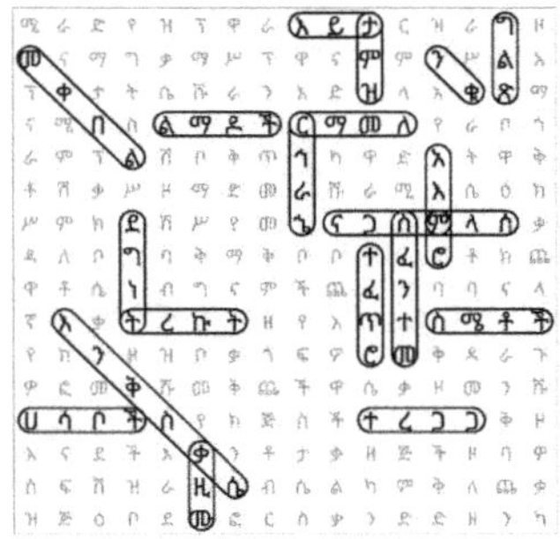

7 - Days and Months

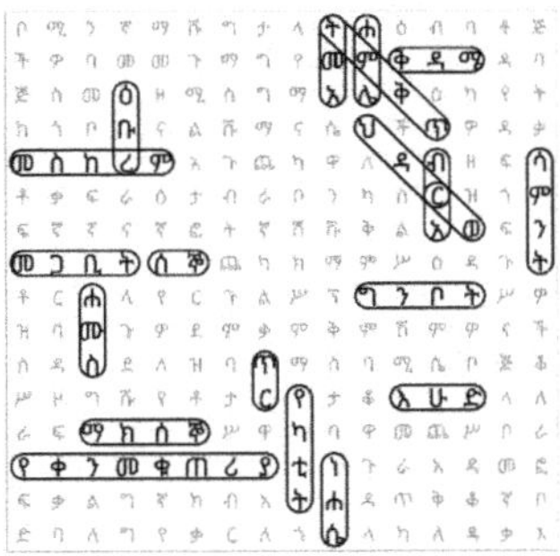

8 - Energy

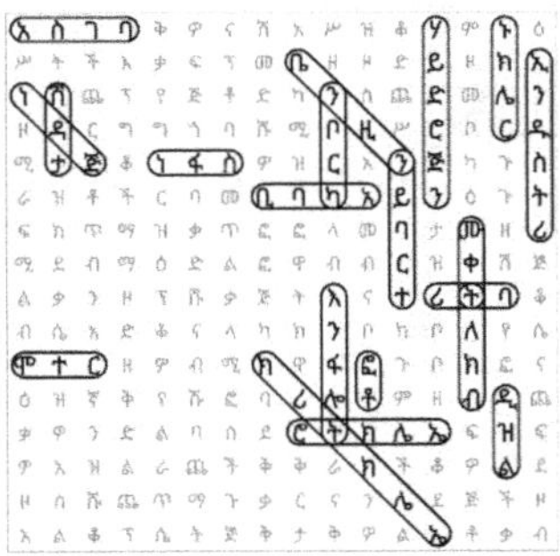

9 - Archeology

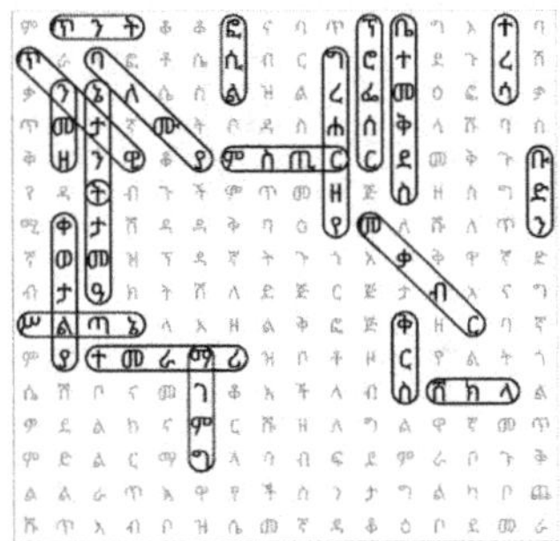

10 - Food #2

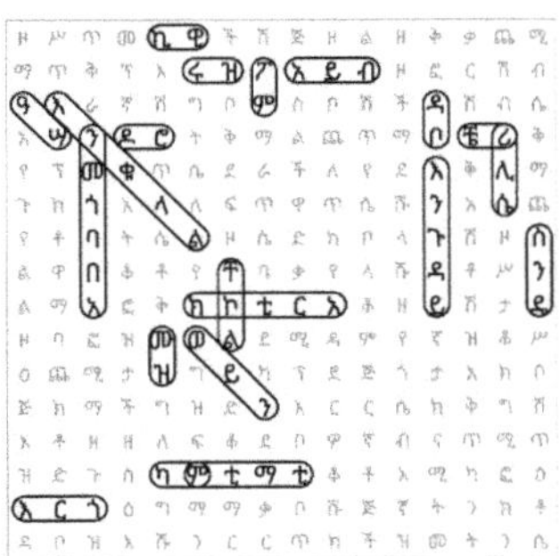

11 - Chemistry

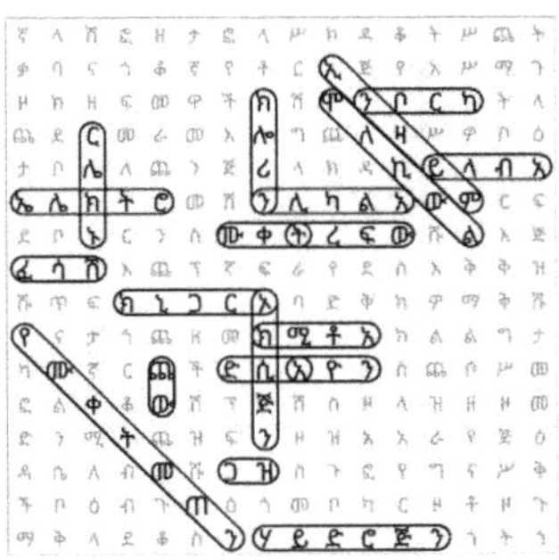

12 - Music

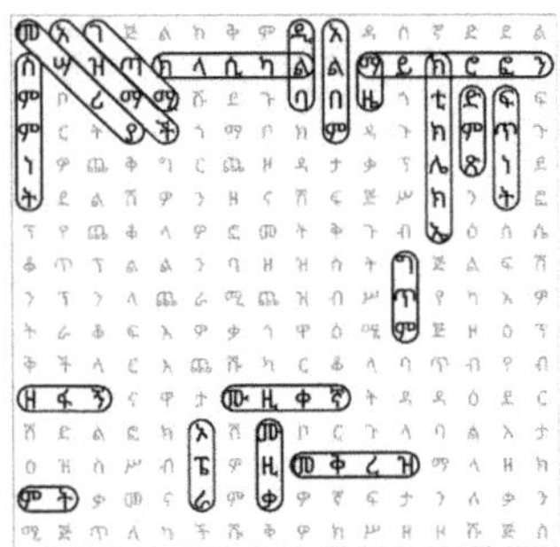

13 - Family

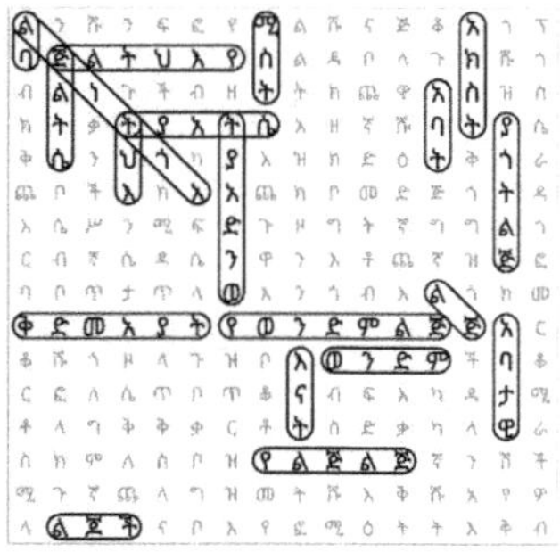

14 - Farm #1

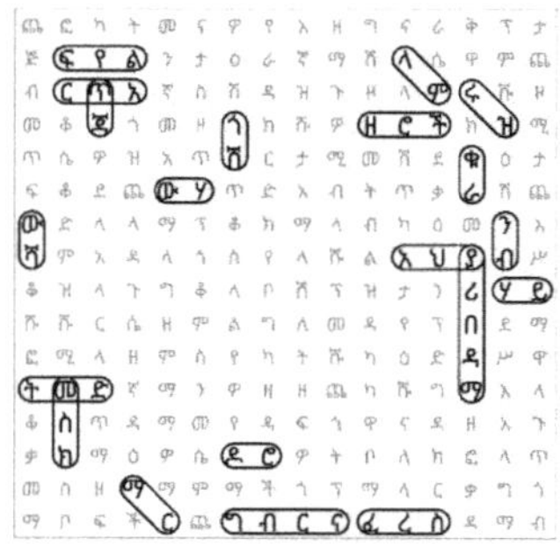

15 - Camping

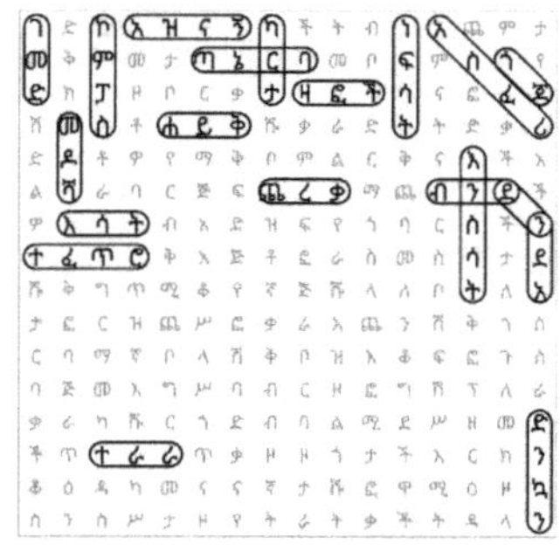

16 - Algebra

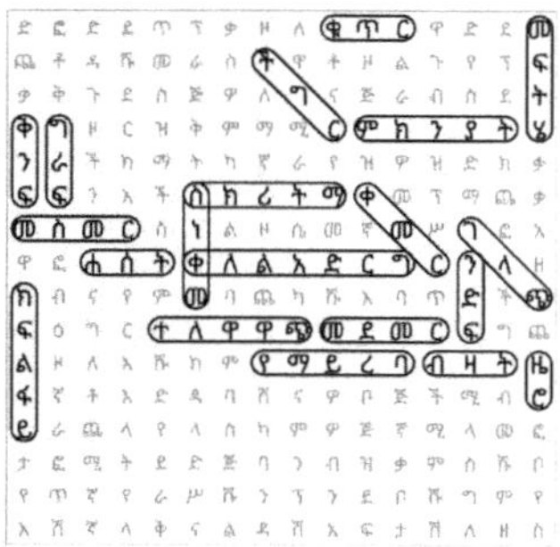

17 - Numbers

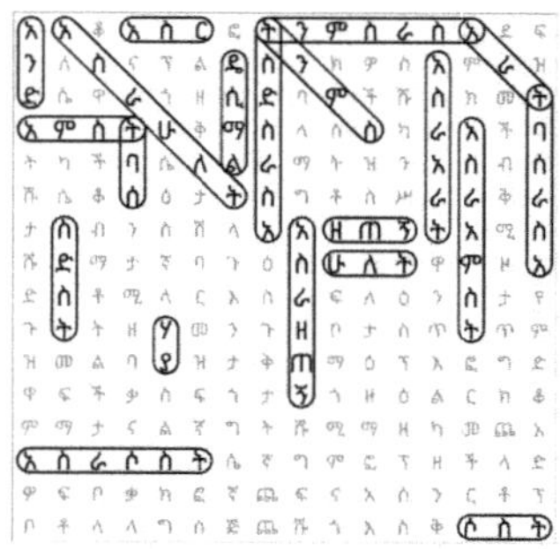

18 - Spices

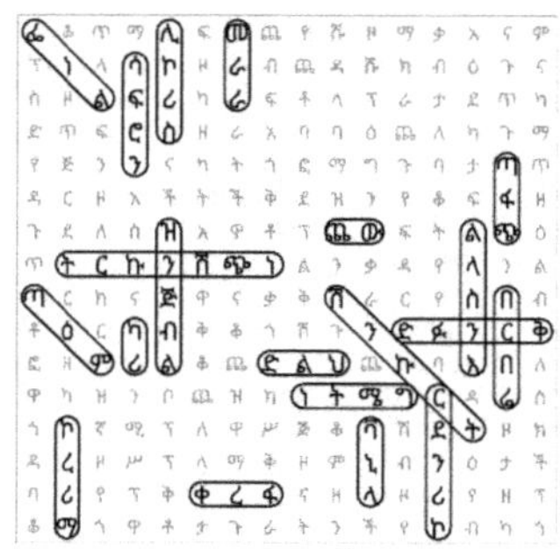

19 - Universe

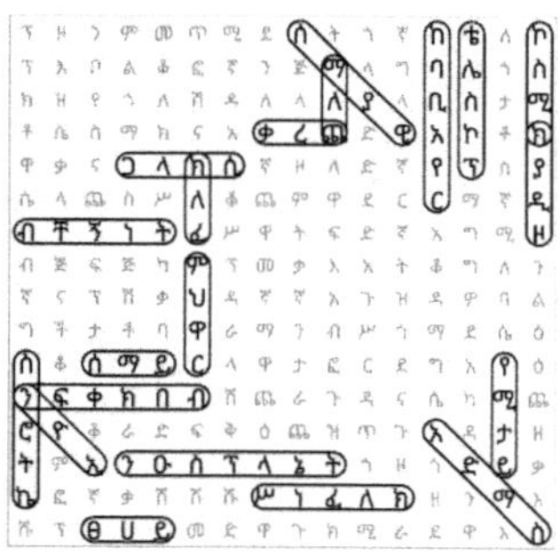

20 - Mammals

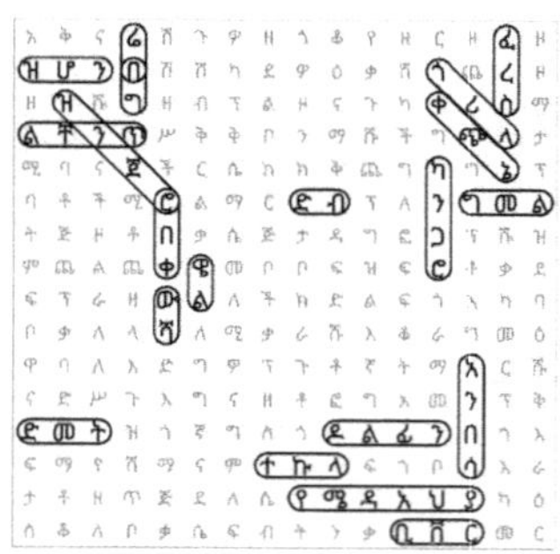

21 - Fishing

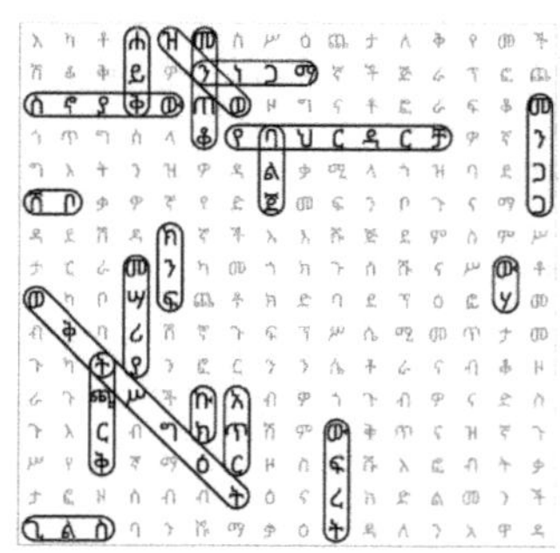

22 - Bees

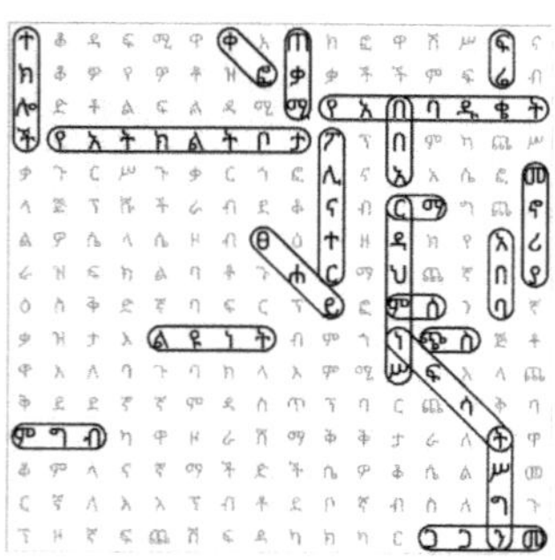

23 - Job Skills

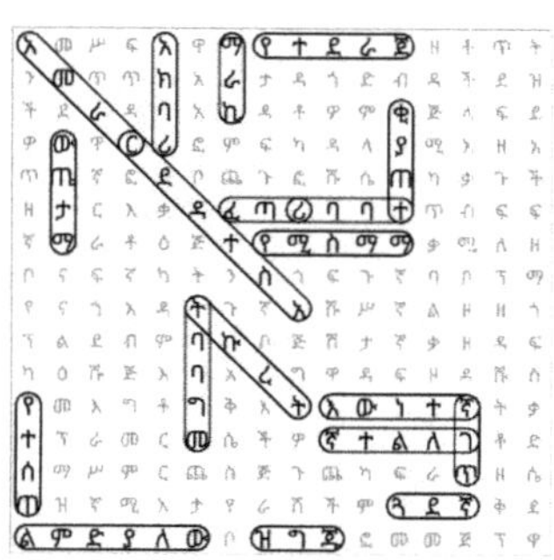

24 - Weather

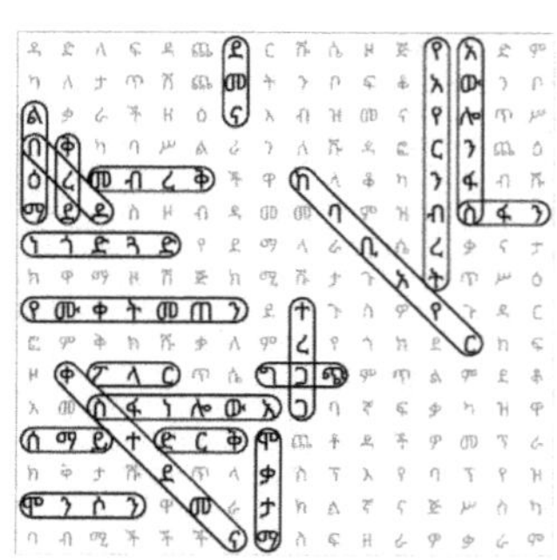

25 - Adventure

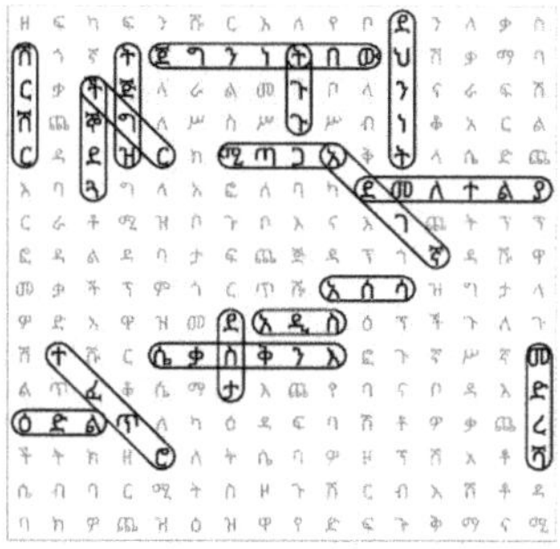

26 - Sport

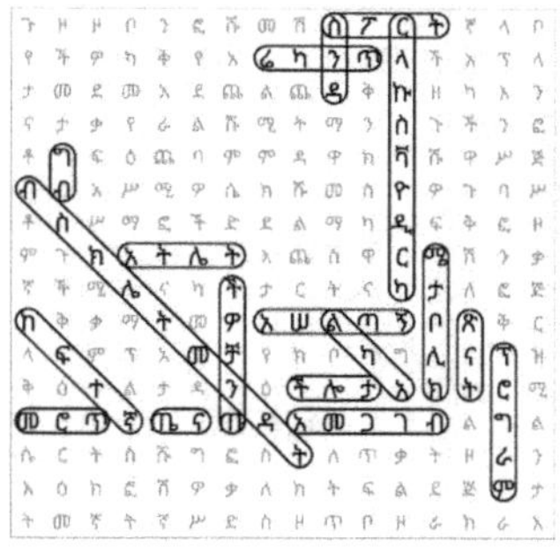

27 - Restaurant #2

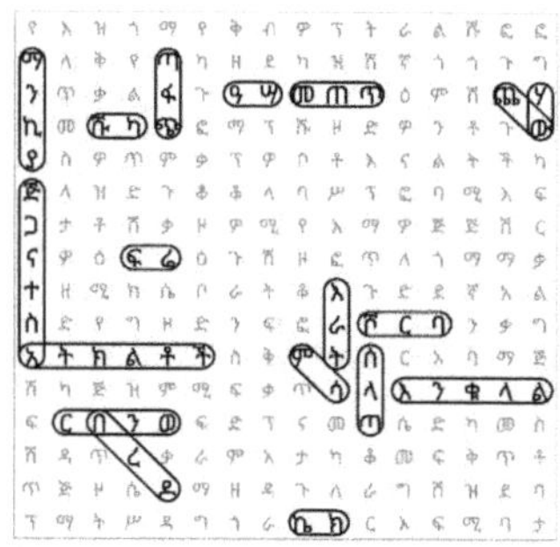

28 - Geology

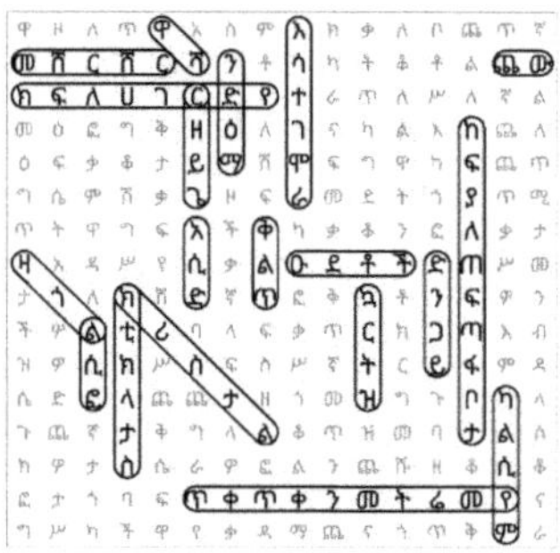

29 - House

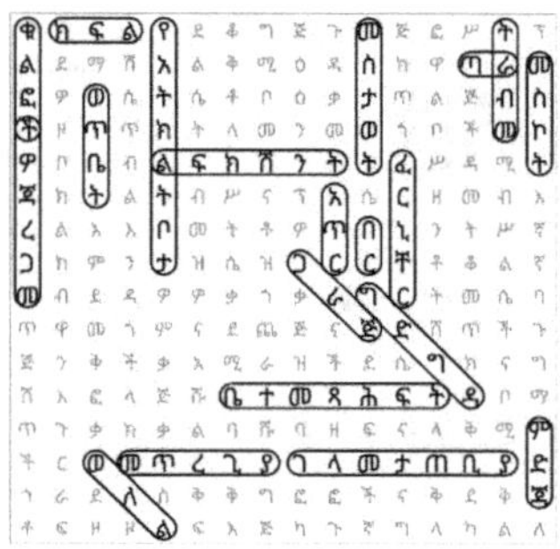

30 - Physics

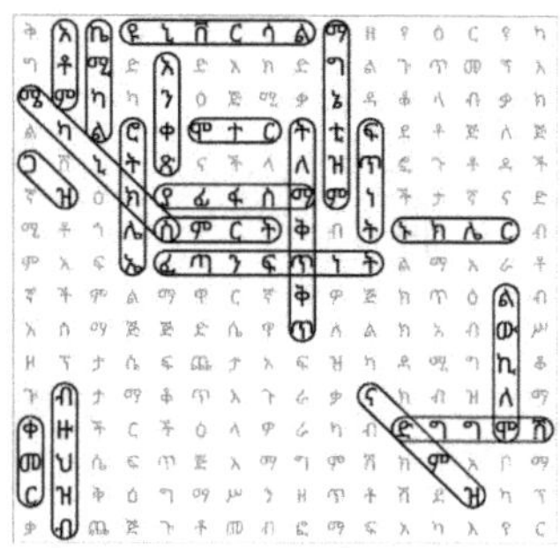

31 - Coffee

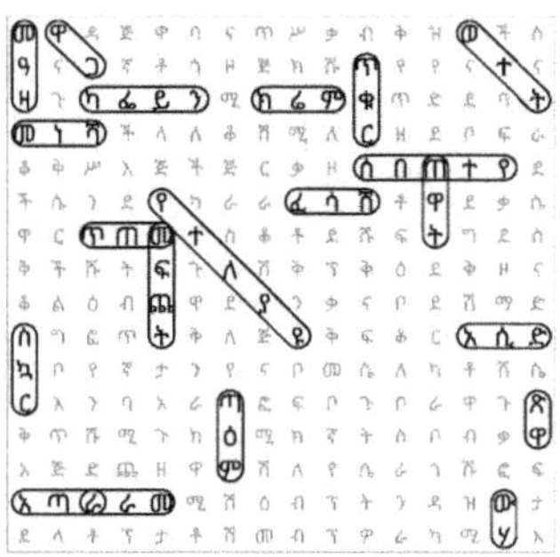

32 - Shapes

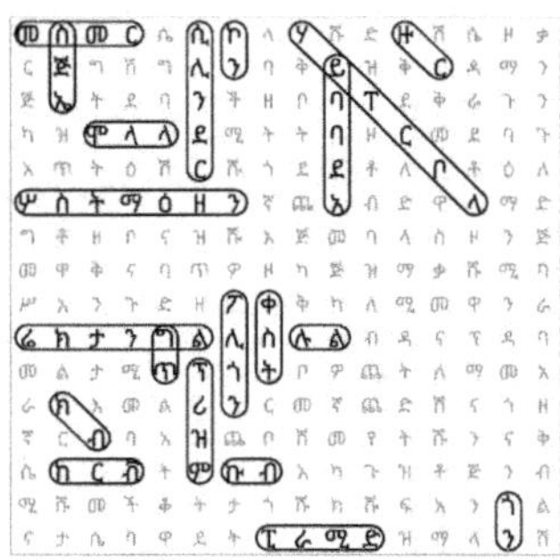

33 - Scientific Disciplines

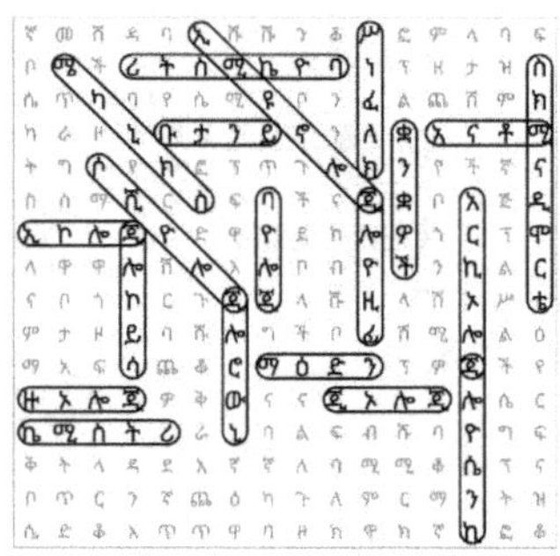

34 - Science

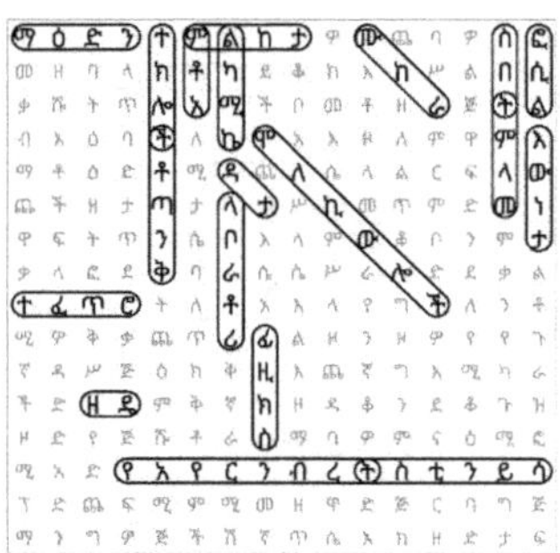

35 - Beauty

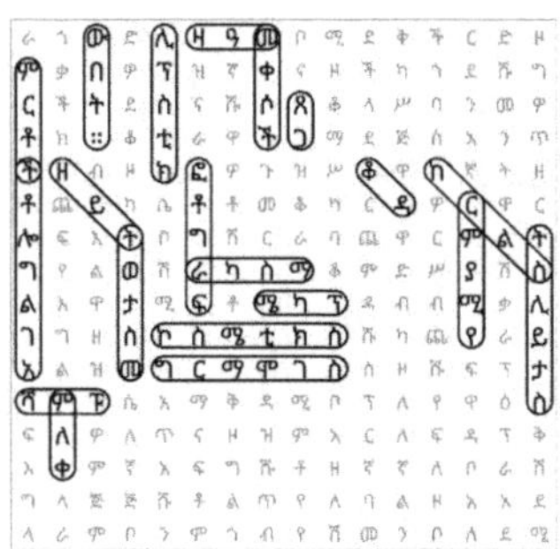

36 - Ethics

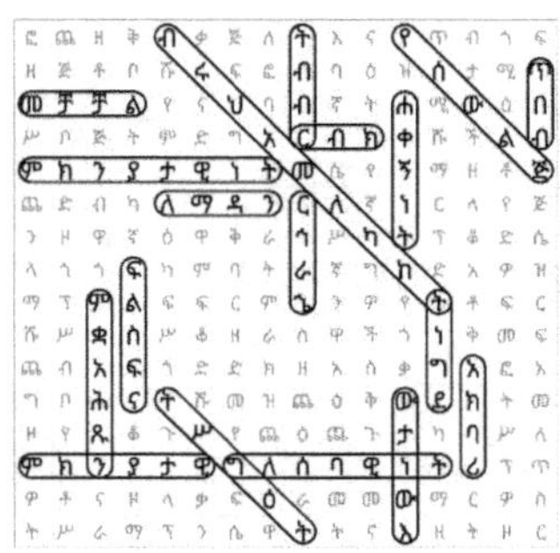

37 - Insects

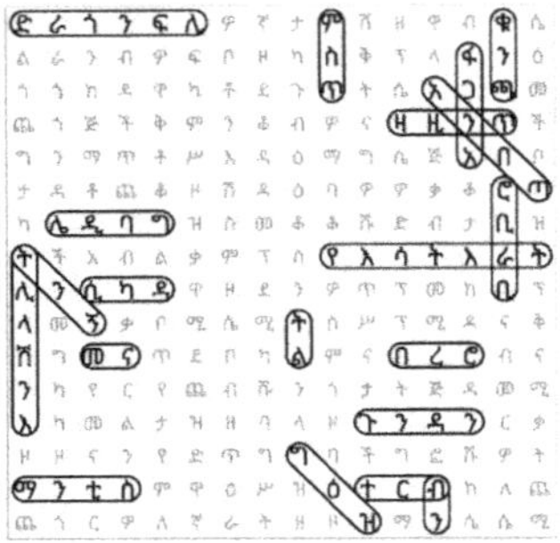

38 - Astronomy

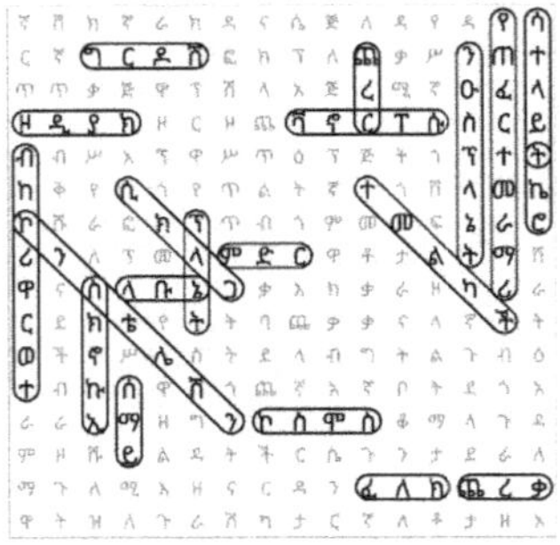

39 - Health and Wellness #2

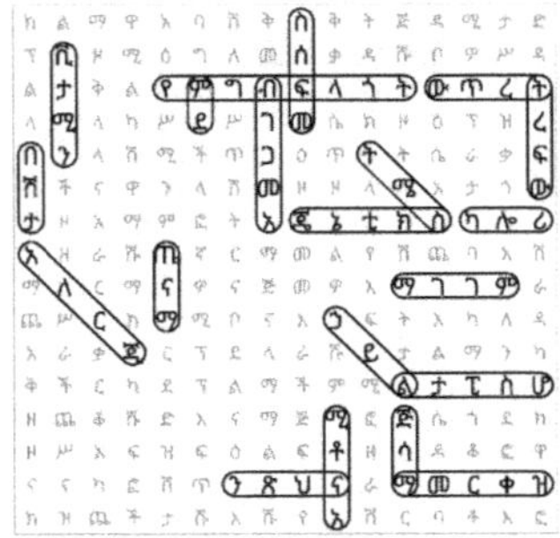

40 - Disease

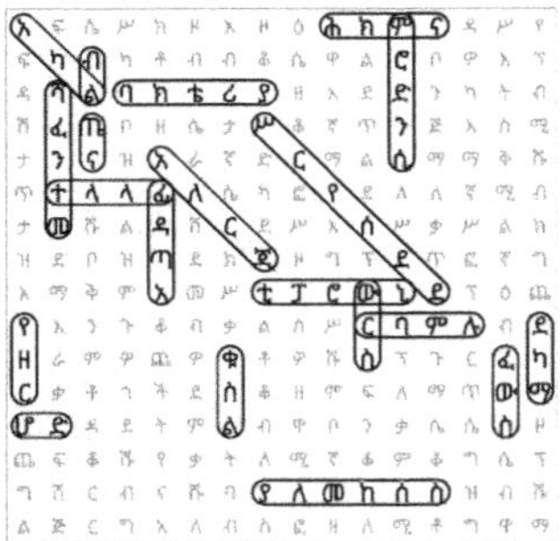

41 - Time

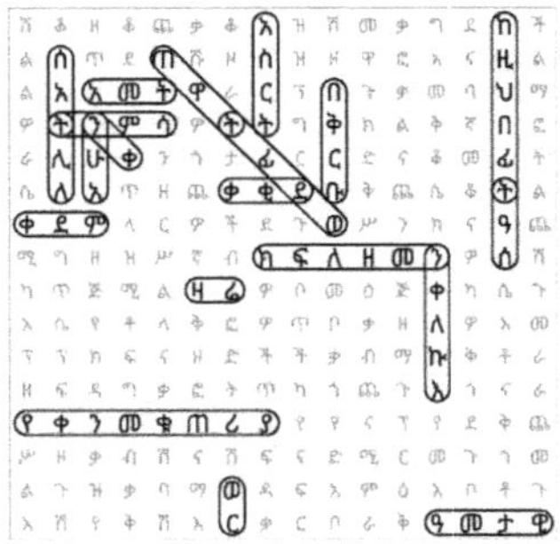

42 - Buildings

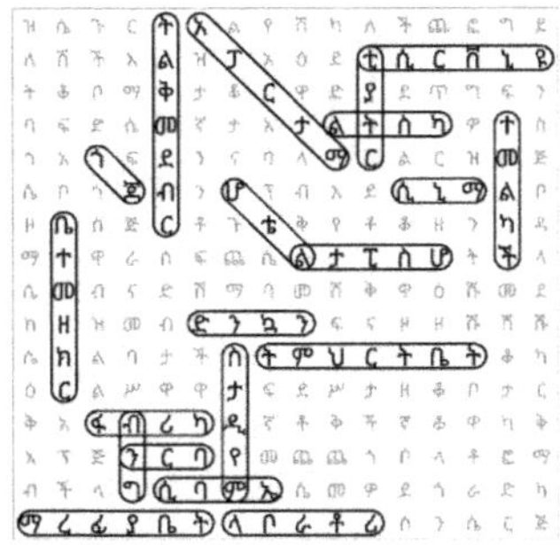

43 - Philanthropy

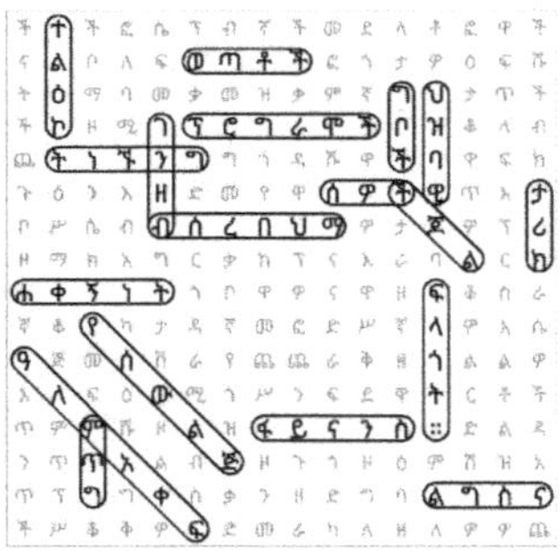

44 - Herbalism

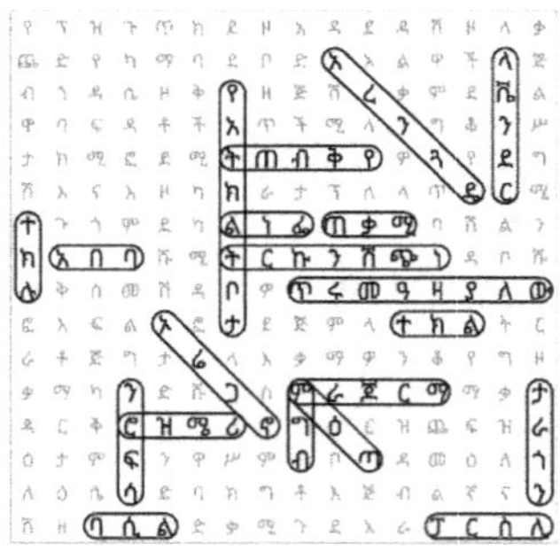

45 - Vehicles

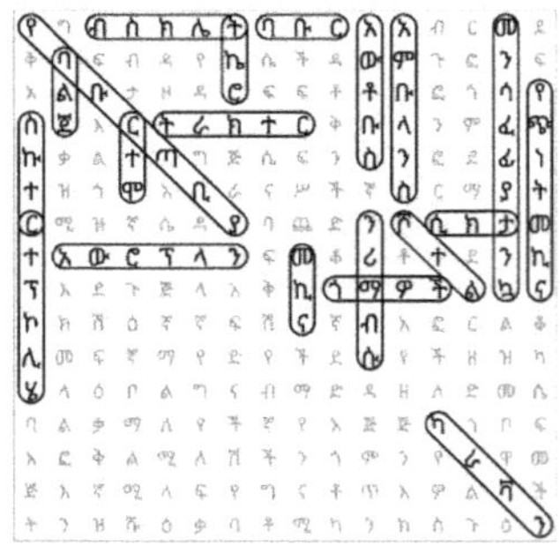

46 - Flowers

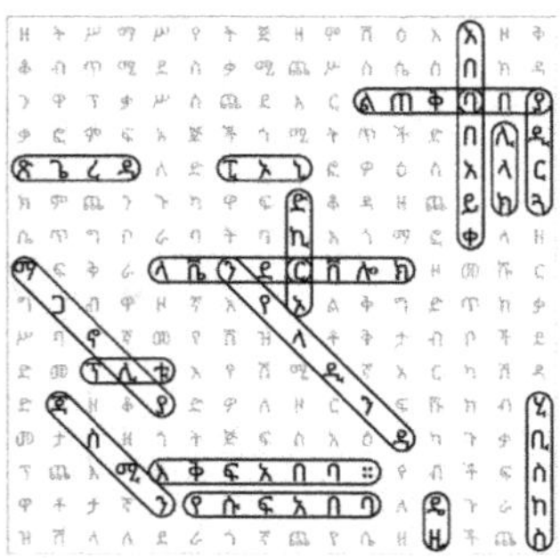

47 - Health and Wellness #1

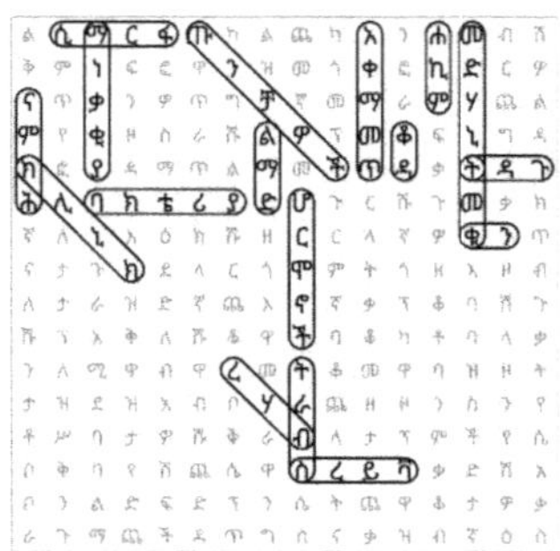

48 - Town

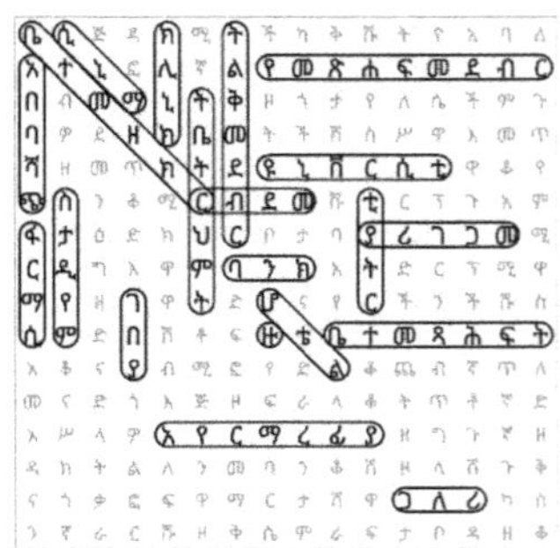

49 - Antarctica

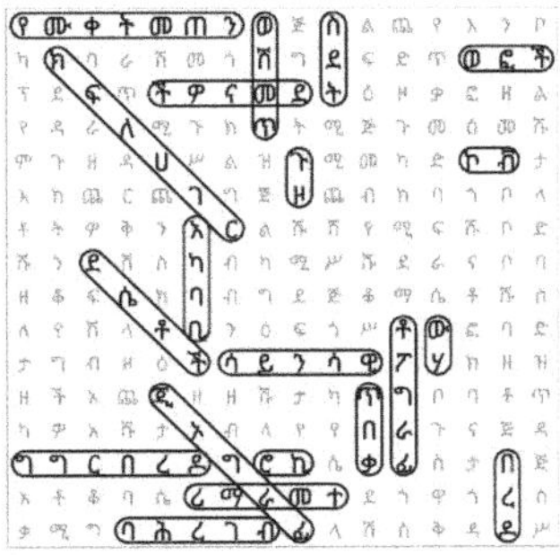

50 - Ballet

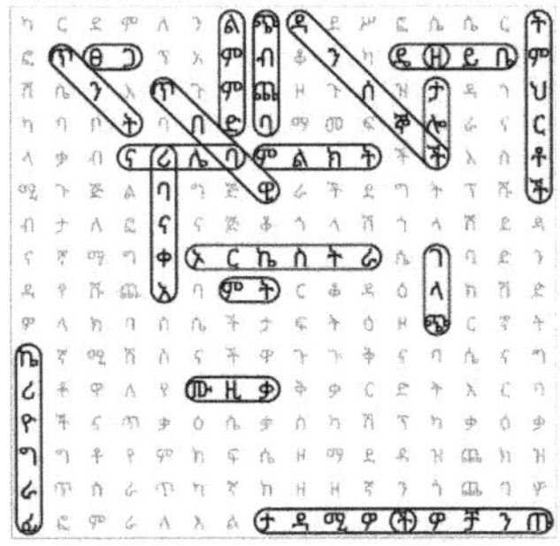

51 - Fashion

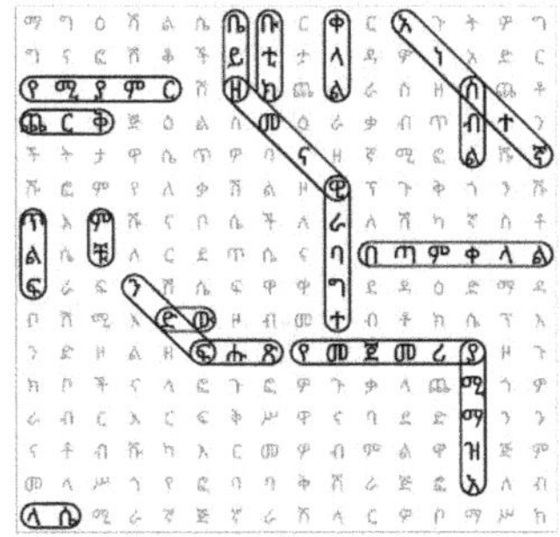

52 - Human Body

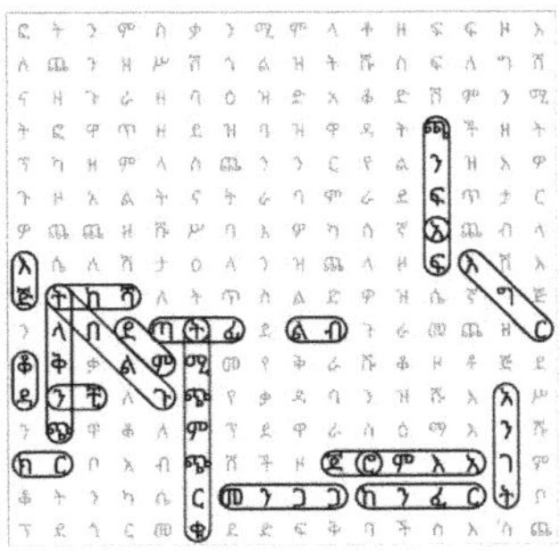

53 - Musical Instruments

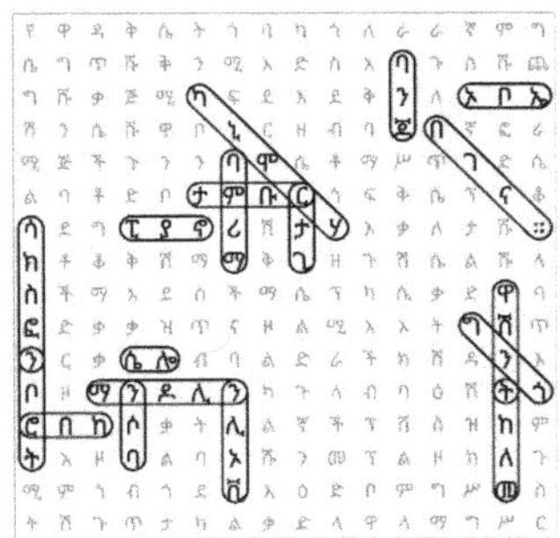

54 - Fruit

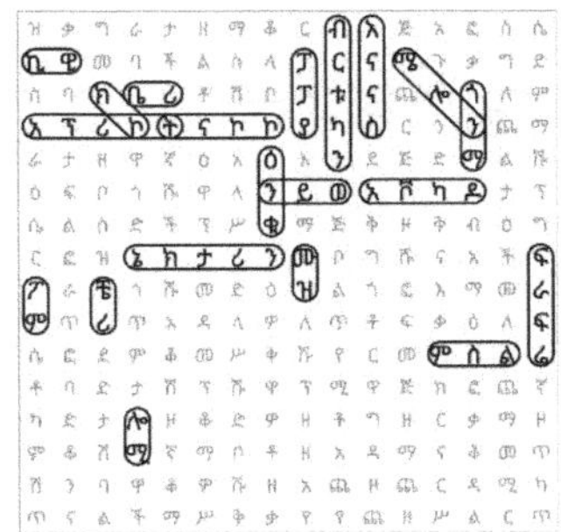

55 - Engineering

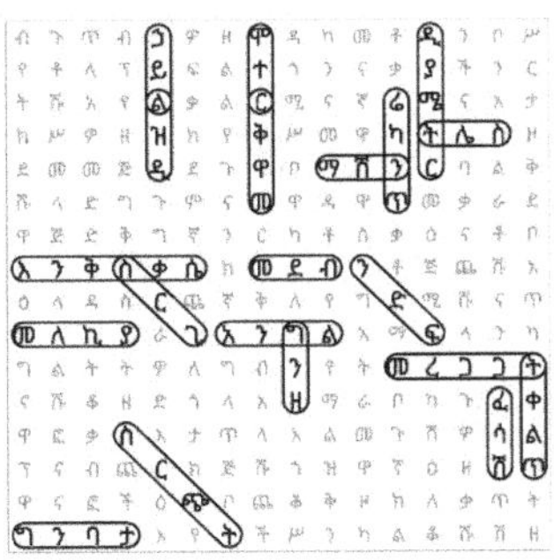

56 - Government

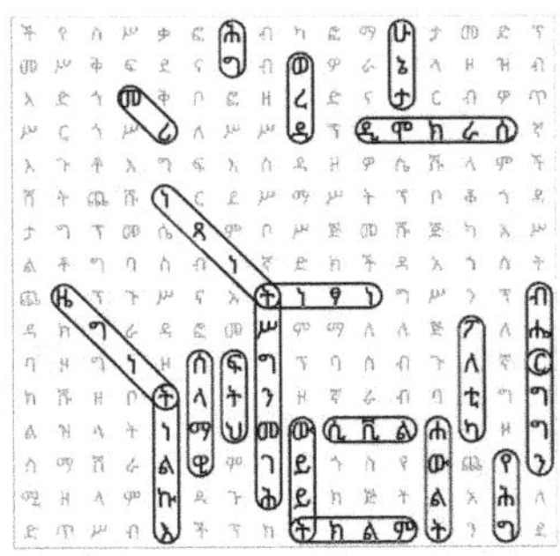

57 - Science Fiction

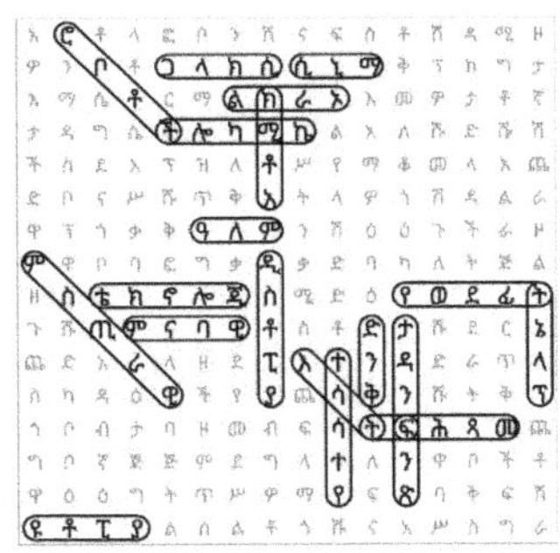

58 - Geometry

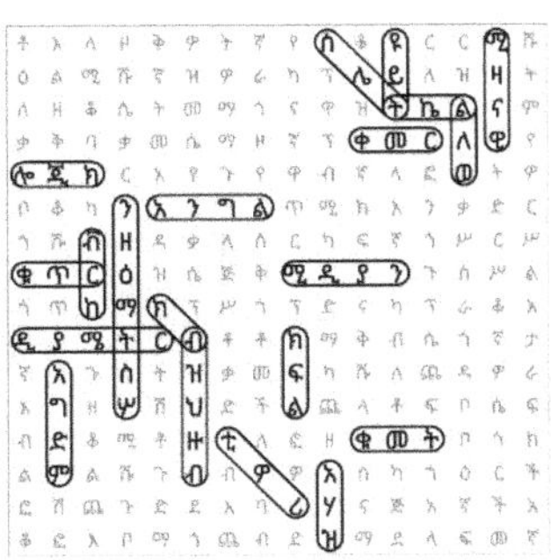

59 - Creativity

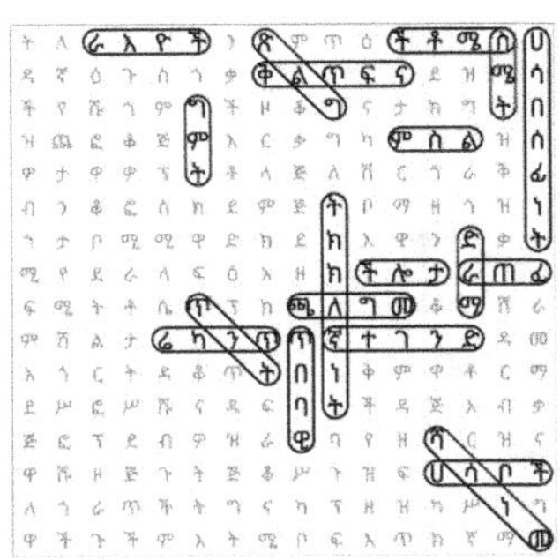

60 - Airplanes

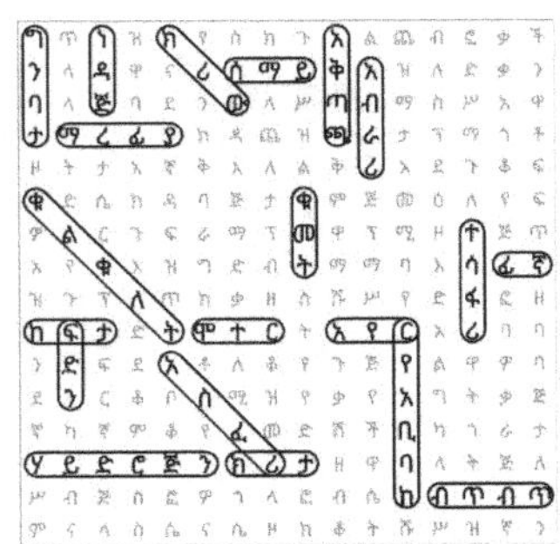

61 - Ocean

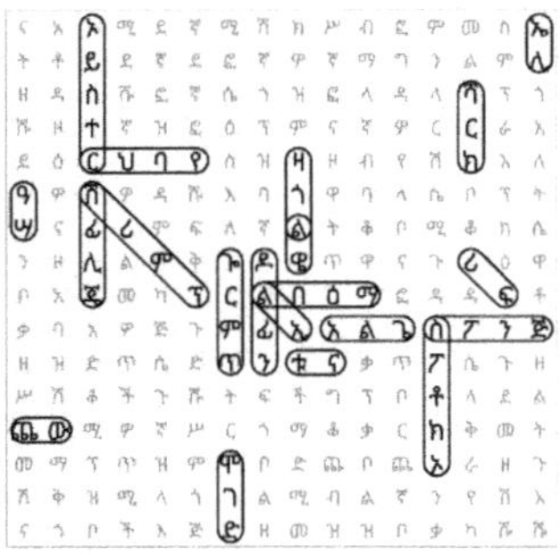

62 - Force and Gravity

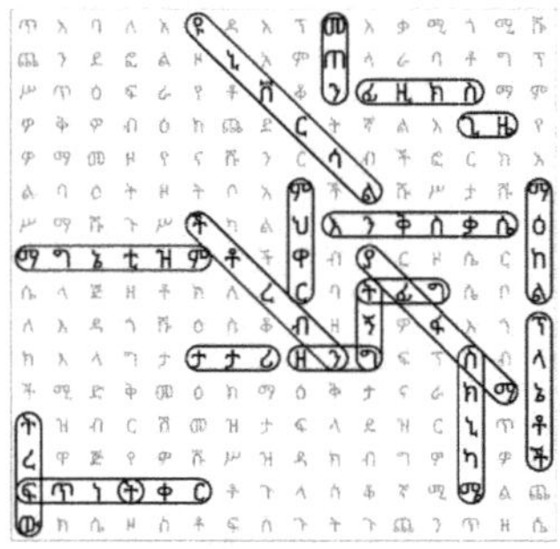

63 - Birds

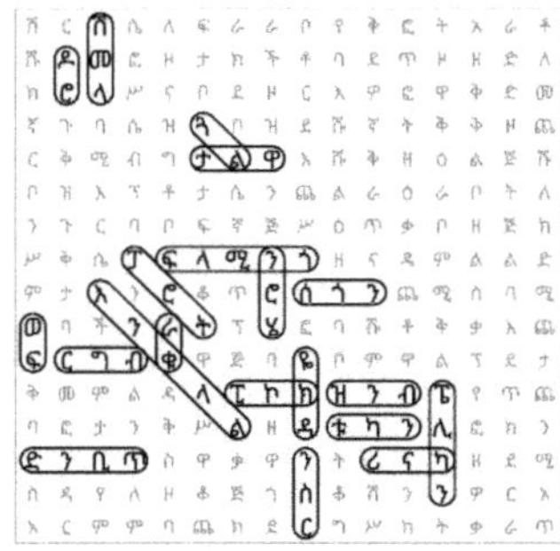

64 - Politics

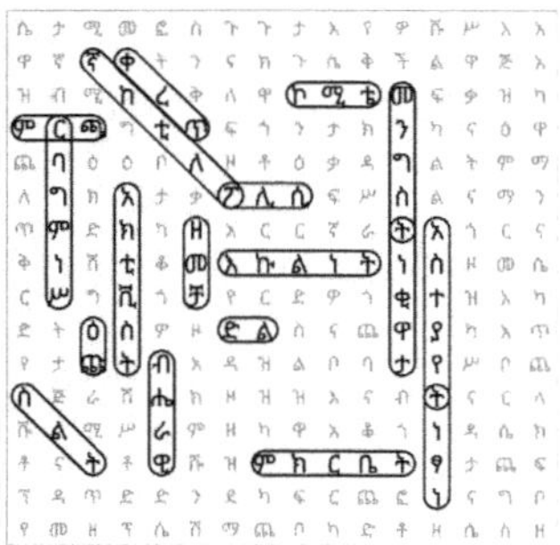

65 - Nutrition

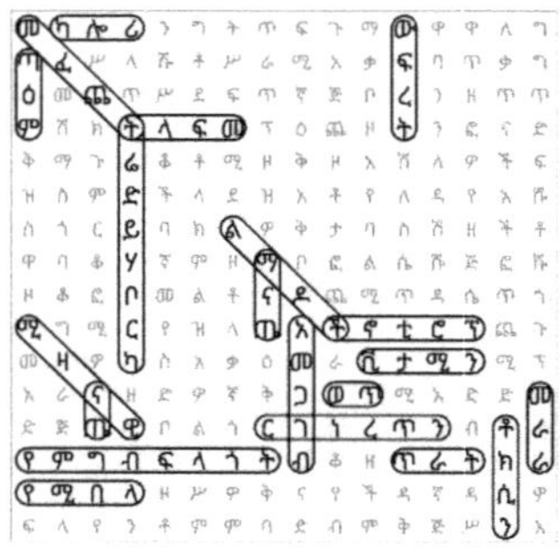

66 - Hiking

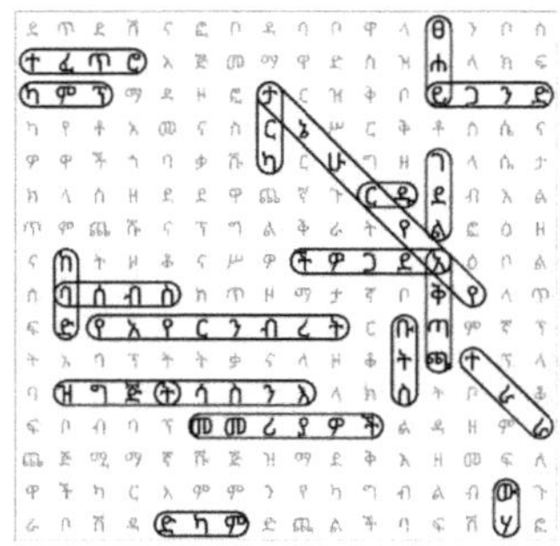

67 - Professions #1

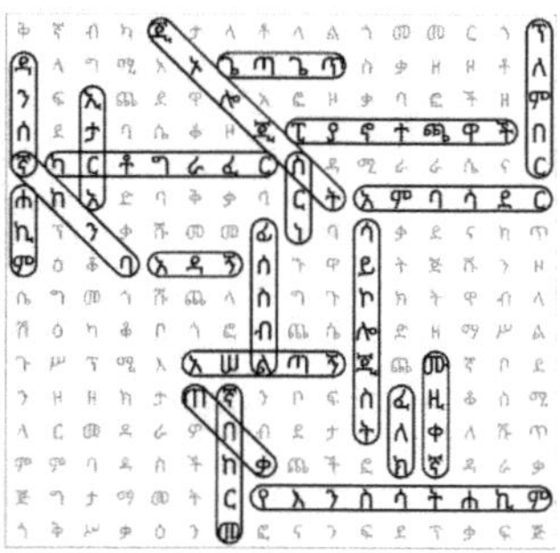

68 - Barbecues

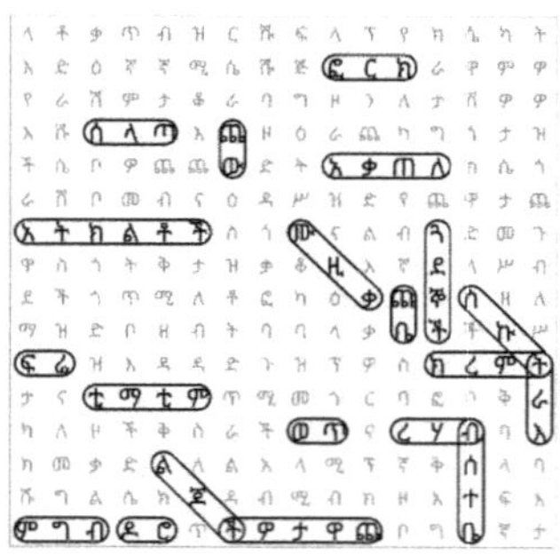

69 - Chocolate

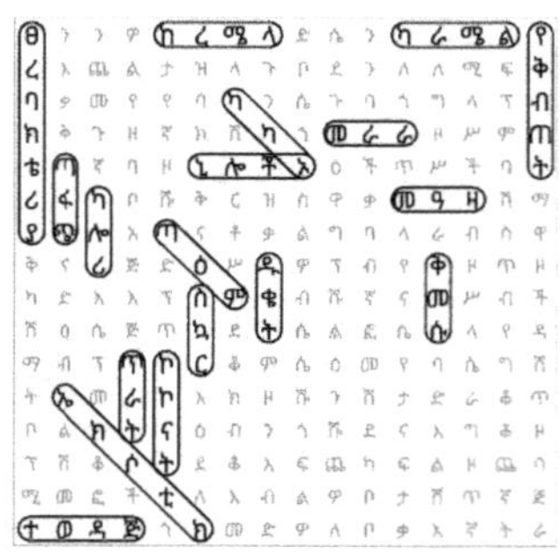

70 - Vegetables

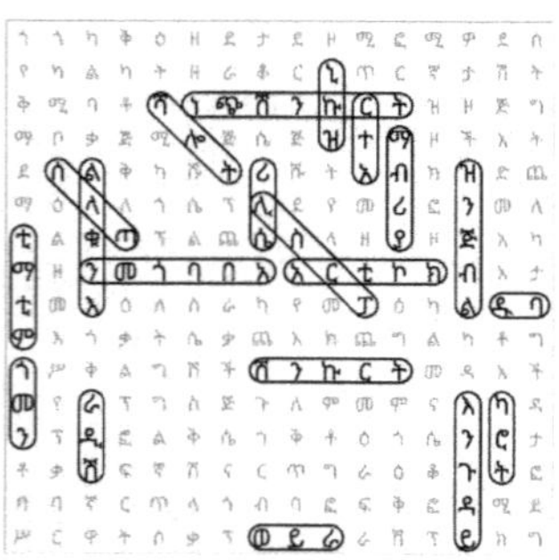

71 - The Media

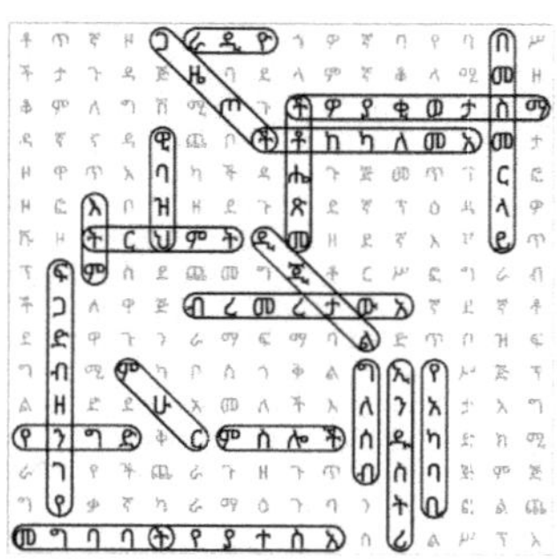

72 - Boats

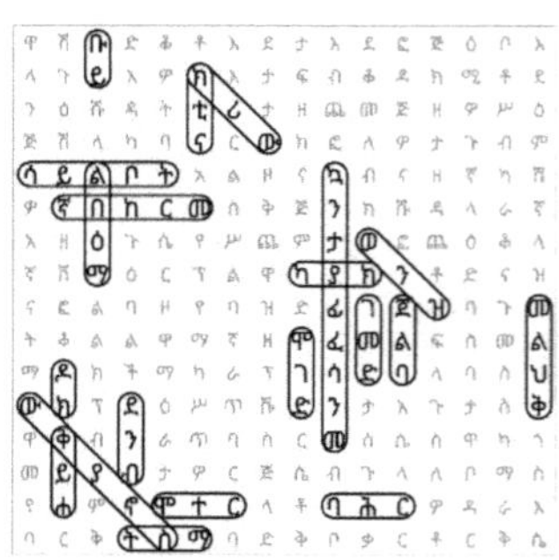

73 - Driving

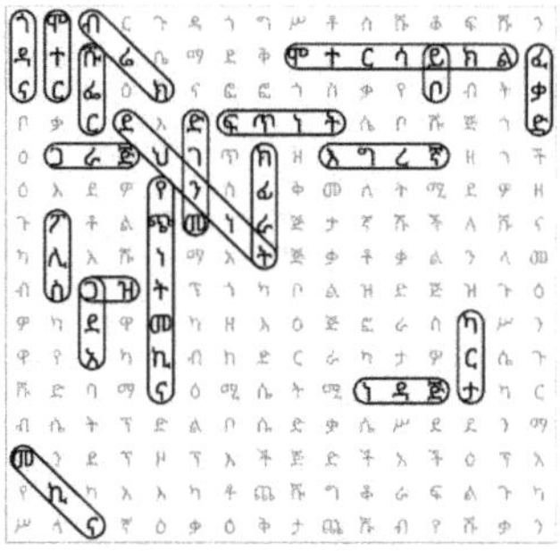

74 - Biology

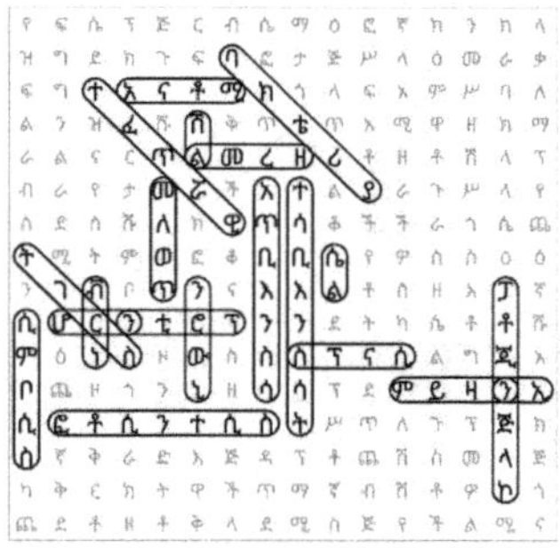

75 - Professions #2

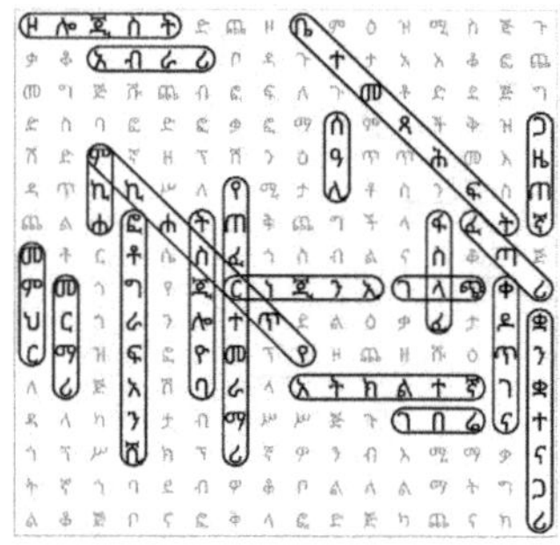

76 - Mythology

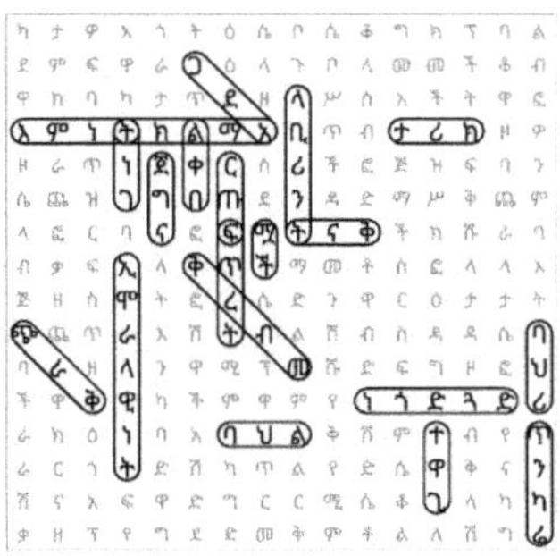

77 - Agronomy

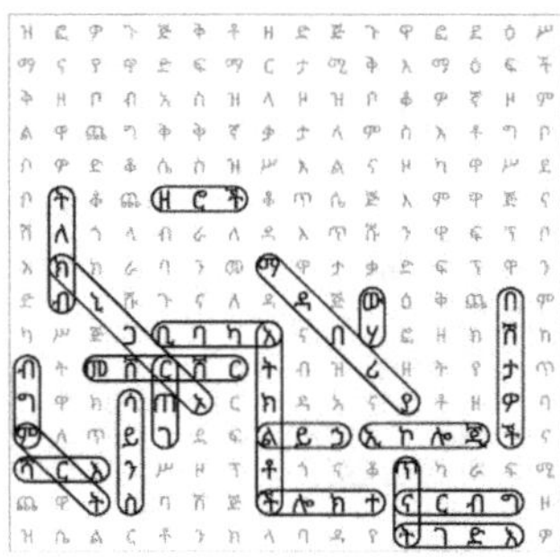

78 - Hair Types

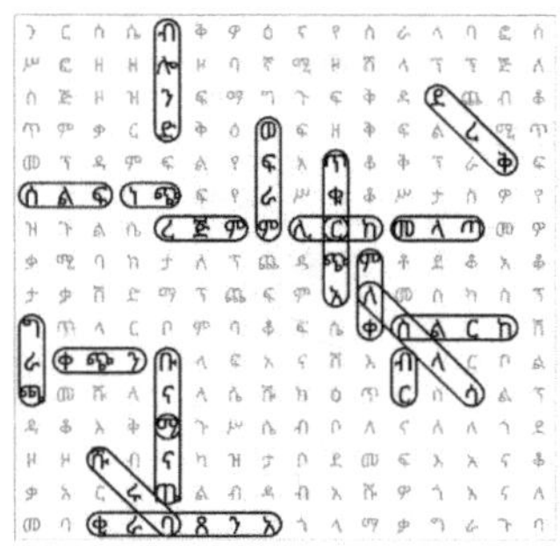

79 - Garden

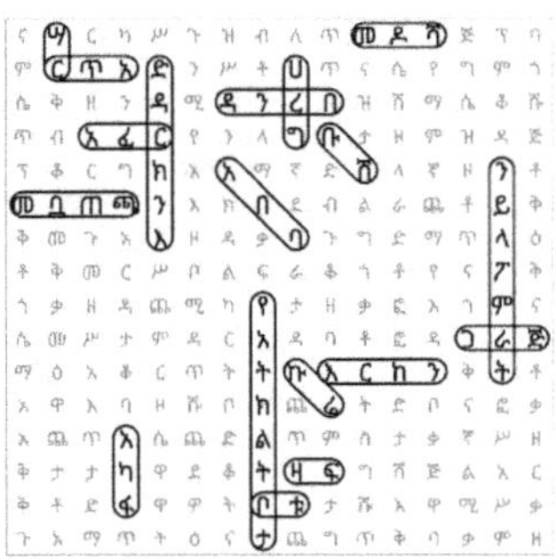

80 - Diplomacy

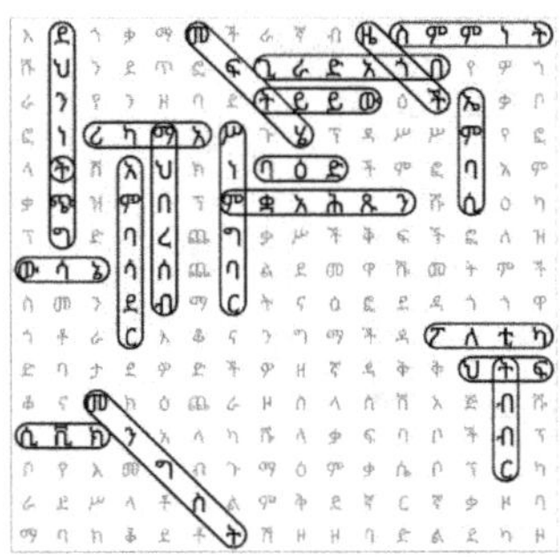

81 - Countries #1

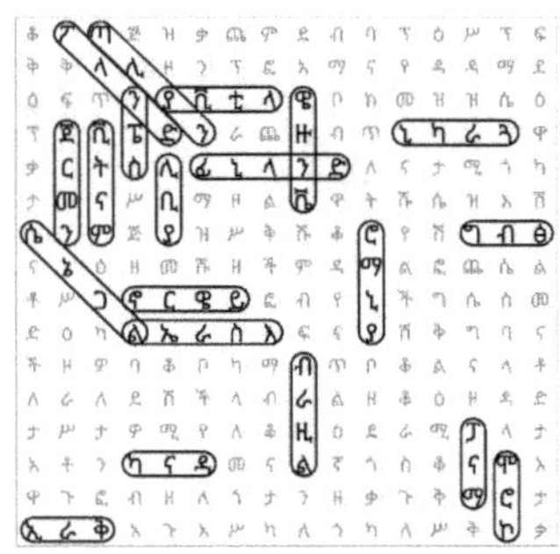

82 - Adjectives #1

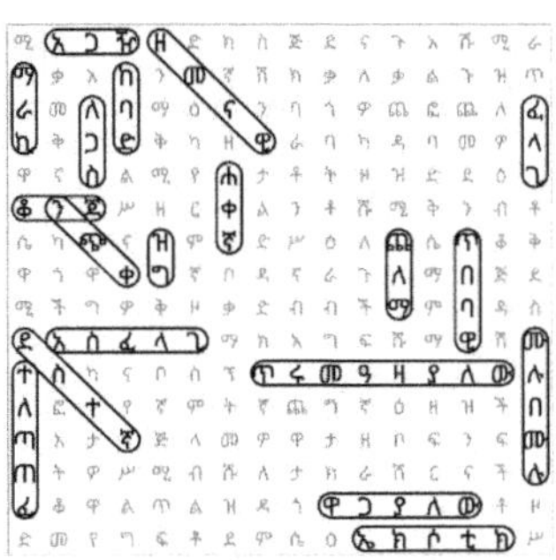

83 - Global Warming

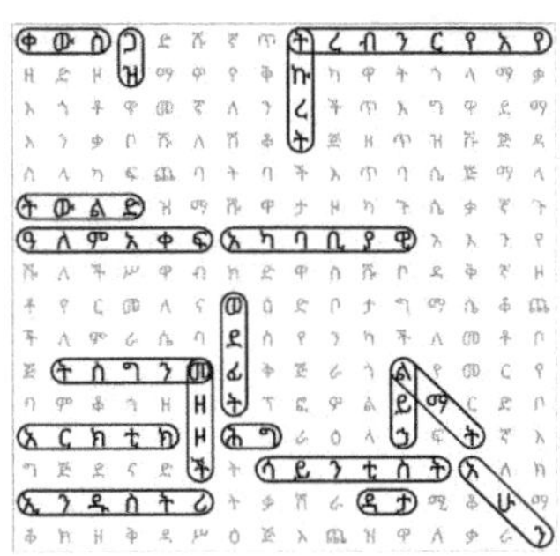

84 - Landscapes

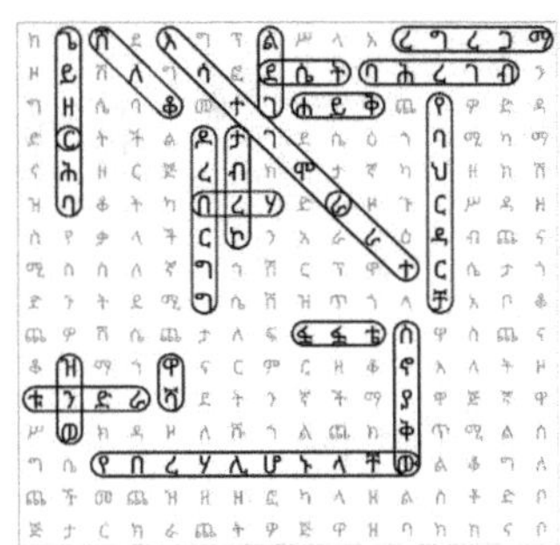

85 - Visual Arts

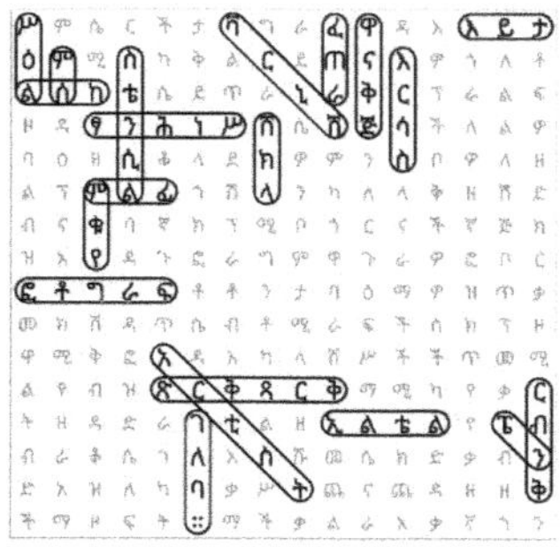

86 - Plants

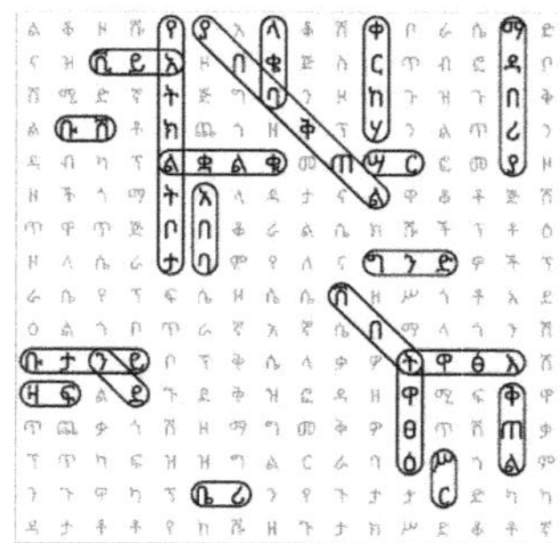

87 - Countries #2

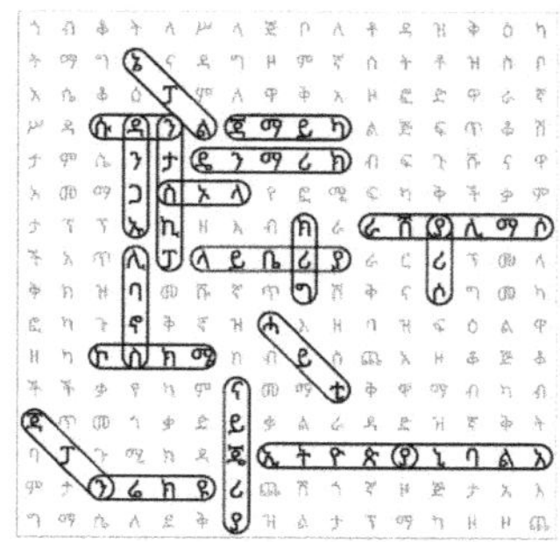

88 - Ecology

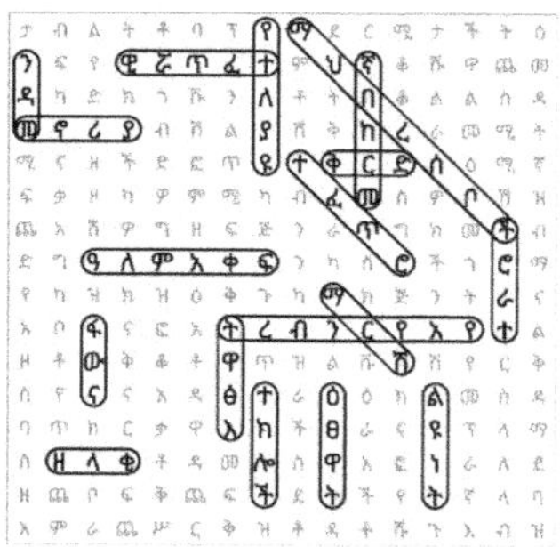

89 - Adjectives #2

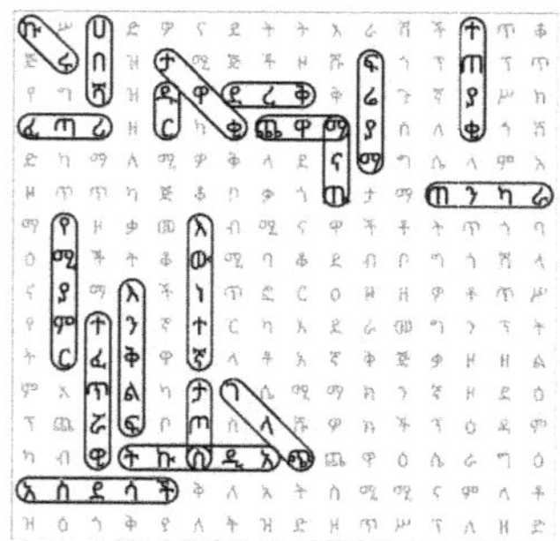

90 - Math

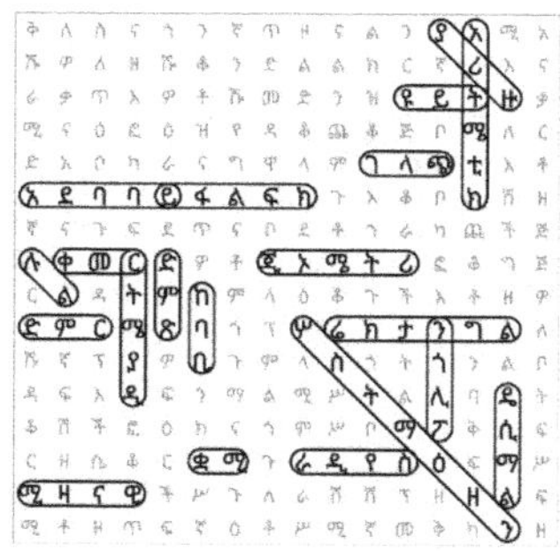

91 - Water

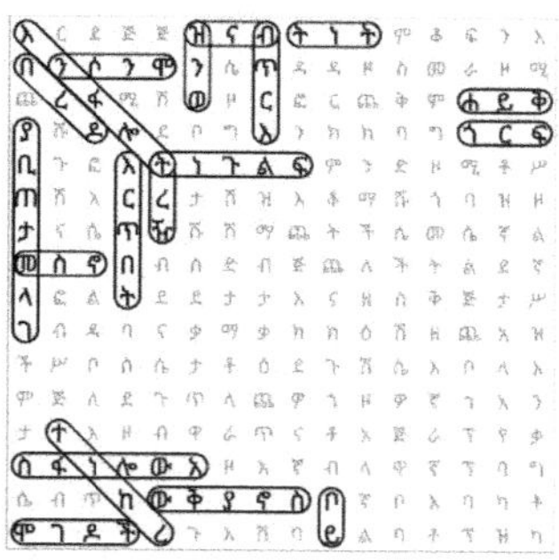

92 - Activities

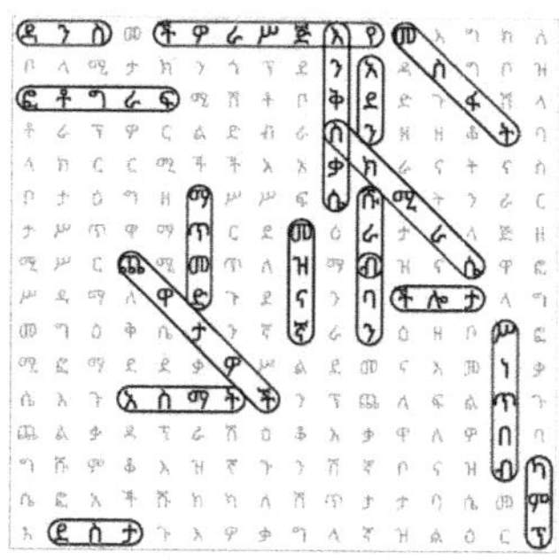

93 - Money

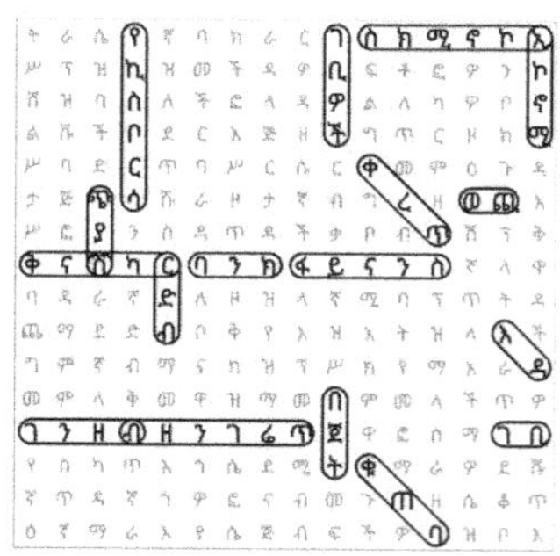

94 - Business

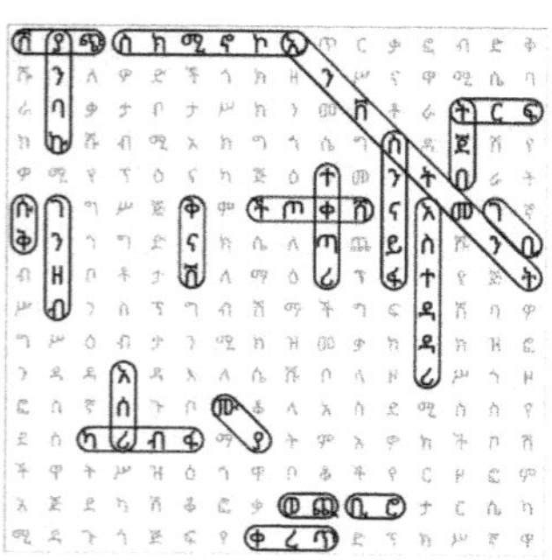

95 - Literature

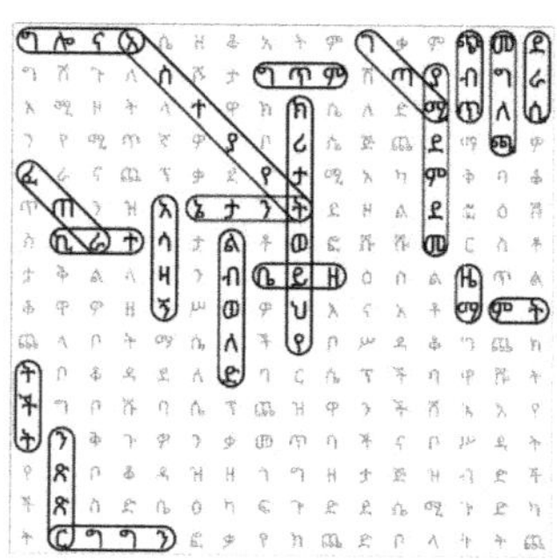

96 - Geography

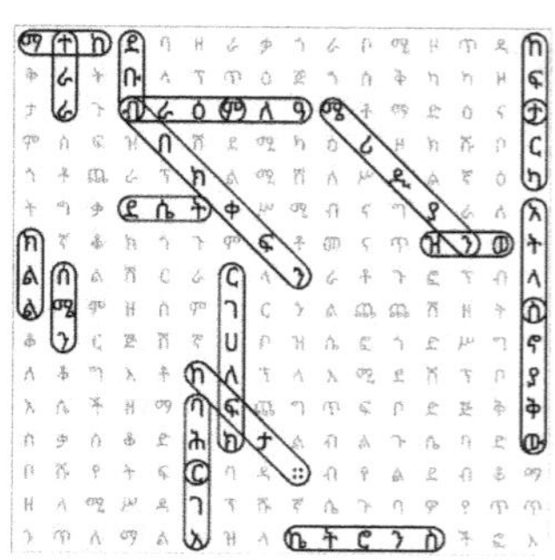

97 - Jazz

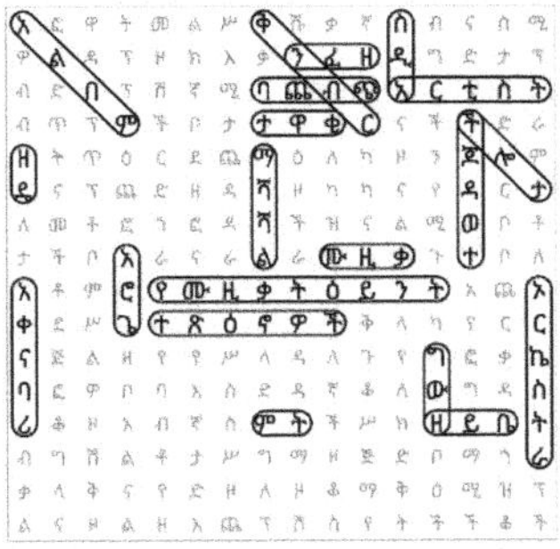

98 - Nature

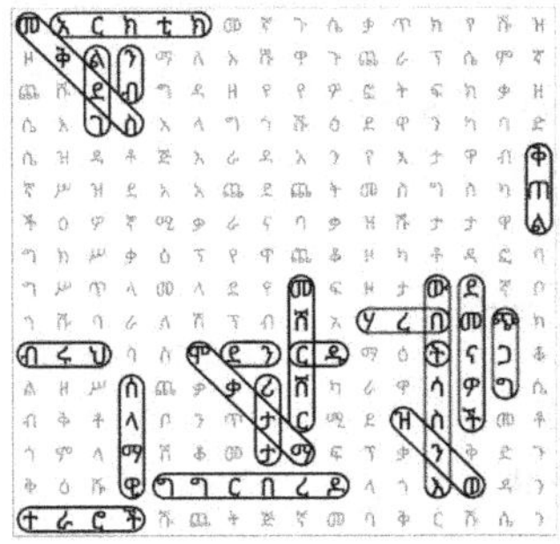

99 - Vacation #2

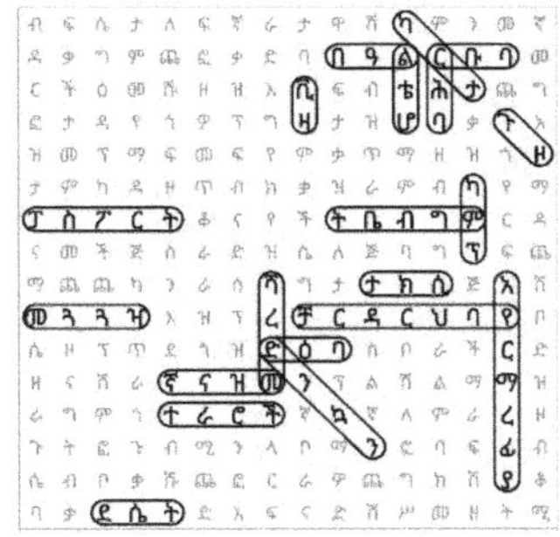

100 - Electricity

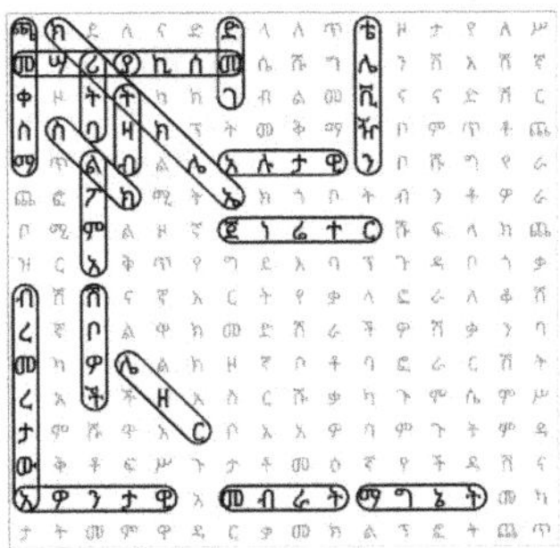

Dictionary

Activities
እንቅስቃሴዎች

Activity	እንቅስቃሴ
Art	ሥነ ጥበብ
Camping	ካምፕ
Ceramics	ሴራሚክስ
Crafts	የእጅ ሥራዎች
Dancing	ዳንስ
Fishing	ማጥመድ
Games	ጨዋታዎች
Hunting	አደን
Knitting	ሹራብ
Leisure	መዝናኛ
Magic	አስማት
Photography	ፎቶግራፍ
Pleasure	ደስታ
Reading	ንባብ
Sewing	መስፋት
Skill	ችሎታ

Adjectives #1
ቅጽል ቁጥር 1

Absolute	ሙሉ በሙሉ
Ambitious	ፈላጊ
Aromatic	ጥሩ መዓዛ ያለው
Artistic	ጥበባዊ
Attractive	ማራኪ
Beautiful	ቆንጆ
Dark	ጨለማ
Exotic	ኤክሶቲክ
Generous	ለጋስ
Happy	ደስተኛ
Heavy	ከባድ
Helpful	አጋዥ
Honest	ሐቀኛ
Identical	ተለጣጠፈ
Important	አስፈላጊ
Modern	ዘመናዊ
Serious	ከባድ
Slow	ዝግ
Thin	ቀጭን
Valuable	ዋጋ ያለው

Adjectives #2
ቅጽል ቁጥር 2

Authentic	እውነተኛ
Creative	ፈጣሪ
Descriptive	ገላጭ
Dry	ደረቅ
Elegant	የሚያምር
Famous	ታዋቂ
Gifted	ስጦታ
Healthy	ጤናማ
Hot	ትኩስ
Hungry	ሀበሻ
Interesting	አስደሳች
Natural	ተፈጥሯዊ
New	አዲስ
Productive	ፍሬያማ
Proud	ኩሩ
Responsible	ተጠያቂ
Salty	ጨዋማ
Sleepy	እንቅልፍ
Strong	ጠንካራ
Wild	ዱር

Adventure
ጀብዱ

Activity	እንቅስቃሴ
Beauty	ውበት
Bravery	ጀግንነት
Chance	ዕድል
Dangerous	አደገኛ
Destination	መድረሻ
Difficulty	ችግር
Enthusiasm	ጉጉት
Excursion	ሽርሽር
Friends	ጓደኞች
Joy	ደስታ
Nature	ተፈጥሮ
Navigation	አሰሳ
New	አዲስ
Opportunity	አጋጣሚ
Preparation	ዝግጅት
Safety	ደህንነት
Unusual	ያልተለመደ

Agronomy
አግሮኖሚ

Agriculture	ግብርና
Diseases	በሽታዎች
Ecology	ኢኮሎጂ
Energy	ኃይል
Environment	አካባቢ
Erosion	መሸርሸር
Farming	እርሻ
Fertilizer	ማዳበሪያ
Food	ምግብ
Growth	እድገት
Organic	ኦርጋኒክ
Plants	ተክሎች
Pollution	ብክለት
Production	ምርት
Rural	ገጠር
Science	ሳይንስ
Seeds	ዘሮች
Study	ጥናት
Vegetables	አትክልቶች
Water	ውሃ

Airplanes
አውሮፕላኖች

Adventure	አስፈሪ
Air	አየር
Altitude	ከፍታ
Atmosphere	ከባቢ አየር
Balloon	ፊኛ
Construction	ግንባታ
Crew	ክሪው
Descent	ቁልቁለት
Design	ንድፍ
Direction	አቅጣጫ
Engine	ሞተር
Fuel	ነዳጅ
Height	ቁመት
History	ታሪክ
Hydrogen	ሃይድሮጅን
Landing	ማረፊያ
Passenger	ተሳፋሪ
Pilot	አብራሪ
Sky	ሰማይ
Turbulence	ብጥብጥ

Algebra
አልጀብራ

Addition	መደመር
Diagram	ንድፍ
Equation	ቀመር
Exponent	ገላጭ
Factor	ምክንያት
False	ሐሰት
Fraction	ክፍልፋይ
Graph	ግራፍ
Infinite	የማይረባ
Linear	መስመር
Matrix	ማትሪክስ
Number	ቁጥር
Parenthesis	ቅንፍ
Problem	ችግር
Quantity	ብዛት
Simplify	ቀለል አድርግ
Solution	መፍትሄ
Subtraction	መቀነስ
Variable	ተለዋዋጭ
Zero	ዜሮ

Antarctica
አንታርክቲካ

Bay	ወሽመጥ
Birds	ወፎች
Clouds	ደመናዎች
Conservation	ጥበቃ
Continent	ክፍለ-ሀገር
Cove	ኮቭ
Environment	አካባቢ
Expedition	ጉዞ
Geography	ጂኦግራፊ
Glaciers	ግግር በረዶ
Ice	በረዶ
Islands	ደሴቶች
Migration	ስደት
Peninsula	ባሕረ ገብ
Researcher	ተመራማሪ
Rocky	ሮኪ
Scientific	ሳይንሳዊ
Temperature	የሙቀት መጠን
Topography	ቶፖግራፊ
Water	ውሃ

Antiques
ቅርሶች

Art	ሥነ ጥበብ
Auction	ጨረታ
Authentic	እውነተኛ
Century	ክፍለ ዘመን
Coins	ሳንቲሞች
Collector	ሰብሳቢ
Condition	ሁኔታ
Decorative	ማስጌጥ
Elegant	የሚያምር
Furniture	ፈርኒቸር
Gallery	ጋለሪ
Investment	ኢንቨስትመንት
Item	ዓይነት
Jewelry	ጌጣጌጥ
Old	አሮጌ
Price	ዋጋ
Quality	ጥራት
Restoration	መልሶ ማቋቋም
Style	ዘይቤ
Unusual	ያልተለመደ

Archeology
የአርኪኦሎጂ

Analysis	ትንታኔ
Ancient	ጥንታዊ
Antiquity	ጥንት
Civilization	ሥልጣኔ
Descendant	የዘር ሐረግ
Era	ዘመን
Evaluation	ግምገማ
Expert	ባለሙያ
Forgotten	ተረሳ
Fossil	ፎሲል
Mystery	ምስጢር
Pottery	ሸክላ
Professor	ፕሮፌሰር
Relic	ቅርስ
Researcher	ተመራማሪ
Team	ቡድን
Temple	ቤተ መቅደስ
Tomb	መቃብር
Unknown	ያልታወቀ
Years	ዓመታት

Astronomy
ቅድሚያ

Asteroid	ንዑስ ፕላኔት
Astronaut	የጠፈር ተመራማሪ
Astronomer	ፈለክ
Constellation	ኮንስቴሌሽን
Cosmos	ኮስሞስ
Earth	ምድር
Eclipse	ግርዶሽ
Equinox	ኢኩኖክስ
Galaxy	ጋላክሲ
Meteor	ተወርዋሪ ኮከብ
Moon	ጨረቃ
Nebula	ኔቡላ
Observatory	ተመልካች
Planet	ፕላኔት
Radiation	ጨረር
Rocket	ሮኬት
Satellite	ሳተላይት
Sky	ሰማይ
Supernova	ሱፐርኖቫ
Zodiac	ዞዲያክ

Ballet
የባሌ ዳንስ

Applause	ጭብጨባ
Artistic	ጥበባዊ
Audience	ታዳሚዎች
Ballerina	ባሌሪና
Choreography	ኬሪዮግራፊ
Composer	አቀናባሪ
Dancers	ዳንሰኞች
Expressive	ገላጭ
Gesture	ምልክት
Graceful	ፀጋ
Intensity	ጥንት
Lessons	ትምህርቶች
Muscles	ጡንቻዎች
Music	ሙዚቃ
Orchestra	ኦርኬስትራ
Practice	ልምምድ
Rhythm	ምት
Skill	ችሎታ
Style	ዘይቤ
Technique	ዘዴ

Barbecues
ባርበኪስ

Chicken	ዶሮ
Children	ልጆች
Dinner	እራት
Family	ቤተሰብ
Food	ምግብ
Forks	ፎርክ
Friends	ጓደኞች
Fruit	ፍሬ
Games	ጨዋታዎች
Grill	አቃጠለ
Hot	ትኩስ
Hunger	ረሃብ
Knives	ጩቤ
Music	ሙዚቃ
Salads	ሰላጣ
Salt	ጨው
Sauce	ወጥ
Summer	ክረምት
Tomatoes	ቲማቲም
Vegetables	አትክልቶች

Beauty
ውበት

Charm	ውበት።
Color	ቀለም
Cosmetics	ኮስሜቲክስ
Curls	ከርልስ
Elegance	ግርማ ሞገስ
Elegant	የሚያምር
Fragrance	መዓዛ
Grace	ጸጋ
Lipstick	ሊፕስቲክ
Makeup	ሜካፕ
Mascara	ማስካራ
Mirror	መስታወት
Oils	ዘይት
Photogenic	ፎቶግራፍ
Products	ምርቶች
Scissors	መቀሶች
Services	አገልግሎቶች
Shampoo	ሻምፑ
Skin	ቆዳ
Stylist	ስታይሊስት

Bees
ንቦች

Beneficial	ጠቃሚ
Blossom	አበበ
Diversity	ልዩነት
Ecosystem	ሥነ ምህዳር
Flowers	አበባ
Food	ምግብ
Fruit	ፍሬ
Garden	የአትክልት ቦታ
Habitat	መኖሪያ
Hive	ቀፎ
Honey	ማር
Insect	ነፍሳት
Plants	ተክሎች
Pollen	የአበባ ዱቄት
Pollinator	ፖሊናተር
Queen	ንግሥት
Smoke	ጭስ
Sun	ፀሐይ
Swarm	መንጋጋ
Wax	ሰም

Biology
ባዮሎጂ

Anatomy	አናቶሚ
Bacteria	ባክቴሪያ
Cell	ሴል
Chromosome	ዘረመል
Collagen	ኮላጅን
Embryo	ሽል
Enzyme	ኢንዛይም
Hormone	ሆርን
Mammal	አጥቢ እንስሳ
Mutation	መለወጥ
Natural	ተፈጥሯዊ
Nerve	ነርቭ
Neuron	ኒውሮን
Osmosis	ስርገት
Pathogen	ፓቶጂን
Photosynthesis	ፎቶሲንተሲስ
Protein	ፕሮቲን
Reptile	ተሳቢ እንስሳት
Symbiosis	ሲምቦሲስ
Synapse	ሲናፕስ

Birds
ወፎች

Canary	ካናሪ
Chicken	ዶሮ
Crow	ቁራ
Cuckoo	ወፍ
Dove	ርግብ
Eagle	ንስር
Egg	እንቁላል
Flamingo	ፍላሚንጎ
Goose	ዝንብ
Gull	ጓል
Heron	ሄሮን
Ostrich	ሰጎን
Parrot	ፓሮት
Peacock	ፒኮክ
Pelican	ፔሊካን
Penguin	ዋልታ
Sparrow	ድንቢጥ
Stork	ሽመላ
Swan	ዳክዬ
Toucan	ቱካን

Boats
ጀልባዎች

Anchor	መልህቅ
Buoy	ቡይ
Canoe	ደንብ
Crew	ክሪው
Dock	ዶክ
Engine	ሞተር
Kayak	ካያክ
Lake	ሐይቅ
Mast	ማስት
Nautical	ናቲክ
Ocean	ውቅያኖስ
Raft	መንሳፈፊያ ታንኳ
River	ወንዝ
Rope	ገመድ
Sailboat	ሳይልቦት
Sailor	መርከበኛ
Sea	ባሕር
Tide	ማዕበል
Waves	ሞገድ
Yacht	ጀልባ

Books
መፅሐፍቶች

Adventure	አስፈሪ
Author	ደራሲ
Character	ባህሪ
Collection	ስብስብ
Context	ዐውደ-ጽሑፍ
Duality	ሁለትነት
Epic	ጀብዱ
Historical	ታሪካዊ
Humorous	ቀልድ
Inventive	ፈጠራ
Literary	ሥነ ጽሑፍ
Narrator	ተራኪ
Novel	ልብ ወለድ
Page	ገጽ
Poem	ግጥም
Reader	አንባቢ
Series	ተከታታይ
Story	ታሪክ
Tragic	አሳዛኝ
Written	ተፃፈ

Buildings
ሕንፃዎች

Apartment	አፓርታማ
Barn	ባርን
Cabin	ጎጆ
Castle	ካስትል
Cinema	ሲኒማ
Embassy	ኤምባሲ
Factory	ፋብሪካ
Hospital	ሆስፒታል
Hostel	ማረፊያ ቤት
Hotel	ሆቴል
Laboratory	ላቦራቶሪ
Museum	ቤተ መዘክር
Observatory	ተመልካች
School	ትምህርት ቤት
Stadium	ስታዲየም
Supermarket	ትልቅ መደብር
Tent	ድንኳን
Theater	ቲያትር
Tower	ግንብ
University	ዩኒቨርሲቲ

Business
ንግድ

Budget	በጀት
Career	ሙያ
Company	ኩባንያ
Cost	ወጪ
Discount	ቅናሽ
Economics	ኢኮኖሚክስ
Employee	ተቀጣሪ
Employer	አሰሪ
Factory	ፋብሪካ
Finance	ፋይናንስ
Income	ገቢ
Investment	ኢንቨስትመንት
Manager	አስተዳዳሪ
Merchandise	ሸቀጦች
Money	ገንዘብ
Office	ቢሮ
Profit	ትርፍ
Sale	ሽያጭ
Shop	ሱቅ
Taxes	ቀረጥ

Camping
ቅድሚያ

Adventure	አስፈሪ
Animals	እንስሳት
Cabin	ጎጆ
Canoe	ደንብ
Compass	ኮምፓስ
Fire	እሳት
Forest	ደን
Fun	አዝናኝ
Hammock	መዶሻ
Hat	ባርኔጣ
Hunting	አደን
Insect	ነፍሳት
Lake	ሐይቅ
Map	ካርታ
Moon	ጨረቃ
Mountain	ተራራ
Nature	ተፈጥሮ
Rope	ገመድ
Tent	ድንኳን
Trees	ዛፎች

Chemistry
ኬሚስትሪ

Acid	አሲድ
Alkaline	አልካሊን
Atomic	አቶሚክ
Carbon	ካርቦን
Catalyst	አብላይ
Chlorine	ክሎሪን
Electron	ኤሌክትሮ
Enzyme	ኢንዛይም
Gas	ጋዝ
Heat	ሙቀት
Hydrogen	ሃይድሮጅን
Ion	አዮን
Liquid	ፈሳሽ
Molecule	ሞለኪውል
Nuclear	ኑክሌር
Organic	ኦርጋኒክ
Oxygen	ኦክሲጅን
Salt	ጨው
Temperature	የሙቀት መጠን
Weight	ውፍረት

Chocolate
ቸኮሌት

Antioxidant	ፀረ-ባክቴሪያ
Aroma	መዓዛ
Bitter	መራራ
Cacao	ካካኦ
Calories	ካሎሪ
Candy	ከረሜላ
Caramel	ካራሜል
Coconut	ኮኮናት
Delicious	ጣፋጭ
Exotic	ኤክሶቲክ
Favorite	ተወዳጅ
Flavor	ጣዕም
Ingredient	የቅብጠት
Peanuts	ኦቾሎኒ
Powder	ዱቄት
Quality	ጥራት
Sugar	ስኳር
Taste	ቅመሱ

Coffee
ቡና

Acidic	አሲድ
Aroma	መዓዛ
Beverage	መጠጥ
Bitter	መራራ
Black	ጥቁር
Caffeine	ካፌይን
Cream	ክሬም
Cup	ጽዋ
Filter	አጣራ
Flavor	ጣዕም
Grind	መፍጨት
Liquid	ፈሳሽ
Milk	ወተት
Morning	ጠዋት
Origin	መነሻ
Price	ዋጋ
Roasted	የተጠበሰ
Sugar	ስኳር
Variety	የተለያዩ
Water	ውሃ

Countries #1
አገሮች #1

Brazil	ብራዚል
Canada	ካናዳ
Egypt	ግብፅ
Finland	ፊኒላንድ
Germany	ጀርመን
Iraq	ኢራቅ
Israel	እስራኤል
Italy	ጣሊያን
Latvia	ላቲቪያ
Libya	ሊቢያ
Morocco	ሞሮኮ
Nicaragua	ኒካራጓ
Norway	ኖርዌይ
Panama	ፓናማ
Poland	ፖላንድ
Romania	ሮማኒያ
Senegal	ሴኔጋል
Spain	ስፔን
Venezuela	ቬንዙዌ
Vietnam	ቪትናም

Countries #2
አገሮች #2

Albania	አልባኒያ
Denmark	ዴንማሪክ
Ethiopia	ኢትዮጵያ
Greece	ግሪክ
Haiti	ሓይቲ
Jamaica	ጃማይካ
Japan	ጃፓን
Laos	ላኦስ
Lebanon	ሊባኖስ
Liberia	ላይቤሪያ
Mexico	ሜክስኮ
Nepal	ኔፓል
Nigeria	ናይጄሪያ
Pakistan	ፓኪስታን
Russia	ራሽያ
Somalia	ሶማሊያ
Sudan	ሱዳን
Syria	ሶሪያ
Uganda	ኡጋንዳ
Ukraine	ዩክሬን

Creativity
የፈጠራ ችሎታ

Artistic	ጥበባዊ
Authenticity	ትክክለኛነት
Clarity	ግልጽ
Dramatic	ድራማ
Emotions	ስሜቶች
Expression	መግለጫ
Fluidity	ቅልጥፍና
Ideas	ሀሳቦች
Image	ምስል
Imagination	ሀሳብ ሰፊነት
Inspiration	መነሳሻ
Intensity	ጥንት
Intuition	ግምት
Inventive	ፈጠራ
Sensation	ስሜት
Skill	ችሎታ
Spontaneous	ድንገተኛ
Visions	ራእዮች
Vitality	ጥንካሬ

Days and Months
ቀኖች እና ወሮች

August	ነሐሴ
Calendar	የቀን መቁጠሪያ
February	የካቲት
Friday	አርብ
January	ጥር
July	ሐምሌ
March	መጋቢት
May	ግንቦት
Monday	ሰኞ
Month	ወር
November	ህዳር
October	ጥቅምት
Saturday	ቅዳሜ
September	መስከረም
Sunday	እሁድ
Thursday	ሐሙስ
Tuesday	ማክሰኞ
Wednesday	ረቡዕ
Week	ሳምንት
Year	አመት

Diplomacy
ዲፕሎማሲ

Adviser	አማካሪ
Ambassador	አምባሳደር
Citizens	ዜጎች
Civic	ሲቪክ
Community	ማህበረሰብ
Conflict	ግጭት
Cooperation	ትብብር
Discussion	ውይይት
Embassy	ኤምባሲ
Ethics	ሥነ ምግባር
Foreign	ባዕድ
Government	መንግስት
Humanitarian	በጎ አድራጊ
Integrity	ንጹሕ አቋም
Justice	ፍትህ
Politics	ፖለቲካ
Resolution	ውሳኔ
Security	ደህንነት
Solution	መፍትሄ
Treaty	ስምምነት

Disease
በሽታ

Abdominal ሆድ
Acute አጣዳፊ
Allergies አለርጂ
Bacterial ባክቴሪያ
Body አካል
Chronic ሥር የሰደደ
Contagious ተላላፊ
Genetic የዘር
Healing ፈውስ
Health ጤና
Heart ልብ
Hereditary ውርስ
Immunity ያለመከሰስ
Inflammation ቁስል
Lumbar ሉምባር
Neuropathy ኒውሮፓቲ
Respiratory መተንፈሻ
Syndrome ሲንድሮም
Therapy ሕክምና
Weak ደካማ

Driving
መንዳት

Brakes ብሬክ
Car መኪና
Danger አደጋ
Driver ሹፌር
Fuel ነዳጅ
Garage ጋራጅ
Gas ጋዝ
License ፈቃድ
Map ካርታ
Motor ሞተር
Motorcycle ሞተርሳይክል
Pedestrian እግረኛ
Police ፖሊስ
Road መንገድ
Safety ደህንነት
Speed ፍጥነት
Street ጎዳና
Traffic ትራፊክ
Truck የጭነት መኪና
Tunnel ቦይ

Ecology
ኢኮሎጂ

Climate የአየር ንብረት
Communities ማህበረሰቦች
Diversity ልዩነት
Drought ድርቅ
Fauna ፋውና
Flora ዕፀዋት
Global ዓለም አቀፍ
Habitat መኖሪያ
Marine መርከበኛ
Marsh ማርሽ
Mountains ተራሮች
Natural ተፈጥሯዊ
Nature ተፈጥሮ
Plants ተክሎች
Survival መዳን
Sustainable ዘላቂ
Variety የተለያዩ
Vegetation እፅዋት

Electricity
ኤሌክትሪክ

Battery ባትሪ
Bulb አምፖል
Cable ገመድ
Electric ኤሌክትሪክ
Equipment መሣሪያ
Generator ጀነሬተር
Lamp መብራት
Laser ሌዘር
Magnet ማግኔት
Negative አሉታዊ
Network አውታረ መረብ
Positive አዎንታዊ
Quantity ብዛት
Socket መሰኪያ
Storage ማስቀመጫ
Telephone ስልክ
Television ቴሌቪዥን
Wires ሽቦዎች

Energy
ኃይል

Battery ባትሪ
Carbon ካርቦን
Diesel ዲዝል
Electric ኤሌክትሪክ
Electron ኤሌክትሮ
Entropy አስገባ
Environment አካባቢ
Fuel ነዳጅ
Gasoline ቤንዚን
Heat ሙቀት
Hydrogen ሃይድሮጅን
Industry ኢንዱስትሪ
Motor ሞተር
Nuclear ኑክሌር
Photon ፎቶ
Pollution ብክለት
Renewable ታዳሽ
Steam እንፋሎት
Turbine ተርባይን
Wind ነፋስ

Engineering
ምህንድስና

Angle አንግል
Axis ዘንግ
Calculation ስሌት
Construction ግንባታ
Depth ጥልቀት
Diagram ንድፍ
Diameter ዲያሜትር
Diesel ዲዝል
Distribution ስርጭት
Energy ኃይል
Gears ጊርስ
Levers መደብ
Liquid ፈሳሽ
Machine ማሽን
Measurement መለኪያ
Motion እንቅስቃሴ
Motor ሞተር
Stability መረጋጋት
Strength ጥንካሬ
Structure መዋቅር

Ethics
ስነምግባር

Altruism	ለማዳን
Compassion	ርኅራኄ
Cooperation	ትብብር
Dignity	ክብር
Honesty	ሐቀኝነት
Humanity	የሰው ልጅ
Individualism	ግለሰባዊነት
Integrity	ንጹሕ አቋም
Kindness	ደግነት
Optimism	ብሩህ አመለካከት
Patience	ትዕግሥት
Philosophy	ፍልስፍና
Rationality	ምክንያታዊነት
Realism	እውነታው
Reasonable	ምክንያታዊ
Respectful	አክባሪ
Tolerance	መቻቻል
Wisdom	ጥበብ

Family
ቤተሰብ

Ancestor	ቅድመ አያት
Aunt	አክስት
Brother	ወንድም
Child	ልጅ
Childhood	ልጅነት
Children	ልጆች
Cousin	ያጎት ልጅ
Daughter	ሴት ልጅ
Father	አባት
Grandchild	የልጅ ልጅ
Grandfather	ወንድ አያት
Grandmother	ሴት አያት
Husband	ባል
Mother	እናት
Nephew	የወንድም ልጅ
Niece	የእህት ልጅ
Paternal	አባታዊ
Sister	እህት
Uncle	አጎት
Wife	ሚስት

Farm #1
እርሻ #1

Agriculture	ግብርና
Bee	ንብ
Bison	ጎሽ
Calf	ጥጃ
Cat	ድመት
Chicken	ዶሮ
Cow	ላም
Crow	ቁራ
Dog	ውሻ
Donkey	አህያ
Fence	አጥር
Fertilizer	ማዳበሪያ
Field	መስክ
Goat	ፍየል
Hay	ሃይ
Honey	ማር
Horse	ፈረስ
Rice	ሩዝ
Seeds	ዘሮች
Water	ውሃ

Farm #2
እርሻ #2

Animals	እንስሳት
Barley	ገብስ
Barn	ባርን
Beehive	ንብ
Corn	በቆሎ
Duck	ዳክዬ
Farmer	ገበሬ
Food	ምግብ
Fruit	ፍሬ
Geese	ዝይ
Irrigation	መስኖ
Llama	ላማ
Meadow	መኢአድ
Milk	ወተት
Sheep	በግ
Shepherd	እረኛ
Tractor	ትራክተር
Vegetable	አትክልት
Wheat	ስንዴ
Windmill	ዊንዲሚል

Fashion
ፋሽን

Boutique	ቡቲክ
Clothing	ልብስ
Comfortable	ምቹ
Elegant	የሚያምር
Embroidery	ጥልፍ
Expensive	ውድ
Fabric	ጨርቅ
Lace	ላሴ
Minimalist	አነስተኛ
Modern	ዘመናዊ
Modest	በጣም ቀላል
Original	የመጀመሪያ
Pattern	ንድፍ
Practical	ተግባራዊ
Simple	ቀላል
Style	ዘይቤ
Texture	ጽሑፍ
Trend	አዝማሚያ

Fishing
ማጥመድ

Bait	አጥር
Basket	ቅርጫት
Beach	የባህር ዳርቻ
Boat	ጀልባ
Cook	ኩክ
Equipment	መሣሪያ
Exaggeration	ማጋነን
Fins	ክንፍ
Gills	ጊልስ
Hook	መንጠቆ
Jaw	መንጋጋ
Lake	ሐይቅ
Ocean	ውቅያኖስ
Patience	ትዕግሥት
River	ወንዝ
Season	ወቅት
Water	ውሃ
Weight	ውፍረት
Wire	ሽቦ

Flowers
አበቦች

Bouquet	እቅፍ አበባ።
Clover	ክሎቨር
Daisy	ዴዚ
Dandelion	ዳንዲላየን
Gardenia	ጓርዲያ
Hibiscus	ሂቢስከስ
Jasmine	ጃስሚን
Lavender	ላቬንደር
Lilac	ሊላክ
Lily	አበባ
Magnolia	ማጋኖሊያ
Orchid	ኦርኪድ
Peony	ፒኦኒ
Petal	ያበባ ቅጠል
Poppy	ቀይ አበባ
Rose	ጽጌረዳ
Sunflower	የሱፍ አበባ
Tulip	ቱሊፕ

Food #1
ምግብ #1

Apricot	አፕሪኮት
Barley	ገብስ
Basil	ባሲል
Carrot	ካሮት
Cinnamon	ቀረፋ
Garlic	ነጭ ሽንኩርት
Juice	ጭማቂ
Lemon	ሎሚ
Milk	ወተት
Onion	ሽንኩርት
Peanut	ኦቾሎኒ
Pear	ዕንቁ
Salad	ሰላጣ
Salt	ጨው
Soup	ሾርባ
Spinach	ጎመን
Strawberry	እንጆሪ
Sugar	ስኳር
Tuna	ቱና
Turnip	ማብሪያ

Food #2
ምግብ #2

Apple	ፖም
Artichoke	አርቲኮክ
Banana	ሙዝ
Bread	ዳቦ
Broccoli	አበባ ጎመን
Celery	ሴሊሪ
Cheese	አይብ
Cherry	ቼሪ
Chicken	ዶሮ
Chocolate	ቸኮል
Egg	እንቁላል
Fish	ዓሣ
Grape	ወይን
Ham	ካም
Kiwi	ኪዊ
Mushroom	እንጉዳይ
Rice	ሩዝ
Tomato	ቲማቲም
Wheat	ስንዴ
Yogurt	እርጎ

Force and Gravity
ኃይል እና ስበት

Axis	ዘንግ
Center	ማዕከል
Discovery	ግኝት
Distance	ርቀት
Dynamic	ታታሪ
Expansion	ማስፋፊያ
Magnetism	ማግኔቲዝም
Magnitude	መጠን
Mechanics	ሜካኒክስ
Motion	እንቅስቃሴ
Orbit	ምህዋር
Physics	ፊዚክስ
Planets	ፕላኔቶች
Pressure	ግፊት
Properties	ንብረቶች
Speed	ፍጥነት
Time	ጊዜ
Universal	ዩኒቨርሳል
Weight	ውፍረት

Fruit
ፍራፍሬ

Apple	ፖም
Apricot	አፕሪኮት
Avocado	አቮካዶ
Banana	ሙዝ
Berry	ቤሪ
Cherry	ቼሪ
Coconut	ኮኮናት
Fig	ምስል
Grape	ወይን
Kiwi	ኪዊ
Lemon	ሎሚ
Mango	ማንጎ
Melon	ሜሎን
Nectarine	ኔክታሪን
Orange	ብርቱካን
Papaya	ፓፓያ
Peach	ኮክ
Pear	ዕንቁ
Pineapple	አናናስ
Raspberry	ፍራፍሬ

Garden
የአታክልት ቦታ

Bush	ቡሽ
Fence	አጥር
Flower	አበባ
Garage	ጋራጅ
Garden	የአትክልት ቦታ
Grass	ሣር
Hammock	መደሻ
Hose	ቱቦ
Pond	ኩሬ
Porch	በረንዳ
Rake	መቧጠጫ
Shovel	አካፋ
Soil	አፈር
Terrace	እርከን
Trampoline	ትራምፖላይን
Tree	ዛፍ
Vine	ሀረግ
Weeds	እንክርዳድ

Geography
ጂኦግራፊ

Altitude	ከፍታ
Atlas	አትላስ
City	ከተማ
Continent	ክፍለ-ሀገር
Country	አገር
Elevation	ከፍታ።
Hemisphere	ንፍቀ ክበብ
Island	ደሴት
Latitude	ኬትሮንስ
Map	ካርታ
Meridian	ሜሪዲያን
Mountain	ተራራ
North	ሰሜን
Ocean	ውቅያኖስ
River	ወንዝ
Sea	ባሕር
South	ደቡብ
Territory	ክልል
West	ምዕራብ
World	ዓለም

Geology
ጂኦሎጂ

Acid	አሲድ
Calcium	ካልሲየም
Cavern	ዋሻ
Continent	ክፍለ-ሀገር
Coral	ዛጎል
Crystals	ክሪስታል
Cycles	ዑደቶች
Earthquake	የመሬት መንቀጥቀጥ
Erosion	መሸርሸር
Fossil	ፎሲል
Geyser	ጌይዘር
Lava	ቅልጥ
Layer	የድር
Minerals	ማዕድን
Plateau	ከፍ ያለ ጠፍጣፋ ቦታ
Quartz	ኳርትዝ
Salt	ጨው
Stalactite	ስታላክቲክ
Stone	ድንጋይ
Volcano	እሳተ ገሞራ

Geometry
ጂኦሜትሪ

Angle	አንግል
Calculation	ስሌት
Circle	ክብ
Curve	ከርቭ
Diameter	ዲያሜትር
Dimension	ልኬት
Equation	ቀመር
Height	ቁመት
Horizontal	አግድም
Logic	ሎጂክ
Mass	ብዙ ህዝብ
Median	ሚዲያን
Number	ቁጥር
Parallel	ትይዩ
Proportion	አሃዝ
Segment	ክፍል
Surface	ወለል
Symmetry	ሚዛናዊ
Theory	ቲዎሪ
Triangle	ሦስት ማዕዘን

Global Warming
የአለም ሙቀት መጨመር

Arctic	አርክቲክ
Attention	ትኩረት
Climate	የአየር ንብረት
Consequences	መዘዞች
Crisis	ቀውስ
Data	ዳታ
Development	ልማት
Energy	ኃይል
Environmental	አካባቢያዊ
Future	ወደፊት
Gas	ጋዝ
Generations	ትውልድ
Government	መንግስት
Industry	ኢንዱስትሪ
International	ዓለም አቀፍ
Legislation	ሕግ
Now	አሁን
Scientist	ሳይንቲስት

Government
መንግስት

Citizenship	ዜግነት
Civil	ሲቪል
Constitution	ሕገ መንግሥት
Democracy	ዲሞክራሲ
Discussion	ውይይት
District	ወረዳ
Equality	እኩልነት
Independence	ነጻነት
Judicial	የሕግ
Justice	ፍትህ
Law	ሕግ
Leader	መሪ
Liberty	ነፃነት
Monument	ሐውልት
Nation	ብሔር
Peaceful	ሰላማዊ
Politics	ፖለቲካ
Speech	ንግግር
State	ሁኔታ
Symbol	ምልክት

Hair Types
የፀጉር ዓይነቶች

Bald	መላጣ
Black	ጥቁር
Blond	ብሎንድ
Braids	ሹሩባ
Brown	ቡናማ
Colored	ቀለም
Curls	ከርልስ
Curly	ከርሊ
Dry	ደረቅ
Gray	ግራጫ
Healthy	ጤናማ
Long	ረጅም
Shiny	አንጸባራቂ
Short	አጭር
Silver	ብር
Soft	ለስላሳ
Thick	ወፍራም
Thin	ቀጭን
Wavy	ሰልፍ
White	ነጭ

Health and Wellness #1
ጤና እና ደህንነት ቁጥር 1

Active	ንቁ
Bacteria	ባክቴሪያ
Clinic	ክሊኒክ
Doctor	ሐኪም
Fracture	ስብራት
Habit	ልማድ
Height	ቁመት
Hormones	ሆርሞኖች
Hunger	ረሃብ
Injury	ጉዳት
Medicine	መድሃኒት
Muscles	ጡንቻዎች
Pharmacy	ፋርማሲ
Posture	አቀማመጥ
Reflex	ማነቃቂያ
Skin	ቆዳ
Treatment	ሕክምና
Virus	ቫይረስ

Health and Wellness #2
ጤና እና ደህንነት ቁጥር 2

Allergy	አለርጂ
Anatomy	አናቶሚ
Appetite	የምግብ ፍላጎት
Blood	ደም
Calorie	ካሎሪ
Dehydration	መፍሰስ
Diet	አመጋገብ
Disease	በሽታ
Energy	ኃይል
Genetics	ጄኔቲክስ
Healthy	ጤናማ
Hospital	ሆስፒታል
Hygiene	ንጽህና
Infection	ማመርቀዝ
Massage	ማሳጅ
Mood	ስሜት
Recovery	ማገገም
Stress	ውጥረት
Vitamin	ቪታሚን
Weight	ውፍረት

Herbalism
ከዕፅዋት የተቀመሙ መድኃኒቶች

Aromatic	ጥሩ መዓዛ ያለው
Basil	ባሲል
Beneficial	ጠቃሚ
Culinary	ምግብ
Fennel	ፌነል
Flavor	ጣዕም
Flower	አበባ
Garden	የአትክልት ቦታ
Garlic	ነጭ ሽንኩርት
Green	አረንጓዴ
Ingredient	የቅብጠት
Lavender	ላቬንደር
Marjoram	ማርጆራም
Mint	ተክል
Oregano	ኦሬጋኖ
Parsley	ፓርስሊ
Plant	ተክሉ
Rosemary	ሮዝሜሪ
Saffron	ሳፍሮን
Tarragon	ታራጎን

Hiking
የእግር ጉዞ

Animals	እንስሳት
Boots	ቡትስ
Camping	ካምፕ
Cliff	ገደል
Climate	የአየር ንብረት
Guides	መመሪያዎች
Hazards	አደጋዎች
Heavy	ከባድ
Map	ካርታ
Mountain	ተራራ
Nature	ተፈጥሮ
Orientation	አቅጣጫ
Preparation	ዝግጅት
Stones	ድንጋይ
Summit	ስብሰባ
Sun	ፀሐይ
Tired	ድካም
Water	ውሃ
Weather	የአየር ሁኔታ
Wild	ዱር

House
ቤት

Attic	ትንሽ ክፍል
Broom	መጥረጊያ
Curtains	መጋረጃዎች
Door	በር
Fence	አጥር
Fireplace	ምድጃ
Floor	ወለል
Furniture	ፈርኒቸር
Garage	ጋራጅ
Garden	የአትክልት ቦታ
Keys	ቁልፎች
Kitchen	ወጥ ቤት
Lamp	መብራት
Library	ቤተ መጻሕፍት
Mirror	መስታወት
Roof	ጣራ
Room	ክፍል
Shower	ገላ መታጠቢያ
Wall	ግድግዳ
Window	መስኮት

Human Body
የሰው አካል

Ankle	ቁርጭምጭሚት
Blood	ደም
Brain	አእምሮ
Chin	ቺን
Ear	ጆሮ
Elbow	ክር
Face	ፊት
Finger	ጣት
Hand	እጅ
Head	ጭንቅላት
Heart	ልብ
Jaw	መንጋጋ
Knee	ጉልበት
Leg	እግር
Lips	ከንፈር
Mouth	አፍ
Neck	አንገት
Nose	አፍንጫ
Shoulder	ትከሻ
Skin	ቆዳ

Insects
ነፍሳት

Ant	ጉንዳን
Aphid	መና
Bee	ንብ
Beetle	ጥንዚዛ
Butterfly	ቢራቢሮ
Cicada	ሲካዳ
Cockroach	በረሮ
Dragonfly	ድራጎንፍሊ
Flea	ቁንጫ
Gnat	ግዐዝ
Grasshopper	አንጋፋ
Ladybug	ሌዲባግ
Larva	እንሽላሊት
Locust	አንበጣ
Mantis	ማንቲስ
Mosquito	ትንኝ
Moth	የእሳት እራት
Termite	ምስጥ
Wasp	ተርብ
Worm	ትል

Jazz
ጃዝ

Album	አልበም
Applause	ጭብጨባ
Artist	አርቲስት
Composer	አቀናባሪ
Composition	ቅንብር
Concert	የሙዚቃ ትዕይንት
Famous	ታዋቂ
Favorites	ተወዳጆች
Genre	ዘውግ
Improvisation	ማሻሻል
Influences	ተጽዕኖዎች
Music	ሙዚቃ
New	አዲስ
Old	አሮጌ
Orchestra	ኦርኬስትራ
Rhythm	ምት
Song	ዘፈን
Style	ዘይቤ
Talent	ችሎታ
Technique	ዘዴ

Job Skills
ኢዮብ የሚሰጡዋቸውን

Adaptable	የሚስማማ
Attentive	ትኩረት
Authentic	እውነተኛ
Charismatic	ማራኪ
Communication	መግባባት
Cooperative	ተባባሪ
Creative	ፈጣሪ
Dedicated	የተሰጠ
Dependable	ጥገኛ
Effective	ውጤታማ
Experienced	ልምድ ያለው
Friendly	ጓደኛ
Independent	ገለልተኛ
Leadership	አመራር
Management	አስተዳደር
Organized	የተደራጀ
Prepared	ዝግጁ
Respectful	አክባሪ
Responsible	ተጠያቂ

Landscapes
የመሬት አቀማመጥ

Beach	የባህር ዳርቻ
Cave	ዋሻ
Cliff	ገደል
Desert	በረሃ
Geyser	ጌይዘር
Hill	ኮረብታ
Iceberg	ግግር በረዶ
Island	ደሴት
Lake	ሐይቅ
Mountain	ተራራ
Oasis	የበረሃ ሊሆኑላቸው
Ocean	ውቅያኖስ
Peninsula	ባሕረ ገብ
River	ወንዝ
Sea	ባሕር
Swamp	ረግረጋማ
Tundra	ቱንድራ
Valley	ሸለቆ
Volcano	እሳተ ገሞራ
Waterfall	ፏፏቴ

Literature
ሥነ ጽሑፍ

Analogy	አናሎግ
Analysis	ትንታኔ
Author	ደራሲ
Biography	የህይወት ታሪክ
Comparison	ንጽጽር
Conclusion	መደምደሚያ
Critique	ትችት
Description	መግለጫ
Dialogue	ንግግር
Fiction	ፈጠራ
Metaphor	ዘይቤ
Narrator	ተራኪ
Novel	ልብ ወለድ
Opinion	አስተያየት
Poem	ግጥም
Poetic	ገጣሚ
Rhyme	ዜማ
Rhythm	ምት
Theme	ጭብጥ
Tragedy	አሳዛኝ

Mammals
አጥቢ እንስሳት

Bear	ድብ
Beaver	ቢቨር
Bull	በሬ
Camel	ግመል
Cat	ድመት
Dog	ውሻ
Dolphin	ዶልፊን
Elephant	ዝሆን
Fox	ቀበሮ
Giraffe	ቀጭኔ
Gorilla	ጎሪላ
Horse	ፈረስ
Kangaroo	ካንጋሮ
Lion	አንበሳ
Monkey	ዝንጀሮ
Rabbit	ጥንቸል
Sheep	በግ
Whale	ዌል
Wolf	ተኩላ
Zebra	የሜዳ አህያ

Math
ሒሳብ

Arithmetic	አሪትሜቲክ
Circumference	ከባቢ
Decimal	ዴሲማል
Diameter	ዲያሜትር
Equation	ቀመር
Exponent	ገላጭ
Fraction	ክፍልፋይ
Geometry	ጂኦሜትሪ
Parallel	ትይዩ
Perimeter	ዙሪያ
Perpendicular	ቋሚ
Polygon	ፖሊጎን
Radius	ራዲየስ
Rectangle	ሬክታንግል
Sphere	ሉል
Square	አደባባይ
Sum	ድምር
Symmetry	ሚዛናዊ
Triangle	ሦስት ማዕዘን
Volume	ድምጽ

Measurements
መለኪያዎች

Byte	ባይት
Centimeter	ሴንቲሜትር
Decimal	ዴሲማል
Degree	ዲግሪ
Depth	ጥልቀት
Gram	ግራም
Height	ቁመት
Inch	ኢንች
Kilogram	ኪሎ ግራም
Kilometer	ኪ.ሜ
Length	ርዝመት
Liter	ሊትር
Mass	ብዙ ህዝብ
Meter	ሜትር
Minute	ደቂቃ
Ounce	ኡንሲ
Ton	ቶን
Volume	ድምጽ
Weight	ውፍረት
Width	ስፋት

Meditation
ማሰላሰል

Acceptance	መቀበል
Attention	ትኩረት
Awake	ንቁ
Breathing	መተንፈስ
Calm	ተረጋጋ
Clarity	ግልጽ
Compassion	ርኅራኄ
Emotions	ስሜቶች
Gratitude	ምስጋና
Habits	ልማዶች
Kindness	ደግነት
Mental	አእምሮ
Movement	እንቅስቃሴ
Music	ሙዚቃ
Nature	ተፈጥሮ
Peace	ሰላም
Perspective	እይታ
Silence	ዝምታ
Thoughts	ሀሳቦች
To Learn	ለመማር

Money
ገንዘብ

Bank	ባንክ
Budget	በጀት
Cash	ጥሬ ገንዘብ
Cheap	ርካሽ
Credit	ብድር
Currency	ገንዘብ
Debt	እዳ
Discount	ቅናሽ
Earnings	ገቢዎች
Economics	ኢኮኖሚክስ
Economy	ኢኮኖሚ
Expense	ወጪ
Finance	ፋይናንስ
Income	ገቢ
Sales	ሽያጭ
Savings	ቁጠባ
Taxes	ቀረጥ
Wallet	የኪስ ቦርሳ

Music
ሙዚቃ

Album	አልበም
Ballad	ባልዲ
Chorus	አዝማች
Classical	ክላሲካል
Eclectic	ኤክሌክቲክ
Harmony	ስምምነት
Instrument	መሣሪያ
Lyrical	ግጥም
Melody	ዜማ
Microphone	ማይክሮፎን
Musical	ሙዚቃ
Musician	ሙዚቀኛ
Opera	ኦፔራ
Poetic	ገጣሚ
Recording	መቅረዝ
Rhythmic	ምት
Singer	ዘፋኝ
Tempo	ፍጥነት
Vocal	ድምጽ

Musical Instruments
የሙዚቃ መሳሪያዎች

Banjo	ባንጆ
Bassoon	ባሶን
Cello	ሴሎ
Drum	ከበሮ
Flute	ዋሽንት
Gong	ጎንግ
Guitar	ጊታር
Harmonica	ሃርሞኒካ
Harp	በገና።
Mandolin	ማንዶሊን
Marimba	ማሪምባ
Oboe	ኦቦኤ
Piano	ፒያኖ
Saxophone	ሳክስፎን
Tambourine	ታምቡር
Trombone	ትሮቦን
Trumpet	መለከት
Violin	ቪኦሊን

Mythology
አፈ ታሪክ

Behavior	ባህሪ
Beliefs	እምነት
Creation	ፍጥረት
Creature	ፍጡር
Culture	ባህል
Deities	አማልክት
Disaster	አደጋ
Heaven	ገነት
Hero	ጀግና
Immortality	ኢሞራላዊነት
Jealousy	ቅናት
Labyrinth	ላቢሪንት
Legend	ታሪክ
Lightning	መብረቅ
Monster	ጭራቅ
Mortal	ሟች
Revenge	በቀል
Strength	ጥንካሬ
Thunder	ነጎድጓድ
Warrior	ተዋጊ

Nature
ተፈጥሮ

Animals	እንስሳት
Arctic	አርክቲክ
Beauty	ውበት
Bees	ንብ
Cliffs	ገደል
Clouds	ደመናዎች
Desert	በረሃ
Dynamic	ታታሪ
Erosion	መሸርሸር
Fog	ጭጋግ
Foliage	ቅጠል
Forest	ደን
Glacier	ግግር በረዶ
Mountains	ተራሮች
Peaceful	ሰላማዊ
River	ወንዝ
Sanctuary	መቅደስ
Serene	ብሩህ
Tropical	ሞቃታማ
Wild	ዱር

Numbers
ቁጥሮች

Decimal	ዴሲማል
Eight	ስምንት
Eighteen	አስራ ስምንት
Fifteen	አስራ አምስት
Five	አምስት
Four	አራት
Fourteen	አስራ አራት
Nine	ዘጠኝ
Nineteen	አስራ ዘጠኝ
One	አንድ
Seven	ሰባት
Seventeen	አስራ ሰባት
Six	ስድስት
Sixteen	አስራ ስድስት
Ten	አስር
Thirteen	አስራ ሶስት
Three	ሶስት
Twelve	አስራ ሁለት
Twenty	ሃያ
Two	ሁለት

Nutrition
የአመጋገብ ስርዓት

Appetite	የምግብ ፍላጎት
Balanced	ሚዛናዊ
Bitter	መራራ
Calories	ካሎሪ
Carbohydrates	ካርቦሃይድሬት
Diet	አመጋገብ
Digestion	መፈጨት
Edible	የሚበላ
Fermentation	መፍላት
Flavor	ጣዕም
Habits	ልማዶች
Health	ጤና
Healthy	ጤናማ
Nutrient	ንጥረ ነገር
Proteins	ፕሮቲኖች
Quality	ጥራት
Sauce	ወጥ
Toxin	ቶክሲን
Vitamin	ቪታሚን
Weight	ውፍረት

Ocean
ውቅያኖስ

Algae	አልጌ
Coral	ዛጎል
Crab	ጉርምጥ
Dolphin	ዶልፊን
Eel	ኢል
Fish	ዓሣ
Jellyfish	ጄሊፊሽ
Octopus	ኦክቶፖስ
Oyster	ኦይስተር
Reef	ሪፍ
Salt	ጨው
Seaweed	የባህር
Shark	ሻርክ
Shrimp	ሽሪምፕ
Sponge	ስፖንጅ
Storm	ማዕበል
Tuna	ቱና
Turtle	ኤሊ
Waves	ሞገድ
Whale	ዌል

Philanthropy
አድራጎት

Children	ልጆች
Community	ማህበረሰብ
Contacts	ግንኙነት
Finance	ፋይናንስ
Funds	ገንዘብ
Generosity	ልግስና
Global	ዓለም አቀፍ
Goals	ግቦች
Groups	ግጥም
History	ታሪክ
Honesty	ሐቀኝነት
Humanity	የሰው ልጅ
Mission	ተልዕኮ
Need	ፍላጎት።
People	ሰዎች
Programs	ፕሮግራሞች
Public	ህዝባዊ
Youth	ወጣቶች

Physics
ፊዚክስ

Acceleration	ፈጣን ፍጥነት
Atom	አቶም
Chaos	ትርምስ
Chemical	ኬሚካል
Density	ጥቅጥቅ ማለት
Electron	ኤሌክትሮ
Engine	ሞተር
Expansion	ማስፋፊያ
Formula	ቀመር
Frequency	ድግግሞሽ
Gas	ጋዝ
Magnetism	ማግኔቲዝም
Mass	ብዙ ህዝብ
Mechanics	ሜካኒክስ
Molecule	ሞለኪውል
Nuclear	ኑክሌር
Particle	አንቀጽ
Relativity	ዝምድና
Speed	ፍጥነት
Universal	ዩኒቨርሳል

Plants
ተጨማሪ

Bamboo	ቀርከሃ
Bean	ባቄላ
Berry	ቤሪ
Botany	ቡታንይ
Bush	ቡሽ
Cactus	ቁልቋል
Fertilizer	ማዳበሪያ
Flora	ዕፀዋት
Flower	አበባ
Foliage	ቅጠል
Forest	ደን
Garden	የአትክልት ቦታ
Grass	ሣር
Ivy	አይቪ
Moss	ሽበት
Petal	ያበባ ቅጠል
Root	ሥር
Stem	ግንድ
Tree	ዛፍ
Vegetation	እፅዋት

Politics
ፖለቲካ

Activist	አክቲቪስት
Campaign	ዘመቻ
Candidate	ዕጩ
Choice	ምርጫ
Committee	ኮሚቴ
Council	ምክር ቤት
Equality	እኩልነት
Ethics	ሥነ ምግባር
Freedom	ነፃነት
Government	መንግስት
National	ብሔራዊ
Opinion	አስተያየት
Policy	ፖሊሲ
Politician	ፖለቲከኛ
Popularity	ታዋቂነት
Strategy	ስልት
Taxes	ቀረጥ
Victory	ድል

Professions #1
ሙያዎች #1

Ambassador	አምባሳደር
Astronomer	ፈለክ
Attorney	ጠበቃ
Banker	ባንከኛ
Cartographer	ካርቶግራፈር
Coach	አሠልጣኝ
Dancer	ዳንሰኛ
Doctor	ሐኪም
Editor	አርታኢ
Geologist	ጂኦሎጂስት
Hunter	አዳኝ
Jeweler	ጌጣጌጥ
Musician	ሙዚቀኛ
Nurse	ነርስ
Pianist	ፒያኖ ተጫዋች
Plumber	ፕለምበር
Psychologist	ሳይኮሎጂስት
Sailor	መርከበኛ
Tailor	ልብስ ሰፊ
Veterinarian	የእንስሳት ሐኪም

Professions #2
ሙያዎች #2

Astronaut	የጠፈር ተመራማሪ
Biologist	ባዮሎጂስት
Dentist	የጥርስ ሐኪም
Detective	መርማሪ
Engineer	ኢንጂነር
Farmer	ገበሬ
Gardener	አትክልተኛ
Illustrator	ገላጭ
Inventor	ፈጣሪ
Journalist	ጋዜጠኛ
Librarian	ቤተ መጻሕፍት
Linguist	ቋንቋ ተናጋሪ
Painter	ሰዓሊ
Philosopher	ፈላስፋ
Photographer	ፎቶግራፍ አንሺ
Physician	ሐኪም
Pilot	አብራሪ
Surgeon	ቀዶ ጥገና
Teacher	መምህር
Zoologist	ዞሎጂስት

Restaurant #2
ምግብ ቤት #2

Beverage	መጠጥ
Cake	ኬክ
Chair	ወንበር
Delicious	ጣፋጭ
Dinner	እራት
Eggs	እንቁላል
Fish	ዓሣ
Fork	ሹካ
Fruit	ፍሬ
Ice	በረዶ
Lunch	ምሳ
Salad	ሰላጣ
Salt	ጨው
Soup	ሾርባ
Spoon	ማንኪያ
Vegetables	አትክልቶች
Waiter	አስተናጋጅ
Water	ውሃ

Science
ሳይንስ

Atom	አቶም
Chemical	ኬሚካል
Climate	የአየር ንብረት
Data	ዳታ
Experiment	ሙከራ
Fact	እውነታ
Fossil	ፎሲል
Gravity	ስበት
Hypothesis	መላ ምት
Laboratory	ላቦራቶሪ
Method	ዘዴ
Minerals	ማዕድን
Molecules	ሞለኪውሎች
Nature	ተፈጥሮ
Observation	ምልከታ
Particles	ቅንጣቶች
Physics	ፊዚክስ
Plants	ተክሎች
Scientist	ሳይንቲስት

Science Fiction
ተጠቃሚ

Atomic	አቶሚክ
Books	መጻሕፍት
Chemicals	ኬሚካሎች
Cinema	ሲኒማ
Dystopia	ዲስቶፒያ
Explosion	ፍንዳታ
Extreme	ጽንፍ
Fantastic	ድንቅ
Fire	እሳት
Futuristic	የወደፊት
Galaxy	ጋላክሲ
Illusion	የተሳሳተ
Imaginary	ምናባዊ
Mysterious	ምስጢራዊ
Oracle	ኦራክል
Planet	ፕላኔት
Robots	ሮቦቶች
Technology	ቴክኖሎጂ
Utopia	ዩቶፒያ
World	ዓለም

Scientific Disciplines
ሳይንሳዊ ተግሣጽ

Anatomy	አናቶሚ
Archaeology	አርኪኦሎጂ
Astronomy	ሥነ ፈለክ
Biochemistry	ባዮኬሚስትሪ
Biology	ባዮሎጂ
Botany	ቡታንይ
Chemistry	ኬሚስትሪ
Ecology	ኢኮሎጂ
Geology	ጂኦሎጂ
Immunology	ኢሚዩኖሎጂ
Kinesiology	ኪንሴዮሎጂ
Linguistics	ቋንቋዎች
Mechanics	ሜካኒክስ
Mineralogy	ማዕድን
Neurology	ኒውሮሎጂ
Physiology	ፊዚዮሎጂ
Psychology	ሳይኮሎጂ
Sociology	ሶሺዮሎጂ
Thermodynamics	ቴርሞዲናሚክስ
Zoology	ዙኦሎጂ

Shapes
ቅርጾች

Arc	ቀስት
Circle	ክብ
Cone	ኮን
Corner	ጥግ
Cube	ኩብ
Curve	ከርቭ
Cylinder	ሲሊንደር
Edges	ኤጅስ
Ellipse	ሞላላ
Hyperbola	ሃይፐርቦላ
Line	መስመር
Polygon	ፖሊጎን
Prism	ፕሪዝም
Pyramid	ፒራሚድ
Rectangle	ሬክታንግል
Round	ዙር
Side	ጎን
Sphere	ሉል
Square	አደባባይ
Triangle	ሦስት ማዕዘን

Spices
ቅመሞች

Bitter	መራራ
Cardamom	ኮረሪማ
Cinnamon	ቀረፋ
Clove	ቅርንፉድ
Coriander	ኮሪንደር
Cumin	እንስላል
Curry	ካሪ
Fennel	ፌነል
Flavor	ጣዕም
Garlic	ነጭ ሽንኩርት
Ginger	ዝንጅብል
Licorice	ሊኮሪስ
Nutmeg	ነትሜግ
Onion	ሽንኩርት
Paprika	ድልህ
Pepper	በርበሬ
Saffron	ሳፍሮን
Salt	ጨው
Sweet	ጣፋጭ
Vanilla	ቫኒላ

Sport
ስፖርት

Ability	ችሎታ
Athlete	አትሌት
Body	አካል
Cardiovascular	ካርዲዮቫስኩላር
Coach	አሠልጣኝ
Cycling	ብስክሌት መንዳት
Dancing	ዳንስ
Diet	አመጋገብ
Endurance	ጽናት
Goal	ግብ
Health	ጤና
Jogging	መሮጥ
Maximize	ከፍተኛ
Metabolic	ሜታቦሊክ
Muscles	ጡንቻዎች
Program	ፕሮግራም
Sports	ስፖርት
Strength	ጥንካሬ

The Media
መገናኛ ብዙኃን

Advertisements ማስታወቂያዎች
Attitudes አመለካከቶች
Commercial የንግድ
Communication መግባባት
Digital ዲጂታል
Edition እትም
Education ትምህርት
Funding የገንዘብ ድጋፍ
Images ምስሎች
Individual ግለሰብ
Industry ኢንዱስትሪ
Intellectual ምሁር
Local የአካባቢ
Magazines መጽሔቶች
Network አውታረ መረብ
Newspapers ጋዜጦች
Online በመስመር ላይ
Opinion አስተያየት
Public ህዝባዊ
Radio ራዲዮ

Time
ጊዜ

Annual ዓመታዊ
Before ከዚህ በፊት
Calendar የቀን መቁጠሪያ
Century ክፍለ ዘመን
Clock ሰዓት
Day ቀን
Decade አስርት
Early ቀደም
Future ወደፊት
Hour ሰአት
Minute ደቂቃ
Month ወር
Morning ጠዋት
Night ለሊት
Noon እኩለ ቀን
Now አሁን
Soon በቅርቡ
Today ዛሬ
Week ሳምንት
Year አመት

Town
ከተማ

Airport አየር ማረፊያ
Bakery መጋገሪያ
Bank ባንክ
Bookstore የመጽሐፍ መደብር
Cinema ሲኒማ
Clinic ክሊኒክ
Florist አበባ ሻጭ
Gallery ጋለሪ
Hotel ሆቴል
Library ቤተ መጻሕፍት
Market ገበያ
Museum ቤተ መዘክር
Pharmacy ፋርማሲ
School ትምህርት ቤት
Stadium ስታዲየም
Store መደብር
Supermarket ትልቅ መደብር
Theater ቲያትር
University ዩኒቨርሲቲ
Zoo ዙ

Universe
ዩኒቨርስ

Asteroid ንዑስ ፕላኔት
Astronomer ፈለክ
Astronomy ሥነ ፈለክ
Atmosphere ከባቢ አየር
Celestial ሰማያዊ
Cosmic ኮስሚክ
Darkness ጨለማ
Eon ኢዮን
Galaxy ጋላክሲ
Hemisphere ንፍቀ ክበብ
Horizon አድማስ
Latitude ኬትሮንስ
Moon ጨረቃ
Orbit ምህዋር
Sky ሰማይ
Solar ፀሀይ
Solstice ብቸኝነት
Telescope ቴሌስኮፕ
Visible የሚታይ
Zodiac ዞዲያክ

Vacation #2
የእረፍት ጊዜ #2

Airport አየር ማረፊያ
Beach የባህር ዳርቻ
Camping ካምፕ
Destination መድረሻ
Foreign ባዕድ
Holiday በዓል
Hotel ሆቴል
Island ደሴት
Journey ጉዞ
Leisure መዝናኛ
Map ካርታ
Mountains ተራሮች
Passport ፓስፖርት
Restaurant ምግብ ቤት
Sea ባሕር
Taxi ታክሲ
Tent ድንኳን
Train ባቡር
Transportation መጓጓዣ
Visa ቪዛ

Vegetables
አትክልቶች

Artichoke አርቲኮክ
Broccoli አበባ ጎመን
Carrot ካሮት
Celery ሴሊሪ
Cucumber ዝኩኒ
Eggplant እንቁላል
Garlic ነጭ ሽንኩርት
Ginger ዝንጅብል
Mushroom እንጉዳይ
Olive ወይራ
Onion ሽንኩርት
Parsley ፓርስሊ
Pea አተር
Pumpkin ዱባ
Radish ራዲሽ
Salad ሰላጣ
Shallot ሻሎት
Spinach ጎመን
Tomato ቲማቲም
Turnip ማብሪያ

Vehicles
ተሽከርካሪዎች

Airplane	አውሮፕላን
Ambulance	አምቡላንስ
Bicycle	ብስክሌት
Bus	አውቶቡስ
Car	መኪና
Caravan	ካራቫን
Ferry	ጀልባ
Helicopter	ሄሊኮፕተር
Motor	ሞተር
Raft	መንሳፈፊያ ታንኳ
Rocket	ሮኬት
Scooter	ስኩተር
Shuttle	ሾተል
Submarine	ሱብማሪን
Subway	የባቡር ጣቢያ
Taxi	ታክሲ
Tires	ጎማዎች
Tractor	ትራክተር
Train	ባቡር
Truck	የጭነት መኪና

Visual Arts
ቪዥዋል ስነ ጥበባት

Architecture	ሥነ ሕንፃ
Artist	አርቲስት
Chalk	ገለባ።
Charcoal	ከሰል
Clay	ሸክላ
Composition	ቅንብር
Creativity	ፈጠራ
Easel	ኢልቴል
Film	ፊልም
Masterpiece	ዋና ቅጅ
Painting	ሥዕል
Pen	ፔን
Pencil	እርሳስ
Perspective	እይታ
Photograph	ፎቶግራፍ
Portrait	የቁም
Sculpture	ቅርጻቅርጽ
Stencil	ስቴንሲል
Varnish	ቫርኒሽ
Wax	ሰም

Water
ውሃ

Canal	ቦይ
Damp	እርጥብ
Evaporation	ትነት
Flood	ጎርፍ
Geyser	ፍል ጉነት
Hurricane	አውሎ ነፋስ
Ice	በረዶ
Irrigation	መስኖ
Lake	ሐይቅ
Moisture	እርጥበት
Monsoon	ሞንሶን
Ocean	ውቅያኖስ
Rain	ዝናብ
River	ወንዝ
Shower	ገላ መታጠቢያ
Snow	በረዶ
Soaked	ተነከረ
Steam	እንፋሎት
Stream	ዥረት
Waves	ሞገዶች

Weather
የአየር ሁኔታ

Atmosphere	ከባቢ አየር
Calm	ተረጋጋ
Climate	የአየር ንብረት
Cloud	ደመና
Drought	ድርቅ
Dry	ደረቅ
Fog	ጭጋግ
Hurricane	አውሎ ነፋስ
Ice	በረዶ
Lightning	መብረቅ
Monsoon	ሞንሶን
Polar	ፖላር
Rainbow	ቀስተ ደመና
Sky	ሰማይ
Storm	ማዕበል
Temperature	የሙቀት መጠን
Thunder	ነጎድጓድ
Tornado	አውሎ ንፋስ
Tropical	ሞቃታማ
Wind	ንፋስ

Congratulations

You made it!

We hope you enjoyed this book as much as we enjoyed making it. We do our best to make high quality games.
These puzzles are designed in a clever way for you to learn actively while having fun!

Did you love them?

A Simple Request

Our books exist thanks your reviews. Could you help us by leaving one now?

Here is a short link which will take you to your order review page:

BestBooksActivity.com/Review50

MONSTER CHALLENGE!

Challenge #1

Ready for Your Bonus Game? We use them all the time but they are not so easy to find. Here are **Synonyms**!

Note 5 words you discovered in each of the Puzzles noted below (#21, #36, #76) and try to find 2 synonyms for each word.

*Note 5 Words from **Puzzle 21***

Words	Synonym 1	Synonym 2

*Note 5 Words from **Puzzle 36***

Words	Synonym 1	Synonym 2

*Note 5 Words from **Puzzle 76***

Words	Synonym 1	Synonym 2

Challenge #2

Now that you are warmed-up, note 5 words you discovered in each Puzzle noted below (#9, #17, #25) and try to find 2 antonyms for each word. How many lines can you do in 20 minutes?

*Note 5 Words from **Puzzle 9***

Words	Antonym 1	Antonym 2

*Note 5 Words from **Puzzle 17***

Words	Antonym 1	Antonym 2

*Note 5 Words from **Puzzle 25***

Words	Antonym 1	Antonym 2

Challenge #3

Wonderful, this monster  challenge is nothing to you!

Ready for the last one? Choose your 10 favorite words discovered in any of the Puzzles and note them below.

1.	6.
2.	7.
3.	8.
4.	9.
5.	10.

Now, using these words and within a maximum of six sentences, your challenge is to compose a text about a person, animal or place that you love!

Tip: You can use the last blank page of this book as a draft!

Your Writing:

NOTEBOOK:

SEE YOU SOON!

Linguas Classics Team

www.ingramcontent.com/pod-product-compliance
Lightning Source LLC
LaVergne TN
LVHW060039210926
848481LV00013B/3905
* 9 7 9 8 3 4 9 0 0 8 2 3 8 *